신화 · 예술적 상상력이 역사 · 노동 · 비극적인 상상력을 거쳐
미래 · 예술 · 창조적인 상상력으로 질적 도약할 수 있을 것인가.
그리하여 상처입은 역사 · 비극적 상상력을 복원할 뿐 아니라,
실패를 출구로 한, 더 거대한 전모(全貌)로 상승시킬 수 있겠는가.

불교와 예술의 나라

통일신라와 발해 편

김정환 지음

도서출판 푸른숲

따지기 전에, 그 '이야기'가 무엇 때문에, 무엇이 궁금해서, 삶의 어떤 경이에 놀라, 놀란 만큼 따스하게 열린 가슴으로 생겨났을까? 상상하라.

1996년 5월
김정환

원인과 결과, 그후

누구에게나 어렸을 적 할머니의 옛날 이야기는 재미있다. 할머니의 이야기는 초등학교 시절까지 이어진다. 중고등학교에 들어가면서부터 역사가 옛날 이야기를 대신한다.

그런데 그게 어쩌면 그렇게도 할머니의 이야기와 다르던지. 역사는 재미있는 상상을 채우기는커녕 외워야 할 연대와 모를 한자(漢字), 그것도 뜻이 없고 소리만 남은 한자투성이로 우리를 대번에 낯설게 만든다.

대학에 들어오면서는 좀 달라졌다. 다른 '역사서'들은 우선 원인과 결과가 있었다. 그렇다. 이상하게 우리의 역사 교과서에는 원인과 결과가 없다. 나는 그 역사의 인과관계에 현혹당했다. 그 매혹은 오래고 또 깊었다.

하지만 역사를 인과관계만으로 설명하려 한다면 그것은 독재 아닐까? 역사란 미지로의 탐험이고, 인과관계도 그 수준이 점점 더 높아져가야 하는 것 아닐까? 등장인물의 '그후'는 물론, 인과관계 자체의 '그후'는 없는 것일까? 무엇으로 역사라는 '난해의 바다'를 헤쳐 갈 것인가.

21세기 인간은 예술적 창조성의 상상력을 최고의 가치로 추구하게 될 것이다. 나는 지난 역사를 무엇보다 문학·예술적으로 해석함으로써 역사를 위한, 21세기를 위한, '심화·확산의 줄거리'로서의 중심을 만들어보고자 하였다.

역사로 문학·예술의 창조 정신을 튼튼히 하고, 문학·예술의 창조 정신을 통해 역사를 '고뇌하는 현실'로 바꾸어낸다. 역사 창조자의 시대·전형적인 고민과 문학·예술 창조자의 시대·전형적인 고민을 중첩시킨다. 그럼으로써 당대의 보편·전형적인 인간과 역사의 영웅·주인공적인 전형과의 관계를 설정하고 설명함으로써 주인공들의 고민은 당대 보편적인 인간 고민의 정수라는 점을 설파해내고, 그 도정을 끊임없이 현재화하고, 그후 현재에 이르는 문제의 전형들을 매 단계마다 제시해준다. 그렇게 하여 살아온 '역사'를 살아갈 삶의 예술 행위를 위한 '역동의 터전'으로 마련한다. 그게 이 글을 시작할 당시 내가 스스로 설정한 과제였다.

그리고 이야기가, 이야기만 이어진다. 끝도 없이 이야기가. 왜 안 그렇겠는가. 이야기란, 쉽게 인과관계를 해명할 수 없는 사건을 '제 것으로 만드는' 가장 빠르고 또 열린 예술이다. 그러므로 사건에는 성공과 실패가 승리와 패배가 있었으되, 전해져오는 이야기는 오늘날까지 이어져왔고, 앞으로도 계속되는 것 아닌가. 그러므로 모든 예술 속에는 이야기가 열린 뼈대로 들어선 것 아니겠는가. 그 광활한 역사와 인간의 생각과 상상력 속을 이야기라는 매개 없이 어떻게 다 들여다본단 말인가.

이야기가 이어진다. 세상에서 벌어진 일을 하나도 빠짐없이, 객관적으로 기록하는 일은 불가능하다. 단, 이야기가 사실인가 아닌가를

관음보살을 위하여 1장

이어짐의 시간과 공간

그리스 문명을 지혜의 여신 아테네가 상징하는 것보다 더 본질적으로, 관음보살은 통일신라 정신 체계 전반의 터전이면서 정수를 뜻하게 된다. 통일을 이룬 신라의 평화 지향을 담지하는 것도, 현세에서 이룰 성불을 매개하는 것도, 정신과 육체의 한 중간에서 아름다움의 극치를 육화하는 것도 관음보살이다. 그 관음이, 마침내 음악으로 될 것인가.

평화를 위한 정책

666년 3월 10일에 길이라는 이름의 종이 한꺼번에 세 아들을 낳았다. 670년 정월 7일에는 여종이 한꺼번에 아이를 낳았는데 딸 하나 아들 셋이었다. 전쟁통에 남정네가 얼마나 많이 죽었던가. 이는 나라에 경사였다. 왕은 곡식 2백 석을 상으로 내렸다. 그렇게 나라의 새로운 기운이 백성으로부터 탄생하고 자축된다.

차득공은 문무왕의 배다른 동생, 즉 서제(庶弟)이다. 왕이 그에게 말한다. 재상이 되어 백관을 다스리고 사해를 태평하게 해주오…… 왕은 그렇게 서출의 설움을 달랜다.

차득공은 자신의 설움보다 백성을 더 걱정한다. 신은 나라 안팎을 잠행하며 민간 무역의 고통과 편안함, 조세의 경중과 관리의 청탁을 알아본 연후에 그 직을 맡을까 합니다……

왕이 허락하고 백성이 여자로 호응한다. 다시 관음보살인가? 글쎄다. 차득공은 승복을 입고 비파를 들고(음악인가? 글쎄……) 서울을 떠났다.

그가 무진주에 이르렀을 때 그 지방 관리 안길이 그의 비범함을 알아보고 자기 집으로 데려가 극진히 대접한다. 그날 밤 안길은 아내와 첩 세 명을 불러 말했다. 오늘밤 거사 손님을 모시고 자는 사람은 평생을 나와 함께할 것이다⋯⋯. 두 여자는 거절한다. 당신과 살지 못할망정 어찌 거사와 동침을 하겠습니까⋯⋯. 한 여자는 남편 뜻에 따르겠다고 말한다. 그리고 또 한 여자는 그대로 실행을 한다. 차득공은 안길에게 자신을 이렇게 소개한다.

"나는 경주 사람이고 집은 황룡사와 황성사 두 절 가운데 있고 이름은 단오라고 합니다."

차득공은 경주로 돌아와 재상이 되었다. 안길이 경주에 올라와 물으니 한 늙은이가 알려준다. 두 절 사이에 있는 집은 대궐이고(호국 불교인가?) 단오란 차득공이다⋯⋯.

차득공은 전갈을 받자마자 쫓아나와 손을 붙잡고 안길을 맞아들였다. 공의 부인도 함께 불러내었다. 안길의 부탁을 거절한 두 여자, 그리고 부탁을 받아들인 두 여자가 어찌되었는지는 기록에 없다. 모두 관음보살인가?

만파식적의 서막

백제·고구려의 귀족들을 맞아들여 진골로 편입시키고 서출의 한을 풀어주고 그 서출이 백성들과 통하는 여성적인 통로가 되고 백성들 사이에 새 기운이 솟고⋯⋯. 이것은 모두 만파식적, '일체의 파도를 잠재우는 피리'가 태어나기 위한 서막이다.

그러나 관음보살도 만파식적의 서막이다. 음악이야말로 관음보살의 극치인 것이다. 2권 마지막 장은 관음보살이었다. 다음 장은 만파식적이다. 우리는 통일신라를 한 점의 관음보살 그림과, 스님에게 평생 육(의 착각)을 맡긴 관음보살의 이야기로 시작하자.

그릴 수 없는 그림

중국의 천자가 한 여자를 총애했다. 고금의 그림으로도 이처럼 아름다운 여자는 드물 것이다……. 왕은 화공을 불러 여자를 그리게 했다. 이 화공이 장승요라고 하는 설도 있지만 정확하지는 않다.

화공은 천자의 명에 따라 그림을 완성했다. 그런데 아차 실수로 붓을 떨어뜨려 배꼽 밑에 붉은 점이 찍혔다. 아무리 지우려 해도 지워지지 않는다. 날 때부터 붉은 점이 있는 모양이로구나……. 화공은 그대로 그림을 황제에게 바쳤다.

황제가 노발대발한다. 배꼽 밑의 점을 어찌 알고 그렸는가……. 황제가 화공을 옥에 가두고 처형하려 한다. 그러나 승상이 아뢴다. 마음이 곧은 자입니다. 그럴 리가 없습니다. 원컨대 용서해주소서. 황제는 도저히 그릴 수 없는 그림을 그리게 한다. 어젯밤 내가 꿈에 보았던 사람을 그려서 바치게 하라. 꿈과 같다면 용서하리라…….

그러나 화공이 12면 관음보살상을 그려 바치니 황제가 꿈에 본 것과 같았다. 황제는 두려운 마음이 들어 화공을 놓아준다. 화공은 곧장 신라로 발길을 돌렸다. 신라가 불법을 우러러 신봉한다는 말을 평소에 들었던 것이다.

그는 박사 분절과 함께 신라에 이르러 중생사 관음보살상을 만들었다. 이 보살상을 우러러보고 기도하여 복을 얻은 사례는 무수히 많다. 그 이야기는 고려 시대까지 이어지는데, 우리도 관음보살 이야기이므로, 못 갈 것이 없겠다.

이적

신라 말년 향리 최은함이 나이 많도록 아들이 없어 이 관음보살

대방광불화엄경변상도 부분.
호암미술관 소장.

에게 빌었더니 부인에게 태기가 있어 아들을 낳았다. 그런데 석 달
이 채 못 되어 후백제 견훤이 서울로 쳐들어온다. 최은함은 도저히
피할 길이 없어 아이를 포대기에 싸서 관음보살에게 맡기고 떠난다.

진실로 제게 아이를 주셨다면 원컨대 살려주시어 우리 부자가 다시 만나게 해주십시오……. 반 달이 지나 적병이 물러갔다. 최은함은 돌아와 아이를 찾았다. 아이가 더 예뻐졌고, 아이의 살결이 마치 새로 목욕한 것 같고, 입에서 금방 먹인 젖냄새가 났다. 이 아이가 바로 최승로이다. 최승로 이야기는 뒤로 미루자.

시주

992년 3월 승려 성태가 그 보살 앞에 꿇어앉아 고한다. 제가 이 절에 살면서 향화를 게을리하지 않았습니다. 그러나 절의 토지에서 나는 것이 없으므로 향사를 계속할 수가 없습니다. 이제 다른 곳으로 옮기려 하직 인사 올립니다…….

성태가 잠깐 조는 틈을 타서 관음보살이 나타나 말한다. 떠나지 말거라. 내가 시주를 넉넉히 해오겠다…….

중이 기뻐하며 절을 떠나지 않았다. 그 13일 후 두 사람이 말과 소에 물건을 가득 싣고 절 문 앞에 당도했다. 지난번 한 스님이 찾아와 시주를 모아달라고 하셨기에 이웃마을에 가서 모아온 것입니다……. 쌀 여섯 섬과 소금 넉 섬이었다. 이 절에서는 시주를 나가지 않았는데, 잘못 들은 것 같소…….

아닙니다. 그 스님이 저희를 데리고 오다가 방금 전에 먼저 가 기다리겠다고 하셨습니다. 우리들은 그 스님을 따라온 것뿐입니다……. 성태가 그들을 데리고 법당 안으로 들어가자 그들은 관음보살상을 쳐다보며 절을 했다. 이 부처님이 바로 시주를 구하러 왔던 스님입니다……. 그뒤로 중생사에는 시주가 끊이지 않았다 한다.

이 관음보살은 그후에도 절간에 불이 나자 마당으로 옮겨 앉고, 착하지만 문맹인 승려 점숭 대신 소문(疏文, 죽은 이의 죄와 복을 아뢰는 글)을 줄줄 읽어주는 등 신령한 힘을 계속 발했다.

꿈 속 사랑의 생애. 프란
티세크 쿠프카, <색채 평
면>.

잠의 문이 열리고

이번 이야기는 위와 정반대이다. 즉 역사 속으로 길게 뻗어나가지
않고 잠깐 동안의 꿈 속에서 한 남자와 한 여자의 일생이 펼쳐지는
데, 여기서 여자는 노골적으로 관음보살이다.

조신은 세규사의 중이다. 절 농장이 명주(강릉)에 있어 관리인으로
파견되었는데 우연히 태수의 딸을 보고는 그만 첫눈에 반해버렸다.
자신이 중인 것도 그렇고 상대가 태수의 딸인 것도 그렇고, 도무지
가당치 않았지만, 사랑이 또한 그런 것 아니던가.

조신은 불타는 가슴을 어쩌지 못하고 낙산사 관음보살상 앞에 나
아가 그녀와 함께 살게 해달라고 빌고 또 빈다.

그러기를 몇 년 했을까? 아니, 그 세월을 어찌 가늠한단 말인가.
하루가 고통스럽기 수십 년이요, 그렇게 일년도 잠깐인 것을. 그러던

사이 그녀는 시집을 가버리고 만다. 조신이 관음보살상 앞으로 달려가 원망하며 울고 또 운다. 울음에 지친 그는 날이 저물 무렵 잠이 들었다.

잠의 문이 열리고 그녀가 활짝 웃으며 문을 들어선다. 스님을 한 번 뵌 후로 사모하는 마음 깊어 한시도 잊은 적 없었습니다. 부모 뜻을 어기지 못하여 시집을 갔으나 이제라도 이렇게 스님을 모시고 살러 왔습니다. 스님과 한 무덤에 묻힐 반려가 되는 것이 제 소원이오니 받아주시옵소서…….

꿈 속 사랑의 생애

조신은 너무 기뻐서 당장 모든 일을 내팽개치고 그녀와 함께 고향으로 돌아갔다. 둘은 꿈같은 신혼 생활을 보내고 아이를 다섯이나 낳았다. 그러나 살림은 갈수록 어렵고 아이들의 입이 원수처럼 많았다. 함께 산 지 30년쯤 되었을 때 그들은 가재도구며 양식이 다 떨어져 유랑을 떠났다.

하지만 전쟁통에 흉년까지 겹치던 때라 유랑 생활은 정말 비참했다. 명주 해현 고개를 넘다가 15세 된 아이가 굶어죽는다. 시체를 거두어 길 옆에 묻으며 온 가족이 통곡한다.

부부는 남은 자식들을 이끌고 우곡현으로 가서 움막을 짓고 산다. 부부는 늙고 병든데다 굶주림에 지쳐 거동조차 제대로 못했다. 보다 못해 열 살바기 딸이 밥을 얻으러 마을로 간다. 그러나 밥은커녕 개에 물려 혼비백산해서 돌아오고, 물린 자리가 아파 끙끙대며 드러눕는다. 아내가 남편에게 말한다.

내가 처음 당신을 만났을 때 참으로 아름다웠습니다. 우리 알뜰살뜰 살림에 기쁜 일도 많았지요. 곰곰이 돌이켜보면 그게 근심의 시작이었습니다. 어쩌다 이 지경까지 왔을까요? 우리야 그렇다 하더라

각(覺), 허망. 브론지노, <비너스, 큐피드, 어리석음, 시간>.

도 아이들까지 굶게 내버려둘 수는 없는데, 이대로 함께 다니다가는 그러기 십상입니다. 이제 그만 헤어집시다.

그 말을 듣고 조신은 크게 기뻐하였다. 둘은 아이를 둘씩 나눠갖고 여자는 고향으로, 남자는 남쪽으로 향한다. 그렇게 돌아섰건만 이상하게도 그녀의 뒷모습이 보이는가 싶더니 조신은 잠에서 깨어났다. 날이 밝아오고 있었다.

각(覺), 허망

아, 그 끔찍한 일이 꿈이었던가. 거울을 보니 머리카락이 온통 하얗게 세어버렸다. 아, 그렇구나. 삶도 사랑도 기쁨도 그리 허망한 것을……

조신은 관음보살에게 절을 하며 참회의 눈물을 흘린다. 꿈에 아이를 파묻었던 그 해현 고개 장소를 팠더니 돌미륵이 나왔다. 그것을 깨끗이 씻어 가까운 절에 모셨다. 조신은 농장 관리인을 그만두고 경주로 돌아왔다. 그리고 사재를 털어 정토사를 세웠다.

관음보살님 참 오래도 살아주셨다. 인간의 욕심이 그리 끝없이 깊어 깨달음에 이르기까지 그 오랜 세월을 요한다는 뜻일까, 아니면 관음보살의 은덕이 그리 장구하다는 뜻일까?

여기서 관음보살은 여성의 육체 그 자체이다. 그 육이 젊고 탱탱하다가 늙어서야 조신은 잠에서 깨고 깨달음에 든다. 꿈에서만 이미 늦은 것이다. 하지만 다음의 관음보살은 어떤가?

여성의 육체 그 자체인

먼 훗날 성덕왕 때 일이다. 백월산 기슭에 노힐부득과 달달박박이 살았다. 둘 다 용모가 준수했고 일찍이 가정을 이뤄 생업에 종사했다. 하지만 채워지지 않는 게 있어 둘은 머리를 깎고 중이 된다. 그리고 가족을 이끌고는 산속 옛 절터로 들어간다.

하지만 그래도 뭔가 채워지지 않는다. 두 사람은 마침내 가족들을 떠나 더 깊은 산속으로 들어갔다. 그리고 각자 바위 속에 암자를 파고 기거하며 열심히 도를 닦았다.

그렇게 3년이 지난 어느 날 날이 저물어 가는데 20세 안팎의 아름다운 처녀가 박박의 처소에 나타난다. 하룻밤 묵고 가게 해주십시오……. 박박은 거절한다. 이곳은 도를 닦는 정결한 곳. 그대가 머물 곳이 못 된다……. 박박은 문을 닫고 들어가버린다.

할 수 없이 처녀는 부득의 거처를 찾는다. 이곳은 몹시 외진 곳이로군요. 길을 잃어서가 아닙니다. 스님을 성불의 길로 인도하려는 것뿐입니다……. 부득은 웃긴다 싶었지만 처녀가 안되었어서 암자 안으로 맞아들여 자리를 마련해주었다.

금동판 보살좌상. 안압지 출토.

　그리고 가다듬은 마음으로 밤 깊도록 밝은 염불을 계속했다. 날이 새려 할 때 그녀가 부득을 부른다. 진통이 심한 것이 아무래도 아이를 낳을 것 같습니다. 스님, 짚자리를 좀 마련해주세요……

　부득은 불쌍한 생각이 들어 차마 거절하지 못했다. 그는 촛불을 밝히고 물을 끓여 해산을 거들었다. 해산이 끝난 그녀는 한술 더 떠 목욕시켜 달라고 조른다. 부득은 부끄러움에 얼굴이 달아올랐지만, 지푸라기와 땀에 범벅된 그녀의 간절한 부탁을 거절할 수가 없었다.

　그가 더운 물과 목욕통을 준비하고 그녀를 목욕시키는데 잠시 후 목욕물이 향내를 풍기며 금색으로 변해간다. 놀란 부득에게 그녀가 말했다. 스님도 목욕을 하셔야 합니다……. 부득은 그 말을 거역할 수 없었다.

　통 속에 몸을 담그니 갑자기 정신이 상쾌해지며 피부가 금색으로 변한다. 그 옆을 보니 연좌가 있었다. 그녀는 그를 연좌에 앉힌다. 나는 관음보살. 그대의 성불을 도우러 왔노라…… 말을 마치고 그녀, 아니 관음보살은 이내 사라졌다.

박박은 그녀 생각이 머리에서 떠나지 않았다. 부득은 어떻게 했을까? 부득은 마음이 약해서 차마 내쫓지 못하고 계율을 깼을지도 모른다. 가서 놀려줄까…… 그런데 가서 보니 금빛 미륵불상이 광채를 발하는데 엉겁결에 머리를 조아려 절을 하고 자세히 보니 바로 부득이었다. 이게 어찌된 일인가…….

부득에게 자초지종을 들은 박박은 통탄하며 애원한다. 부처를 만나고도 마음 속 거리낌 때문에 만나지 못하다니…… 어질고 큰 덕을 지닌 그대가 먼저 뜻을 이루었으니 부디 지난날의 우정을 잊지 말고 나도 함께 성불토록 도와주오…….

부득은 박박에게 통 속에 남아 있는 금물로 목욕을 하게 해주었다. 박박은 아미타불이 되었다. 마주앉아 금빛을 발하는 미륵불과 아미타불은 정말 장관이었다. 두 부처는 모여든 사람들에게 불법을 설하고는 구름을 타고 사라진다.

관음의 잠자리

그 다음은? 마지막이므로 우리는 문무왕 때로 다시 돌아오자. 광덕과 엄장은 둘 다 승려였는데 매우 친했다. 두 사람은 늘상 다짐했다. 먼저 극락에 가는 사람은 서로에게 꼭 알려주고 가자…….

광덕은 신발 기술자였는데 아내를 데리고 살았다. 부득과 박박이 한때 그랬던 것처럼 대처승이다. 엄장은 부잣집 출신이지만 남악에 암자를 짓고 검소하게 지내며 도를 닦았다.

어느 날 노을이 붉은 저녁, 엄장이 염불을 드리는 중인데 창밖에서 소리가 들려온다. 나 먼저 서쪽으로 간다. 속히 따라오라…… 밖

금동화불의 일부. 안압지 출토.

으로 나가보니 구름 위로 하늘의 음악소리가 들리고 밝은 빛이 땅에 드리웠다.

서쪽이라. 그래, 이 친구가 극락으로 갔구나⋯⋯. 이튿날 광덕을 찾아가니 과연 광덕은 세상을 떠난 후였다. 그는 광덕의 아내와 함께 시신을 거두어 장례를 치렀다.

엄장은 그녀를 돌봐주고 싶었다. 그녀도 마다하지 않았다. 그런데 그날 밤, 함께 잠자리에 들려 하니 그녀가 간곡히 꾸짖는다. 그러고도 스님이 극락을 구한다면 나무에 올라가 물고기를 구하는 것과 같습니다⋯⋯. 광덕은 그러고도 극락에 가지 않았소? 엄장이 그렇게 묻는데 그녀의 대답이 놀랍다.

"그분과 10년을 살았지만 함께 잠자리에 든 적이 한 번도 없었습니다."

밤마다 단정히 앉아 염불을 외었고 달이 창에 비치면 그 빛에 올라가 가부좌로 앉고는 했다는 것이다. 엄장은 고개를 들지 못하고 그 집을 떠나, 그 길로 곧장 원효대사를 찾았다. 그리고 자신의 잘못을 뉘우치며 열심히 수도, 그도 극락으로 갔다.

광덕의 아내는 바로 관음보살이었다고 한다. 그렇다. 관음보살은 육감 자체로 성(聖)에 달하는 종교적 예술성, 혹은 예술적 종교성의 극치의 경지를 드러내는 보살이다.

일본의 열림과 닫힘

우리는 백제의 문화가 일본에 전달되면서, 일본 문화의 한 특성인 일상적 아름다움과 추(醜)의 에로티시즘, 심지어 포르노그라피로 어떻게 변화하고 굳어져 갔는지 그 전모를 밝힐 자료나 방도가 없다.

그러나 가설은 언제나 가능하고 또 필요하다. 일상이 예술로 될 때 예술의 예술로 될 터이다. 그 예술의 예술은, 관음보살이 보여주는 대로 육과 성(聖)에 대한 총체적 인식이 결여될 때, 스스로 가누지 못하고 추의 에로티시즘 혹은 포르노그라피로 닫힘 속으로 열려버린다.

관음보살은 불교라는 종교의 열린 총체성, 정신적 구심성을 여유만만하게 과시하는 매우 본질적인 한 매개이다. 일본은 어느 종교도 국가의 정신적 구심이 되지 못했다. 일본인의 정신적 구심은 몇 백 년 동안 일본 전통과 '일본혼' 정신이었다.

그것이 막강한 구심력을 갖고 있음은 우리 모두가 아는 대로이다. 하지만 섬나라적인 '닫힘'의 기질 때문에 관음보살 정신과는 대치되는 성격을 진하게 갖는다.

성에 대해 개방적인 것 자체가 섬나라 근성이 아님은 영국을 예로 들어보아도 금방 알 수 있다. 백제의 예술은 관음보살상을 일본에 전했다. 그러나 관음보살은 벌써 백제적이 아니다. 그게 관음보살의 비극일까 일본의 비극일까?

발해는? 관음보살이라는 여성적 구원이 통일신라의 모태라면, 발해의 그것은 완연 남성적이다. 그러나 발해 이야기는 뒤로 미루자. 통일신라의 만파식적 서두가 목구멍까지 꽉 차올랐다.

전제 정권과 호국룡

문무왕의 뒤를 이은 것은 신문왕(681~692년). 문무왕의 장남이다. 즉위하던 해 장인인 김흠돌을 비롯한 흥원, 진공 등의 모반이 있었다. 많은 귀족이 모반에 가담했지만 신문왕은 철저히 분쇄했다. 문무왕 때 상대등이던 이찬 군관도 불고지죄로 살해할 정도였다.

관음보살입상. 나라현 호류사 소장.

그가 귀족 세력을 누르고 중대 왕실의 전제 정권을 확고히 하는 데 얼마나 집착했는가는 두 차례에 걸쳐 전국에 반포된 교서에 잘 반영되어 있다. 평화를 기원하는 만파식적이 탄생한 것은 이 모반과도 무관하지 않다.

그러한 모반의 시기에 문무왕이 용으로 승천한 후 그는 동해 바닷가에 감은사를 짓고 금당 뜰 아래 동향으로 구멍을 하나 뚫어두었다. 용이 된 아버지를 위한 통로였다. 그 이듬해 신하가 달려와 신문왕에게 고한다.

"동해에 있는 작은 산 하나가 바다에 떠서 감은사를 향해 조금씩

움직이고 있습니다."

괴이한 일이다. 혹시 일본이 쳐들어온다는 징조가 아닐까? 다행히 점술사가 상서로운 쪽으로 해석을 한다.

"선왕께서 지금 해룡이 되어 삼한을 지키시며 또한 유신공도 33천의 한 아들로 지금 내려와 대신이 되었습니다. 두 성인이 덕을 합하여 나라를 지킬 보물을 내주려 하니 왕께서 친히 바닷가로 나가시게 되면 값으로 칠 수 없는 보물을 얻게 될 것입니다."

폭풍 뒤의 평온

왕은 크게 기뻐하고 그 달 7일 이견대로 나아가 그 산을 조망하면서 사자를 보내어 살펴보게 한다. 산은 거북 머리 형세인데 그 위에 한 그루의 대나무가 있었다. 그런데 그 대나무가 낮에는 둘로 되었다가 밤에는 합쳐져서 하나가 된다. 사자가 그 일을 아뢰니 왕은 감은사로 나아가 머물렀다.

다음날 낮 대나무가 합쳐져 하나가 되었다. 그러자 천지가 진동하고 바람과 비가 일어나고 7일 동안이나 계속 캄캄했다. 그 달 16일이 되어서야 바람이 자고 파도가 평온해진다. 왕은 배를 타고 그 산으로 들어갔다. 용이 검은 옥대를 왕에게 바친다. 이 산에 있는 대나무는 갈라지기도 하고 합치기도 하는데 무슨 연유인가?

왕이 그렇게 물으니 용이 대답한다. 한 손으로 치면 소리가 나지 않고 두 손으로 쳐야 소리가 나는 이치와 같습니다. 대나무는 합쳐진 연후에만 소리가 나게 되므로 왕께서는 소리로 세상을 다스리게 될 것입니다. 이 대나무로 피리를 만들어 불면 천하가 화평할 것입니다……

왕은 놀랍고 기쁘기 그지없었다.

평화를 지향하는 음악　　2장

만파식적, 부례랑, 죽지랑, 승전

전쟁의 비극과 참회를 진혼하는 데는 음악이라는 예술 장르가 가장 적합하다. '만파식적' 이야기는 그렇게 음악이 탄생하게 되는 과정을 설명해준다. 그리고 그 음악이 평화 시기로 이행하면서 빚어지는 신구(新舊) 세대, 군인과 관료의 갈등을 해결한다는 것도 암시한다. 그러나 이것은 바람일 뿐 현실은 그렇지 않았다. '만파식적' 및 그후 이야기는 그 갈등 해소가 매우 어려웠다는 것의 반증이기도 하다.

슬픔의 문무왕, 음악의 권력

오색 비단과 금, 옥을 용에게 주고 사자를 보내어 대나무를 베게 했다. 바다에서 나오니 산과 용은 홀연히 사라지고 보이지 않는다. 태자가 대궐을 지키고 있다 소식을 듣고 달려와 경하한다. 그가 찬찬히 살펴보고 나서 말한다.

이 옥대의 모든 눈금이 진짜 용입니다…….

네가 그것을 어찌 아느냐? 왕이 놀라 묻자 태자는 눈금 하나를 떼어 물에 넣어보겠다 하고 왼편 둘째 눈금을 떼어 물에 넣으니 바로 용이 되어 하늘로 올라가고 그곳은 곧 못이 되었다. 그래서 용연이다.

불쌍한 문무왕. 불쌍한 김유신. 왕이 죽어 용이 되고자 한다는 소원을 말했을 때 지의법사가 말했다. 용은 짐승의 응보인데 어찌 용이 되려 하십니까? 나는 세간의 영화를 버린 지 오래요…….

용보다는 사람을 더 위대하게 본 불교의, 신라의 휴머니즘과 문무

왕의 간절한 애국 정신이 결합되는 대목이다. 그러나 불쌍한 문무왕
……. 그렇게 그는 위대한 전쟁신에서 아들에게조차 존댓말을 하는
용으로 변했고, 그 슬픔이 그를 급기야 평화의 음악으로 전화시켰던
것일까?

　음악은 인간 존재의 근원적인 슬픔에서 비롯되어 그것을 극복함
은 물론, 존재 자체를 한 단계 질 높게 고양시키는 시간의 궁극적인
평화 지향이 된다. 합쳐져야 소리가 나므로 조화를 지향하지만, 더
근본적으로 슬픔을 예술적인 힘으로 변혁시켜내기 때문에 평화로운
것이다.

　그렇게 슬픔에서 태어난 음악이 세상을 지고지순한, 피비림이 없
는, 끊임없이 세계의 새로운 차원의 겹을 펼치는, 시간으로 흐르며
시간을 액정화시키는 음악의 권력으로 세상을 위무하고 다스린다.
밤이 낮으로 낮이 밤으로 뒤바뀐다.

　만파식적 이야기는 음악의 발생론이자 발생 과정론이자 목적론이
고, 만파식적은 삼국 통일 전쟁의 대참화와 권력 투쟁의 크고 작은
피비림을 위로하려는 진혼미사곡이다. 아, 통일신라는 삼국의 역사
전체를 화엄의 음악으로 위로하고 다스리려는 것일까? 통일신라사는
궁극적으로 음악·예술사를 지향할 것인가?

　가륵한 꿈과 피비린 현실

　그러나 그게 상부 구조의 가륵한 꿈일 뿐, 하늘나라가 아니고서야
어떻게 현실적으로 가능할 것인가. 바로 그렇게 우리는 그 아름다운
음악을 결과시키는 현실의 피비린 슬픔에, 위로 정치권에서 벌어지
는 권력 투쟁과, 밑으로 백성들이 겪는 사회·경제적 고초에 좀더
주목하자.

　전쟁과 모반의 피비린 진압이 그 배경을 이루는 만파식적 이야기

자체가 그것을 요구하고 있지 않은가. 이 이야기가 음악론뿐 아니라 매우 총체적인 예술론을 내포하는 까닭이다.

어쨌든 신문왕은 돌아와 그 대나무로 피리를 만들어 월성 천존고에 보관하여 두었다. 이 피리를 불면 적병이 물러가고 병이 나으며, 가물 때는 비가 오고 비가 올 때는 하늘이 개고, 바람은 가라앉고 물결은 평온해졌다 한다. 그래서 만파식적. 위대한 슬픔의, 진혼의 힘이다.

만파식적은 효소왕 때 다시 등장할 것이다. 도난당했다가 되찾아 만만파파식적으로 호칭이 강화되는 이야기이다. 무엇이 그리 절박해졌을까? 그 절박함은, 진혼이 되기에는 이미 무력해졌다는 뜻이 아닐까? 그러나 그 '불교' 이야기는 뒤로 미루고, 우리는 신문왕 대의 현실 조감도를 마무리짓자.

제도 정비 완성

유교적 정치 이념에 입각한 인재의 교육과 양성을 목적으로 하는 국학이 신문왕 대에 이르러 비로소 완전한 꼴을 갖춘다. 국학 담당자 벼슬은 경. 전제 정권을 강화하려는 노력의 일환이었던 것은 물론이다. 물론 불교 중흥에도 관심을 두었다. 685년에는 봉성사와 망덕사가 준공된다.

신문왕 대에는 삼국 통일로 확대된 중앙관서 업무 및 지방 통치를 위한 제도 정비가 대체로 완성되었다. 9주 5소경이 설치됐고, 중앙 군대가 9서당으로 지방 군대가 10정 조직으로 확대 개편되었다. 아홉 번째 서당은 고구려, 보덕, 백제, 말갈인들을 두루 포섭해서 만든 군대이다.

그는 제도 개혁에 덧붙여 녹읍을 폐지하고 해마다 세조를 차등 있게 지급하는 급여제를 도입한다. 이것은 관리의 경제적 기반을 안

동궁전이 있었던 안압지. 7세기경.

정시키는 한편, 녹읍을 통한 관리들의 지방 토호화를 억제시키는 효과도 있었다.

전제 왕권을 중심으로 한 통치 질서를 굳힌 신문왕은 자신의 직계 조상인 태조대왕, 진지대왕, 문흥대왕, 태종대왕, 문무대왕의 신령에게 제사를 지냄으로써 중대 왕실의 정통성을 확립한다.

692년 무열왕 묘호인 '태종'자가 당 태종의 그것과 겹쳐 저촉되므로 삼가라는 당의 압력이 있었지만 태종 무열왕 김춘추의 업적과, 그의 신하인 김유신이 33천의 아들이라는 점을 강조함으로써 논란을 해결했다고 한다.

효소왕(692~702년)은 신문왕의 태자로 책봉된 이듬해에 왕위에 올랐다. 나이가 어려 대아찬 원선을 집사부 중시에 임명하고 국정을 위임했다. 그해에 고승 도증이 당나라에서 귀국, 천문도(별자리 지도)를 왕에게 바쳤는데, 이것은 왕실 권위의 상징으로 이용되었다. 그러나 신라에서 점성술과 천문학을 구분하기는 특히 힘들다.

의학 교육 기관인 '의학'이 설립된 것도 이즈음인데 의학박사를 두고 《본초경》《침경》《맥경》 등 중국 의학서를 가르치게 했다. 695년에 서시전과 남시전을 왕경에 설치했다.

이 시전들은 지증왕 대에 설치되었던 동시전과 더불어 물화 유통을 원활하게 하였다. 이해에 음력 11월을 정월로 정했다가 700년에 다시 음력 1월을 정월로 바꾼다.

698년 일본국의 사신을 접견했고, 699년 당에 사신을 파견, 조공했다. 700년에 아찬 경영의 반란 모의가 있었지만 쉽게 평정되었다. 왕자가 없기 때문에 왕위 계승을 둘러싸고 빚어졌던 것으로 보인다. 그 효소왕 대에 만파식적 이야기가 다시 한 번 전개된다.

발해에 잡혀가다

어느 날 국선 부례랑이 말갈족에 사로잡혔다. 낭도들을 이끌고 금란(강원도 통천)으로 심신수련을 나갔다가 북명(원산만) 부근에서 말갈에게 포위당했던 것이다. 이때 말갈인들은 누구였을까? 아마 고구려 유민들이었을 게다. 그들은 얼마 안 있어 나라 이름을 말갈에서 발해로 바꾼다.

그건 그렇고 함께 있던 낭도들은 놀라서 모두 돌아왔고, 부례랑과 절친했던 안상만이 그뒤를 추적했다. 기가 막힌 노릇이었다. 목숨보다 신의를 더 중요시하고 적 앞에서 후퇴가 없던 그 화랑이 자기들의 최고 지도자가 잡혀가는데도 그냥 살겠다고 뿔뿔이 도망치다니.

나라의 기강이 말이 아니다……. 왕에게는 국선이 잡혀간 것보다 그것이 더 걱정이었다.

하지만 당연하다. 화랑에게 전쟁은 자신의 의미를 죽음으로 구현

신라금. 일본 쇼소원 소장.

할 수 있는 성지(聖地)와 같은 것이다. 평화 시대의 화랑이 그때 같을 수는 없었다. 평화의 음악은 군대를 무의미하게 만든다.

하지만 통일신라는 하늘나라가 아니다. 전쟁은 끊임없이 있어 왔고 또 대비해야 하는 것인데, 만파식적이 상징하던 음악과 호국 정신의 조화는 더 이상 불가능한 것일까? 왕은 그런 근심에 싸였다.

전시의 화랑과 평화시의 음악

그럴 즈음 왕실 창고에 보관 중이던 거문고와 만파식적이 없어졌다. 왕은 격노하여 창고 관리자들을 감옥에 가두었다. 그리고 전국에 방을 붙인다. 거문고와 만파식적을 찾아오는 사람에게 큰 상을 주겠다…… 부례랑에게는 현상금을 걸지 않았을까? 물론 걸었을 것이다. 그런데 화랑과 음악이 스스로 화해의 길을 찾는다.

부례랑의 아버지가 백률사 불상 앞에서 여러 날째 아들의 무사귀환을 빌고 있었다. 문득 보니 향 탁자 위에 거문고와 만파식적이 놓여 있었다. 부모가 놀라 고개를 들었는데, 불상 뒤에 부례랑과 안산이 서 있다.

아버지는 순간 눈을 의심했다. 자식 걱정과 나라 걱정이 너무 과

해 헛것이 보이는가……. 그러나 틀림없는 만파식적이요, 틀림없는 부례랑이었다. 아버지가 부례랑을 먼저 얼싸안고 눈물을 흘린다.

어찌된 일이냐. 저 만파식적과 거문고는 또 어디서 났느냐……. 혹시 훔친 게 아닐까, 그렇게 그는 생각했을까? 그랬을지도 모른다. 구세대, 전쟁세대가 보는 신세대의 꼴은 대저 그렇게까지 한심했다. 그런 그를 안심시키는 신세대의 이야기는 이렇다.

적국에 잡혀간 그는 대구라의 집에서 말 기르는 일을 했다('대'는 발해 시조 대조영의 성씨다!). 어느 날 들판에서 말에게 풀을 뜯기고

스스로 음악이 되어 슬픔을 재우다. 조르주 브라크, <포르투갈인>.

있는데 귀에 익은 노래가 들려왔다. 신라의 노래였다. 달려가 보니 용모 단정한 스님이 손에 거문고와 피리를 들고 있었다.

고향이 그리운가 보구나…… 그 말에 그는 자기도 모르게 눈물을 흘리며 스님 앞에 무릎을 꿇고 사정했다. 임금과 어버이 생각, 어떻게 다 말할 수 있겠습니까…….

그렇다면 나를 따라오라…… 부례랑은 스님을 따라 바닷가로 갔다. 그곳에 안상이 있었다. 스님은 피리를 둘로 쪼개고 두 사람더러 각각 하나씩 올라타라 했다. 그리고 스님은 거문고에 올라탔다. 그렇게 그들 셋은 바다 위를 날아 순식간에 백률사에 도착했다.

구세대와 신세대가 화해하는 과정

이것은 부례랑, 즉 화랑의 참회 과정이다. 그 참회를 이끄는 것은 음악이고 그 과정을 통해 그는 신라의 음악, 즉 평화와 화해하게 된다. 이 이야기가 발해의 등장을 알리려는 의도를 분명하게 품고 있다고는 볼 수 없다.

그러나 화랑이 자신의 존재 의의를 되찾아가는 과정에 발해 건국이 한 계기로 작용했을 것은 역사적으로 상상이 가는 사항일 터이다.

어쨌거나 부례랑과 만파식적이 함께 돌아왔다는 소식은 당장 왕에게 전달되었다. 왕은 크게 기뻐하며 대대적인 국민 화합 정책을 편다. 그는 우선 백률사에 토지와 금 은, 비단 등을 시주했다. 그리고 사면을 실시하고 관리들의 벼슬을 올려주었다.

그리고 백성들에게는 3년 간 조세를 면제해주었다. 부례랑과 그의 부모, 그리고 안상에게는 명예 관직이 주어졌고 옥에 갇혔던 창고 관리 담당도 모두 석방되었을 뿐 아니라 승진 발령까지 받았다.

그런데 무엇이 문제였을까? 그후 한 달도 되지 않아서 연거푸 혜성이 나타난다. 민심이 다시 동요했다. 일관이 아뢰었다. 거문고와 피리에 벼슬을 내리지 않아서입니다……. 왕은 만파식적에 새로운 이름을 내리고 대규모의 축제를 연다. 만만파파식적. 혜성은 곧 사라졌다.

예술에 벼슬?

예술에 벼슬을 내리다니 이 무슨 망발인가? 예술은 정치와 다르게 정치를 극복하는 방식으로 정치에 도움을 줄 뿐, 그렇게 정치를 정치의 세속·저질화 운명으로부터 구원해줄 뿐, 정치 자체가 되거나 정치를 대체할 수는 없다. 혜성은 또 무슨 미혹인가? 이것은 문제의 해결인 동시에 새로운 시작이다.

과연 그후로 신라 문화의 전성기가 오지만 예술과 종교와 정치의, 상상력과 현실의, 비성과 난해와의 그 절묘한 균형은 영영 깨지고, 무르익은 예술의 무게가 현실의 통로로 되지 않고 현실을 유약화시키는 시기도 그렇게 시작된다. 혜성이 난해를 푸는 초자연적인 현상에서 미혹의 상징으로 전락한다.

무르익은 예술의 향기가 현실 정치의 눈마저 미혹시키면 어떻게 되는가. 우리는 신라의 최고 태평성대였다는 헌강왕 대 이야기인 처용 설화에서 과도한 무르익음이 일본적인 추의 에로티시즘에 언뜻 달하는 것을 보게 될 것이다.

화랑과 관료

그러나 그 전에 이미 화랑 비극의 씨앗이, 같은 효소왕 대에 있다. 위기시 호국 정신의 물화가 화랑이라면 평화시 국가를 유지하는 골간은 관료이다. 그 둘의 갈등에 대해 다음과 같은 보다 현실주의적인 이야기가 전한다.

금동 봉황 장식. 안압지 출토.

화랑 죽지랑은 우리가 이미 본 바와 같이 삼국 통일 전쟁 당시의 영웅이다. 더 자세히 들여다보면 그는 진평왕 때 화랑이었고 진덕여왕 때 이미 김유신 밑에서 이름을 날렸으며 무열, 문무왕을 거쳐 신문왕 대에 이르기까지 재상으로 활동했다.

그렇게 화랑에서 관료로의 이행을 스스로 겪은 그가 말년에 관료와 화랑 사이의 갈등을 야기시킨다.

죽지랑이 화랑의 고문으로 거느리는 낭도 가운데 득오라는 자가 있었다. 명단에 이름도 오르고 모임에 빠지는 법이 없는 열성 낭도였다. 그런데 10여 일이 넘도록 그가 보이지 않는다. 하도 이상해서 죽지랑이 득오 어머니를 불러 물었다.

부대장인 모량부 출신 익선이 득오를 부산성 창조지기로 임명하여 급히 가느라고 인사도 못 드린 모양이라는 대답이었다. 그랬군. 공적인 일로 갔다니 면회를 가주어야겠다……

죽지랑이 떡과 술을 종에게 들려 득오를 면회가는데 낭도 137명이 의장을 갖추고 그뒤를 따른다. 여기서부터 좀 이상하다. 이런 세과시가 왜 필요하단 말인가.

감정 싸움

부산성에 도착하여 성문지기에게서 득오가 익선의 밭에서 일하고 있다는 말을 들은 죽지랑은 그곳으로 행렬을 계속한다. 익선이 그것을 곱게 보았을 리 없다. 때가 어느 땐데 화랑들이 떼로 몰려다니며 사람 겁을 준단 말인가. 죽지랑은 자신이 지금도 재상인 줄로 아는 모양인가…… 득오에게 술과 떡을 먹인 뒤 죽지랑이 익선에게 찾아가 득오의 휴가를 청하지만 익선은 대번에 거절한다.

면전에서 거절당하여 얼굴이 화끈거리는데 마침 지나던 지방관리 간진이 죽지랑을 거든다. 화랑이 낭도를 중히 여기는 것은 아름다운 일인데 익선이 너무하지 않은가. 고지식하기는…… 간진은 추화군 능절의 조세로 거두어가던 벼 30석을 익선에게 주며 죽지랑의 청을 들어주라고 강권한다.

이런 아니꼬운 자 봤나. 제 물건도 아니고 나라의 조세를 무단 횡령하여 내게 호기를 부려, 이놈이? 익선은 더 강하게 거절한다. 어허……. 간진은 오기가 발동했다. 그래, 네가 얼마나 깨끗한가 보자. 그는 친구 진절의 말과 안장까지 익선에게 주며 부탁한다.

그제서야 익선은 득오의 휴가를 허락했다. 하지만 두 사람 다 감정이 좋았을 리 없다. 그럼 그렇지 네놈이…….

오냐 어디 두고 보자……. 죽지랑이 낭패를 당한 사실이 알려지자 조정 화주가 노발대발했다. 왕은 난감했지만 화랑들의 청원을 차마 물리칠 수 없었다. 화주는 당장 관리를 보내 익선을 잡아오라 하고, 익선은 줄행랑을 친다.

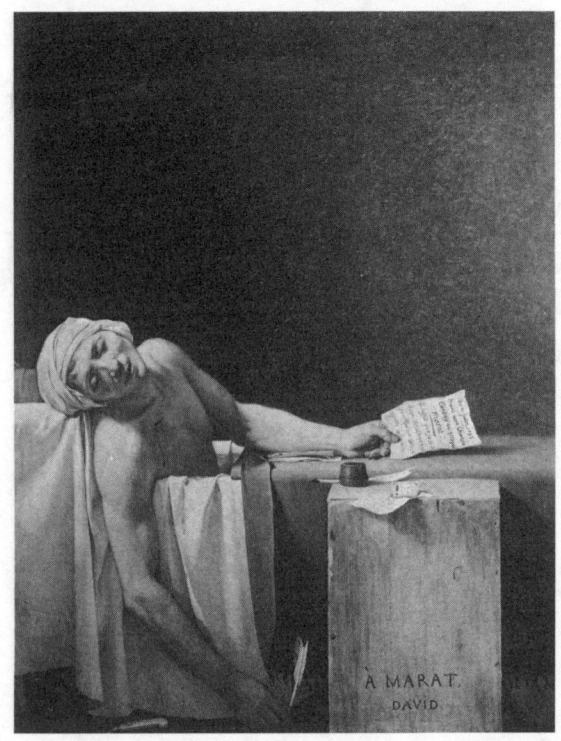

가장 죄 없는 자의 죽음.
자크 다비드, <피살된 마
라>.

가장 죄 없는 자의 죽음

비극은 거기서 끝나지 않는다. 낭도들이 익선 대신 그 아들을 잡
아가고 더러움을 씻겨준다며 성 안 연못에서 목욕을 시켰는데 몹시
추운 날씨라 익선의 아들은 얼어죽고 말았다.

그러나 낭도들의 보복은 거기서 끝나지 않았다. 낭도들의 성화에
못이겨 모량리 사람으로 관직에 종사하는 자를 다 쫓아내라고 명령
하고, 모량리 출신이 승적을 갖는 것도 금지시킨다. 간진에게는 특별
표창을 내렸다.

익선은 융통성이 없고 완고하며 완고한 자가 대개 그렇듯이 궁극

적으로 뇌물에 꺾인 관리이다. 그러나 이 광란의 보복과 포상은 얼마나 어처구니없는 일인가. 화랑은 임의 단체이며 관리는 공식적으로 정부를 대표한다. 간진은 조세를 뇌물로 공여한 공금 횡령에 뇌물 공여범이고 익선의 아들은 전혀 무관한 자다.

어처구니없는 감정 대립의 결말은 가장 죄 없는 자의 죽음이다. 죽지랑의 젊은 시절, 화랑은 호국 정신의 꽃이었다. 삼국 통일을 이루고 태평성대와 노년을 맞은 시기에 이르러, 화랑도는 이토록 거대하게 낡은 이빨로 화해버렸다.

<모죽지랑가>, 화랑도와 효도

득오가 죽지를 사모하여 노래를 지어부르니 바로 <모죽지랑가>이다.

> 지난 봄 그리매
> 모든 것이 서리 시름일사
> 아름답던 얼굴
> 주름살 지려 하옵니다
> 눈 돌이킬 사이에나마
> 만나뵙도록 하오리다
> 낭이여 그리운 마음 오고가는 길
> 쑥 우거진 마을에 잘 밤 있으리이까

과거의 찬란한 영광을 뒤로 하고, 황혼도 없이 시든 노년에 접어든 죽지랑. 그에 대한 득오의 사모와 안타까움의 정이 절절하게 사무치는 명작이다. 이 노래는 화랑 스스로의 참회를 위한 것인가? 아니다. 현실을 슬퍼하는 현실의 노래이다. 위대한 서정시일 뿐 만파식

무릎 꿇은 토용.

적은 아닌 것이다.

만파식적을 잇는 것은 스님들의 노래, 불교의 노래이다. 그렇다. 불교는 화랑과 관료의 현실적인 모순을 품고, 진정에서 보았듯이 화랑도 정신을 효심으로 대체하면서 더욱 찬란한 예술로 현현되고 승화된다. 그 극치가 바로 효자 김대성이 전생의 부모와 현생의 부모를 위해 지은 석굴암과 불국사다.

덧붙이는 인물

하지만 스님들의 '노래'도, 김대성의 불국사도 우리는 뒤로 미루자. 발해 이야기를 할 때가 된 것이다. 아니, 그 전에 신문왕 및 효소왕(692~702년) 대 사람들 몇을 덧붙이자.

금동관음보살입상. 선산 출토.

핍실은 신문왕 때 장수인데, 취도가 바로 그의 형이다. 고구려가 망한 후 왕족 안승과 고구려 유민 일부가 안치되었던 금마저에서 684년 안승의 적자 대문과 고구려 유민들이 반란을 일으켰을 때 그는 귀당제감으로 임명되어 토벌을 총지휘했다.

형의 이름을 결코 더럽히지 않을 것이다. 우리 오늘 살아서 헤어지지만 끝내 죽어 이별할 것이니 슬퍼하지 말라……. 아내에게 그렇게 당부하고 출정한 그는 적진을 대하자 그대로 돌진, 고구려군 수십 명을 죽이고 자신도 전사했다.

신효는 공주 출신이다. 효성이 지극했던 그는 어머니가 고기반찬 없이는 식사를 하지 않으므로 고기를 구하려고 매일 산과 들을 헤맸다. 어느 날 길에서 그는 학 다섯 마리를 보고 활을 쏘았다.

그러나 학은 깃털 하나만을 떨어뜨리고 날아가버렸다. 그 깃으로 눈을 가리고 사람을 보니 모두 짐승으로 보인다. 그는 결국 고기를 얻지 못하고 제 넓적다리 살을 베어 어머니께 드렸다.

그후 그는 출가하여 집을 절로 만들고 효가원이라 이름 붙인다.

그리고 자신은 여행길에 올랐다. 경주를 지나 강릉군에 이르니 깃을 통해 보아도 모두 인간의 형상으로 보이므로 그는 그곳에 거주하기로 작정했다.

길에서 만난 한 여자에게 거처로 어디가 좋을까를 물었더니 그 부인이 '서쪽 고개를 넘어 북쪽으로 향한 동리'라고 대답한 후 홀연히 사라진다. 관음보살이다.

그가 찾은 곳은 옛날 자장율사가 문수보살의 진신을 직접 보기 위해 오대산 기슭에 세웠던 허름한 집이었다. 그는 그곳에서 살며 도를 닦았다. 그런데 어느 날 다섯 명의 승려가 나타나 전에 가져간 가사 한 폭을 돌려달라고 한다.

무슨 말씀이신지? 네가 사람을 보았던 깃이 바로 내 가사다…….
그가 내민 깃을 한 승려가 받아 뚫어진 가사에 끼웠더니 딱 맞았다. 그는 그들이 오대산 오류성중(五類聖衆)임을 헤어지고 나서야 비로소 깨닫는다. 그가 살았던 모옥이 바로 지금의 월정사이다.

머리에 불화로를 이다

혜통은 해동 진언종의 초대조(初代祖)이다. 경주 남산 서쪽 은천에서 태어났다. 젊었을 때 수달피를 잡아먹고 땅에 버렸더니 그 뼈가 제 집으로 돌아가 새끼 다섯 마리를 품는 것을 보고는 크게 참회하고 출가하였다.

문무왕 5년(665년) 당으로 건너가 인도 고승 선무외에게 밀교의 참뜻을 배우고자 했으나 동쪽 오랑캐라며 받아주지 않자 그대로 3년 동안 섬겼다.

그래도 받아주지 않자 그는 머리에 불화로를 이고 간청했다. 그때 정수리가 터지고 우뢰소리가 났다. 마침내 그는 입실을 허락받는다. 그때 머리에 임금 왕자 비슷한 상처가 났으므로 그를 왕화상이라고도 부른다.

그는 선무외의 밀교 비법을 전수받아 당 고종황제 딸의 병을 고쳤다. 신라에 귀국한 후 여러 이적을 행해 신라에 밀교가 크게 융성하는 계기를 만들었다. 혜통 이야기에는 비극적인 곁가지가 있다.

독룡의 항명

그는 당 황제 공주의 몸에서 독룡을 쫓아내어 그녀 병을 고친 것이다. 그런데 쫓겨난 독룡이 앙심을 품고 신라로 건너와 마구 행패를 부렸다. 사신으로 당에 온 정공이 그 사실을 혜통에게 알린다.

혜통은 신라로 귀국하여 독룡을 다시 쫓아내었다. 그러자 독룡이 이번에는 정공에게 원한을 품고 정공 집 앞의 버드나무가 되어 복수할 기회를 노리게 된다. 정공은 그런 줄도 모르고 그 버드나무를 매우 아꼈다.

692년 7월 신문왕이 죽자 장지에 이르는 길을 내기 위해 관에서 그 버드나무를 베려 한다. 독룡이 정공에게 씌워 정공이 이렇게 말한다. 내 목을 벨 수 있을지언정 이 나무는 베지 못한다…….

왕의 장례길을 방해하니 이것은 어마어마한 죄였다. 그는 사형당했다. 집이 흙으로 파묻혔고, 처와 가속들도 죄를 받았다.

뒤에 그 항명이 정공의 본심이 아니라 독룡의 소행이었음을 혜통에게 들은 효소왕은 처와 가속들을 면죄시켰다.

웃음과 논쟁

경흥은 18세 때 출가하여 삼장에 통달하고 이름을 신라 전역에 떨쳤다. 681년 문무왕이 그를 국사로 모실 것을 유언하고 죽으므로 신문왕은 그를 국로로 봉했다. 그에게 이적이 여러 번 있었다. 삼랑사에서 병을 얻어 한 달 가량 누웠는데 한 여승이 찾아와 말한다.

사람 얼굴 모양을 한 말
방울.

법사의 병은 우울증이니 약으로 고치지 못한다.

희희낙락 껄껄대고 웃으면 낫는다……. 여승은 열한 가지 모습의 가면을 번갈아 쓰고는 그 앞에서 기이한 춤을 추었다. 그 춤사위가 너무 희한해서 그는 박장대소를 했는데 그 웃음에 어느새 병이 나았다. 이 여승은 물론 관음보살의 화신이다. 그런데 왜 이리 지지부진한가.

또 그가 말을 타고 왕궁에 들어가는데 의복이 남루한 승려가 삼태기를 짊어지고 하마대에서 쉬고 있다. 삼태기 속에 건어물이 썩은 내를 풍기므로 그가 꾸짖는다. 승려 몸으로 어찌 탁한 물건을 가지고 다니는가…….

그러자 그 승려가 아무렇지도 않게 대꾸삼아 묻는다. 산 고기를 두 가랑이 사이에 끼고 다니는 게 심한가, 시장의 건어물을 등에 지고 다니는 게 심한가…….

그렇다. 말을 타고 다니는 것이 더 흉한 짓이다……. 경흥은 크게 깨닫고 다시는 말을 타지 않았다. 승려는 문수보살의 화신이다. 경흥은 가장 행복한 승려였던 듯하다. 그 행복이 문제였지만.

황홀경

더 행복한 사람도 있다. 보천과 효명은 둘 다 태자로서 오대산에 들어가 도를 닦았다. 두 왕자가 산에 들어서자 땅 속에서 홀연히 푸른 연꽃이 피었다. 보천은 그곳에다 보천암을 짓는다.

그리고 그곳에서 동북쪽 6백여 보 지점 푸른 연꽃이 핀 곳에 효명이 암자를 지었다. 두 형제 모두 부지런히 도를 닦다가 하루는 오대산 다섯 봉우리를 두루 보려고 올라갔는데, 그들 눈앞에 장관이 펼쳐진다.

동대에는 1만의 관음진신이, 남대에는 팔대 보살을 수위로 하여 1만의 지장이, 서대에는 무량수불과 1만의 대세지보살이, 중대와 북대에는 석가여래와 오백나한이, 중대에는 비로자나불과 1만의 문수가 나타나 있었던 것이다.

둘은 5만(五萬) 진신에게 모두 예를 드렸다. 그후 매일 새벽 문수보살이 지금의 상원사 자리에 이르러 36종의 형상으로 나타났다. 두 왕자는 매일 차를 달여다가 공양하고 저녁에는 암자에서 도를 닦았다.

그때 신라에 왕 자리가 비어 신하들이 보천태자를 모셔가려 했으나 울며 사양하므로 효명을 데려간다. 효명은 왕이 된 후 문수보살이 나타났던 곳에 진여원을 세웠다.

보천은 하늘을 나는 신통력을 얻어 울진국 장천굴에 이르러 그곳에서 매일 <수구다라니경>을 송했다. 동굴 신들이 그 소리를 듣고 뛸 듯이 기뻐하며 보살계를 청하였다.

<관경변상도>. 극락의 궁전에 있는 아미타삼존을 그린 불화.

그후 보천은 다시 오대산 신성굴로 들어가 50년 동안 수도했는데, 도리천의 천신이 하루 세 번 법문을 들으러 왔고, 정거천의 무리들은 차를 달여 바쳤고, 40성(聖)이 그를 호위했고, 어떤 때는 문수보살이 보천의 이마에 물을 쏟으며 수행을 도왔다 한다.

이들은 시기로 보아 신문왕의 왕자였을까? 하지만 그게 무슨 상관인가. 이것은 불교의 황홀경이고, 오르가슴이다.

역동하는 불교

그리고 마지막으로 승전. 그는 일찍이 중국에 건너가 의상의 학형 법장에게서 화엄학을 배우고 효소왕 초에 귀국했다. 그는 법장이 의

상에게 전하는 <당법장치신라의상서>(당의 법정이 신라의 의상에게 보내는 글)와 <교분기> <현의장> 등 많은 저술을 가지고 왔다.

이것은 예전 유학승의 귀국과 질을 달리하는 사건이다. 그렇다. 신라는, 신라 불교는 이제 혼자 있지 않고 당과 일본 사이에서 역동하고 있었다. 거대한 삼국의 관계는 한반도가 고구려·백제·신라로 삼분되어 있을 때에 비해 세 배로 단순해진 것이 결코 아니다. 그 거꾸로였던 것이다.

그리고 발해가 등장한다.

발해 건국　3장

아스라한 남성의 혼돈과 육화

그리고 발해가 건국된다. 발해는 여러 면에서 고구려
의 많은 부분을 이어받았지만, 발해와 신라의 관계는
삼국 시대 고구려와 신라의 그것과 질적으로 다르다.
삼국의 관계는 전쟁과 평화 관계가 엎치락뒤치락 이
어지면서 서로를 친화시켜갔던 관계이다. 발해와 통
일신라의 그것은 거의 암수의 차원으로 원초화되고
나누어지는, 무관해지는 관계이다. 그리고 발해는 갈
수록 여러 면에서 고구려와 정반대의 길을 밟아갔다.

중국 쪽 사정

당나라 측천무후는 절세미인이었다. 그녀는 원래 당 태종의 궁녀였지만, 고종이 즉위하면서 그녀를 후궁으로 삼았다. 그녀가 지닌 경국지색(傾國之色)의 위력은 아버지의 궁녀였다가 아들의 후궁으로 들어서는 데서 그치지 않는다. 그녀는 미모와 술책으로 고종을 끈질기게 설득, 황후를 폐하고 자신이 황후 자리를 차지한다.

고종이 죽고 태자가 즉위하지만(중종), 그녀는 중종을 폐하고 자신의 소생 단을 왕위에 올렸다. 거기서 그녀의 야욕이 끝났을까? 아니다. 그녀는 아들마저 폐위시키고 스스로 황제 자리에 올랐다. 나라의 이름도 당에서 주로 바꾼다. 하지만 우리는 그냥 당으로 두자.

측천무후가 당의 대권을 잡고 나자 요서 지방에서 거란족 이진충이 난을 일으킨다. 당이 고구려를 멸망시키고 평양에 설치했던 안동도호부를 신라의 반격에 밀려 압록강 이북 신성으로 옮긴 지 20년만의 일이다. 요서와 요동이 다시 흔들리게 된다. 발해 건국에 다시 없는 기회가 온 것이다.

요서는 일찍이 중국 전국 시대 연나라 장수 진개가 개척한 이래 역대 한민족 왕조에 결정적인 의미를 갖는 군사·외교 요충지였다. 특히 동북 퉁구스족과 서북 내몽고 세력이 남하하려면 반드시 거쳐야 하는 곳이 바로 요서였다. 고구려의 팽창 정책 때문에 송화강에서 밀려났던 속말말갈 추장 돌지계는 수에서 당에 이르는 기간 동안 내내 요서 지역 영주에서 보호를 받았다.

이 영주에 당나라가 망국 고구려 유민들을 강제로 이주시킨 것은 분산을 통한 거세라는, 한족 왕조의 전통적인 약소 민족 억압 정책에 비추어 아주 당연한 일이었다.

그런데 이 지역에서는 고비사막 남쪽에서 세력을 떨치며 동남쪽으로 뻗어오던 투르크족(돌궐)과 고구려에 시달리며 시라무랜 유역을 방황하던 거란족도 당 고종 이래로 보호를 받고 있었다.

거란 추장 이진충

거란족 추장 이진충은 당으로부터 송막도호라는 직함에, 손만영은 귀성주자사라는 직함에 봉해진 처지였다. 그러나 당에서 직접 파견한 관리인 영주 도독과의 관계는 그리 순탄치 않았다.

이진충이 난을 일으킨 것은 특히 영주 도독 조홰의 잔학성과 지나친 중화 우월주의가 화근이었다. 이 난으로 조홰가 피살당하고, 당이 파견한 토벌군도 난을 진압할 수 없었다.

그해 이진충이 죽자 손만영은 남은 무리를 이끌고 697년 3월 하북 영평 부근에서 왕효걸의 당군을 크게 무찌른다. 난은 거기서 그치지 않고 유주(북경)까지 포위하는 형세로 발전했다. 이 난은 돌궐까지 가담한 진압군에 의해 겨우 수습된다. 하지만 주변 약소 부족의 주체성을 자각시키는 데 매우 큰 역할을 한다.

당나라 창화 왕자 벽화. 8세기 초.

절호의 기회

이진충의 난은 고구려 별부 출신 대조영이 말갈족 지도자 걸사비우와 함께 무리를 이끌고 동북쪽으로 빠져나와 당에 반기를 든 사건의 계기였고 또 탈출구였다. 그리고 이 두 부조의 탈주에 측천무후는 적지 않게 당황한다.

대조영을 진국공에, 걸사비우를 허국공에 봉하고 죄를 묻지 않는다는 등 회유책을 쓰지만 먹혀들지 않았다. 이해고를 우두머리로 한 당군의 추격이 개시되었다. 이해고는 당나라에 항복한 거란족 출신 장수이다.

당군은 걸사비우를 참살했지만 휘발하와 혼하를 잇는 분수령인 천문령 너머까지 추적했음에도 불구하고 대조영을 잡지 못했다. 뿐인가. 이해고는 마치 왕년의 대 고구려 전쟁의 전철을 밟기라도 하는 것처럼 너무 깊숙이 들어갔다가 대조영의 군대에 치명적인 타격을 입고 겨우 목숨만 챙겨 돌아갔다. 대조영은 탁월한 통솔력으로 말갈병까지 흡수했던 것이다.

진국왕 대조영

대조영은 길림성 돈화성 밖 육정산으로 빠져나와 성을 쌓았다. 그것이 발해 건국의 터전이다. '계루의 옛 땅'. 중국측 기록에는 대개 그렇게 적혀 있다. 발해가 고구려의 후예라는 암시이다.

당시 대조영 휘하의 집단은 오랜 억류 생활과 계속된 이동 과정에서 강력한 결속력과 전투력을 가진 세력으로 성장한다. 말갈의 무리까지 끌어들인 그의 탁월한 지도력은 많은 고구려 유민과 말갈족 사람들을 속속 끌어들였다.

그들은 대조영이 이끄는 반당 전쟁에 마음놓고 동참했다. 698~700년 간에는 완전히 자립, 대조영이 스스로 진국 왕을 칭한다.

이때 당나라는 어떻게 손을 써볼 처지가 아니었다. 거란의 난이 신성의 안동도호부마저 위협했다. 그리고 이 난이 평정될 무렵에는 고비사막 남쪽에서 세력을 만회하고 남하한 돌궐이 거란 및 해족까지 포용하고는 요서에까지 진출하고 있었다. 대조영의 요동까지 가는 길 자체가 막힌 것이다.

그러는 동안 대조영 집단은 급속히 동부 만주 일대에 세력을 확대한다. 그 지역은 일종의 진공 상태로서 말갈과 고구려 유민말고는 유력한 토착 세력이 없었다. 대조영은 당나라와 대결하고 있던 돌궐과 곧바로 외교를 맺고 신라와도 통교했다.

발해군왕 대조영

건국이 기정 사실로 굳어진다. 당나라로서는 무턱대고 적대시만 할 수가 없어졌다. 그리고 당 국내 사정도 많이 달라졌다. 측천무후가 82세로 죽고, 쫓겨났던 중종이 다시 황제로 복귀한 것이다. 705년

복위한 당 중종은 바로 그해 사신을 보내 화해를 청했다.

대조영의 둘째 아들 대문예가 인질로 당에 들어가고 당은 대조영을 책립한다는 조건이었다. 이 조건은 받아들여졌다. 그러나 당에서 다시 난리가 일어난다.

황후 위씨가 중종을 죽이고 온왕 중무를 황제로 내세운다. 그리고 임치왕 융기가 다시 황후 위씨를 죽이고 예종을 황제 자리에 앉힌다. 이렇게 나라가 어지러우니 거란·돌궐의 침략이 잦아 책립이 늦어졌다.

예종은 2년 간 자리에 있다가 융기에게 황제 자리를 넘겨주었다. 그가 바로 그 유명한 당 현종이다. 당 현종은 즉위 다음해인 713년 3월, 대조영을 발해군왕으로 봉했다. 진국이 발해국으로 불리게 된 것은 이때부터이다.

암·수 차원으로의 원초화

그렇게 신라와 당의 관계가 팽팽해진 이후 발해의 등장은 '고구려의 복구'까지는 아니더라도, 고구려 '멸망의 실효(失效)'를 사실상 의미하게 된다. 삼국 시대 이후 시기를 지칭함에 있어 통일신라 시대라는 용어보다는 남북국 시대가 더 정확하고 '한반도의 국제 시대로의 도약'이란 용어가 더 포괄적인 까닭이다.

그런 상황에서 고구려 유민에 의한 말갈의 통합은 한마디로 '남성적일수록 원초적인' 고구려의 극단화를 의미하고, 강건한 남성 자체를 막연하게나마, 그러나 신라의 여성성에 대비되어 지울 수 없게 상징하는 발해에서 '아름다움의 비극'은 실종된다.

통일신라보다 30여 년 늦게 건국되어 220여 년 간 존속하다가 통일신라보다 8년 먼저 멸망한 발해는 통일신라의 완벽한 파트너가 될 수 있었다. 게다가 덩치가 커진 양국은 서로 커다란 전쟁을 치른 적

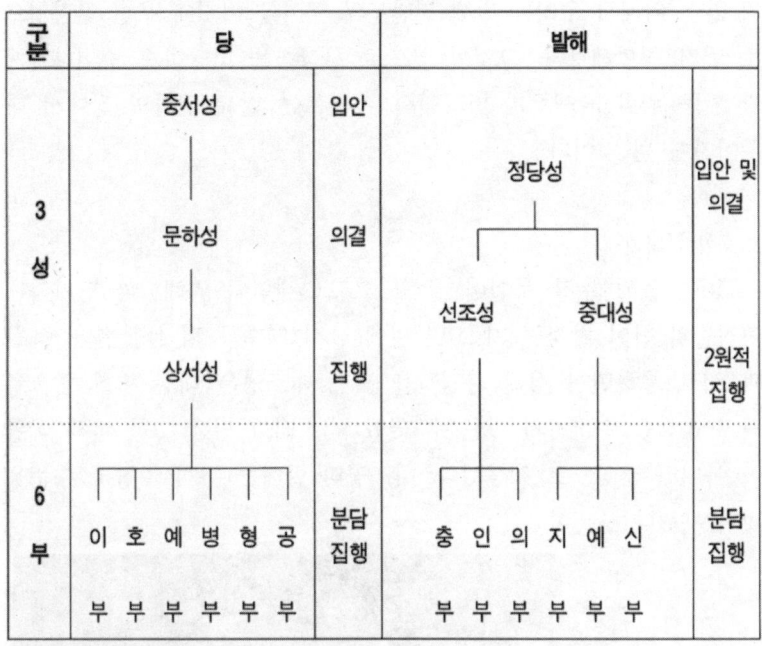

구분	당			발해		
3 성	중서성 문하성 상서성	입안 의결 집행		정당성 선조성　　중대성		입안 및 의결 2원적 집행
6 부	이 호 예 병 형 공 부 부 부 부 부 부	분담 집행		충 인 의 지 예 신 부 부 부 부 부 부		분담 집행

발해와 당의 국가 체제.

이 없다.

그렇지만, 아니 바로 그렇기 때문에 '바로 지금의' 우리에게 분단이 심화되고 흡사 암·수의 차원으로 원초화된다. 발해에 대한 기록이 거의 없다고 해도 과언이 아닐 지경인 때문이다.

신라인들은 발해에 대한 기록을 많이 남겨놓지 않았다. 한강 이북 대동강 이남을 터전삼아 고구려 부흥을 명분삼은 고려의 등장은 발해를 오히려 더 환상의 영역으로 추방시켰다.

발해는 중국이나 동북아시아 역사서들 속에나 드문드문 존재하는 편린으로, 우리에게는 통일신라 이야기 너머에 있는 전설적인 장소로 간혹 예감될 뿐이다. 그러므로 그 흔적이나마 앞으로 계속 놓치지 않기 위해서 우리는 발해 전반부의 역사를 여기에 우선 간략형으로 먼저 종합해보자. 그것이 앞으로 상상력을 타당하게 뻗어나가게 할 말뚝 역할을 해주기 바라면서. 후반부는 발해 멸망의 장에서 다루어지게 될 것이다.

추장국 발해

716년 돌궐 추장 묵철이 살해되고 그 세력이 와해되자 당나라는 이진충의 난이 발생한 지 20년 만에 요서 영주를 되찾게 된다. 묵철과 서로 통하면서 당에 강경책을 폈던 대조영은 대당 평화 쪽으로 외교 정책을 수정하지 않을 수 없었다. 그리고 당은 그를 발해 국왕이 아니라 군왕으로 책봉했다. 대조영의 발해는 아직 추장국 수준을 벗지 못했다는 뜻이다.

원초화. 러셀 드라이스데일, <밤의 스네이크 부두>.

719년 대조영이 죽고 그의 맏아들 대무예가 즉위했다. 무왕이다. 그는 독립된 국가로서 발해를 내외에 주지시키기 위해 노력한다. 정복 사업도 활발하게 벌였다.

대토우를 개척했고 주변 야만 부족들을 복속시켰다. 이때 블라디보스토크 북쪽 올가 강 유역에 이르는 연해주 남단이 발해의 영토로 편입된다. 동해 바닷길을 통해 일본과 수교한 것도 이때이다.

형제

그의 주체의식을 보여준 가장 뚜렷한 예는 흑수말갈 문제를 둘러싸고 그가 당나라와 첨예하게 대립한 것이다. 즉위 7년째인 726년 흑수말갈이 당나라에 사신을 파견하자 당 현종은 흑수말갈 지역을 당 영역으로 간주, 흑수주로 명하고 통치관인 장사를 보낸다.

흑수말갈은 말갈 7부 중 흑룡강 하류를 거점으로 수·당 대의 고구려 팽창 정책을 버텨낸 유일·최강의 퉁구스 집단이었다. 당이 그 지역을 접수한다면 발해로서는 배후까지 당에 노출되어, 왕국의 존립조차 위협받을 수 있는 꼴이 된다. 대무예는 과감한 흑수말갈 토벌 작전을 계획한다.

그러나 군지휘자로 임명된 동생 대문예가 말렸다. 고구려를 생각하시오. 당에 맞섰다가 하루아침에 씻기듯 멸망하지 않았소이까……. 대문예는 대조영이 발해·당 평화협정을 맺을 때 볼모로 보냈던 둘째 아들이다.

그러므로 옛 고구려가 그랬으므로 우리는 더욱 밀려서는 안 될 것 아닌가……. 대무예가 계속 토벌을 고집하자 대문예는 할 수 없이 흑수부로 진격을 개시한다. 그러나 국경선에 이르러 진군을 멈추고 다시 불가함을 간했다.

발해와 고구려

대무예는 고구려보다 강성한 나라를 만들겠다는 것이고 대문예는 멸망을 반복하지 말자는 것이다. 둘의 대립은 극단으로 치닫는다. 격노한 대무예는 종형인 대일하를 급파, 군 통솔을 대행케 하는 한편 대문예를 살해하려 했다. 그 기미를 알아차린 대문예는 곧장 당나라로 망명, 좌요기장이라는 벼슬까지 받게 된다.

대문예 송환 요청을 당이 거절하자 대무예는 732년 장군 장문휴에게 명하여 해군을 이끌고 산동반도의 등주를 공격케 했다. 발해군은 자사 위준을 살해하는 등 기세를 올리고 당도 대문예를 유주로 보내 군대를 징집, 발해를 치라 명했다. 그리고 733년 당에 볼모로 있던 대복원외경 김사란을 신라로 귀국시켜 원병을 청한다.

이때가 신라 성덕왕 32년. 그러나 신라 원병은 발해 남쪽 국경 지대를 공격하려다가 큰 추위와 눈을 만나 반 이상이 동사하고 행군을 되돌렸다. 발해와 고구려는 그렇게 달랐던가. 대무예는 그후에도 자객을 보내는 등 대당 항쟁을 계속했다. 하지만 사태가 더 악화되지는 않았다.

발해와 신라

대무예를 계승한 것이 그의 아들 계루군왕 대흠무. 문왕이다. 그는 부왕과 달리 내치에 힘을 기울이고 대외적으로는 평화 정책을 추구했다. 당에 자주 사신을 보내면서 화평을 유지하는 한편 관무역을 통한 이익을 꾀하고, 동해 해로를 통한 일본과의 사신 교역을 통해 상리를 취한다.

등주에 설치한 발해관을 통해 발해는 '위성의 철' '삼로의 벼' '맥힐의 돼지' '부여의 사슴' 등 인구에 회자되던 특산물을 수출하고 비단, 실, 서적, 명주와 곡식을 수입했다.

발해의 수도가 있던 상경성터.

왜 육지의 신라와는 접촉이 없었을까? 발해가 고구려의 후예이고 신라와 아직 사이가 좋지 않았다 하더라도 거의 무관심에 달하는 두 나라의 상호 태도는 정말 의아스러운 일이다. 발해는 고구려와 구심(求心) 자체가 달랐던 것 아닐까?

아, 정말 아스라한 암수의 혼돈과 육화 아닌가. 대저 지금의 남북 분단도 그 역사가 50년이 아니라, 5천 년인 것인지 모른다.

문왕 대에 천도가 이루어진다. 사실 이 시대에는 천도가 매우 잦다. 동모산에서 중경현덕부로 옮긴 것이 대조영과 무왕 양대에 걸쳐서이다. 742~755년 간에 상경용천부로 천도가 이루어진다. 그리고 785~794년 간에 다시 동경용원부로 수도가 옮겨진다.

중경현덕부는 두만강 하류 해란하와 조양천 중간 지점의 화룡현 서고성자이다. '발해의 철과 벼'로 유명한 지대가 바로 이곳이다. 상경용천부는 지금의 영안현 동경성으로 목단강 유역에 자리잡고 있다. 흑수말갈을 견제하는 데 매우 중요한 위치이다. 상경용천부로의

문왕의 넷째 딸 정효공주 무덤 석실 벽화.

천도는 발해가 흑수말갈을 견제하는 데 자신감을 가질 만큼 세력이
커졌음을 뜻한다.

동경용원부는 지금의 혼춘현 팔달성. 일본으로 떠나는 선박들의
출발항이었다. 이 천도에서 극명하게 드러나는 문왕의 내치 위주 중
상주의(重商主義) 정책은 성공적이었다. 762년 당나라가 문왕을 발해
군왕에서 발해 국왕으로 한 급 올려 책봉한 것은 국세의 충실한 성
장을 인정한 결과였음이 분명하다.

고구려라는 악몽

이제 태평성대가 오는가? 아니다. 발해는 다시 고구려적인 운명에
휩싸이고 만다. 문왕은 장남 대굉임을 앞세우고 죽었으므로 차남 대
원의가 왕위를 잇는다. 그러나 그는 사람이 포악하여 곧 시해되고
대굉임의 아들 대화여가 왕위에 오른다. 그가 성왕인데, 그 또한 수

도를 동경용원부에서 상경용천부로 옮긴 후 사망한다.

이 모든 일이 불과 일년 동안 벌어졌다. 그리고 대흠무의 어린 아들 대숭린이 성왕의 뒤를 이어 즉위한다. 그가 강왕인데, 당은 795년 2월 그를 발해 군왕으로 책봉하더니 3년이 지나서야 발해 국왕으로 높였다. 발해의 국세가 그만큼 우여곡절을 겪었다는 뜻이겠다.

대숭린은 15년 동안 재위했지만 특별한 치적이 없다. 대숭린의 아들 대원유가 왕위를 이었지만(정왕) 즉위하던 해 죽고, 그의 아우 대언의가 희왕으로 7년 동안 재위한다. 그뒤를 이은 10대왕은 희왕의 아우 대명총(간왕). 그는 즉위 이듬해인 818년 사망한다.

그뒤를 이은 대인수, 즉 선왕은 대조영의 아우인 대야발의 4대손이다. 제3대 문왕 대흠무가 죽은 후 25년 동안(793~818년) 왕이 여섯 명이 바뀌었다. 그중 6대 강왕 대숭린의 재위 기간 15년을 빼면 나머지 다섯 왕의 재위 기간은 2년씩이다. 이 무슨 고구려의 단점의 악화인가! 이들에 대한 기록은 전무하다시피 하다.

선왕 대인수

선왕 대인수는 이러한 침체 상태를 극복하고 발해 왕국의 황금시대를 이룩한 중흥의 영주이다. 그는 '해북의 여러 부족을 토벌하며 대경우를 개척'하였다. 구체적인 사항은 알 수 없지만 그의 위세가 흑룡강 하류에까지 미쳤던 것은 분명해 보인다. 내내 발해에 대해 적대적이었던 흑수말갈이 당 목종 이후부터 진공을 끊은 것이다.

이것은 발해의 국력에 흑수말갈이 크게 위협을 느꼈거나 최소한 조공로를 차단당했음을 뜻한다. 처음에 둘레 2천 리였던 영토가 대인수에 이르러 5천 리로 확장된다. 그리고 문왕 시절의 3경에 서경 압록부와 남경남해부가 첨가되어 '5경 15부 62주'의, 옛 고구려 전성기 시절 영토와 맞먹는 거대한 국가가 완성된다. 이것이 그가 재위

은둔. 월프레드 램, <정글>.

10년 동안 이룩한 '해동성국(海東盛國)'이다. 하지만 830년에 그가 사망하고 발해는 줄곧 하향 곡선을 그린다.

발해의 은둔, 거란의 부상

아니, 발해가 하향하는 것이 아니다. 발해가 당시 만주 지역의 정치·경제·군사의 중심지인 요양을 그대로 둔 채 나무들의 숲으로까지 불리던 동북 원시림을 아무리 영토로 개척해 들어간들 그것은 스스로를 극동 전체 경쟁권에서 고립시키는 것에 불과했다. 발해가 그렇게 거대하고 원시적인 은둔의 길을 걷는 동안 동북아시아에 열하(熱河) 북쪽의 거란이 부상하고 있었다.

거란은 동돌궐 묵철이 지배하던 당시 당에 독립적인 자세를 보였지만 718년 묵철이 죽으면서 거란의 수령은 당나라에 대체로 순응적이었다. 요서에 대한 중국의 지배는 그만큼 순조로웠다.

그러나 안록산의 반란이 그들을 온통 뒤흔든다. 그들은 반란군의 주요 세력으로 등장했다가 난이 끝난 후에도 당나라에 적대적인 자세를 유지했다. 그들을 지배하게 된 것은 회골(위구르).

오르콘 강을 근거로 그들은 돌궐과 마찬가지의 경로를 따라 남하하고 있었다. 그런데 거란은 그들에 복종하면서 자기 세력을 끊임없이 확장, 발해국 선왕 대에 이르면 북류송화강을 경계로 발해국과 겨루는 형세로까지 발전한다.

이 부상하는 거란이 발해를 멸망시킬 것인가? 고선지·고구려의 비극을 연출했던 안록산의 난이 결국 발해의 비극까지 결과시킬 것인가?

하지만 이쯤 말뚝을 박고, 역동의 흥미를 저력으로 삼아 우리는 다시 통일신라로 돌아가자. 신라는 바야흐로 예술 충만의 전성기에 돌입한다.

전성기의, 쇠락기의 총체성

혜공왕의 에밀레 종소리

통일신라의 전성기가 온다. 이 시기는 쇠락기가 시작되는 혜공왕 대의 시점에서 바라볼 때 가장 총체적으로 조망될 수 있다. 그때 제작된 에밀레 종에 얽힌 이야기야말로 그 총체성을 담보하는 틀거리이다. 이 시기의 한 특징으로 유교가 정치학의 꼴을 갖춘다. 그러나 유감스럽게도 아직 그것은 몰락하는 전제 정권의 정치학 수준에 머물렀다.

음악의 극치로서 종/이 소리 울리는 곳마다/3대의 과업/굶주림의 시주/부처의 뜻/역사적 배경/절정을 보다/내리막길의 총체성/위민(爲民)과 농본(農本), 유교 정치의 이상/국방과 국경/해동 제일의 서예가 김생/중대 왕실기 최고의 문장가 김대문/효성왕 대(代)/신충의 두 원가(怨歌)/경덕왕 대(代)/유교, 전제 왕권 세력의 정치학/슬픈 추모곡

음악의 극치로서 종

성덕왕(702~737년), 효성왕(737~742년), 경덕왕(742~765년) 대의 60여 년 간이 통일신라의 전성기이다. 효성왕이 경덕왕의 형이니 부자 2대인 셈이다.

경덕왕 대에 불교 예술은 불교도 예술도 혹시 너무 과한 것이 아닐까 싶을 정도로 절정이었다. 우리가 2권에서 신라 불교를 논하는 서두로 삼았던 계집종 욱면 이야기가 경덕왕 때 벌어진 일이고, 3권 서두에 등장한 노힐부득과 달달박박 이야기가 또한 그렇다. 불교 예술의 총화인 불국사가 세워진 것도 경덕왕 때이다.

성덕왕의 업적을 기리는 성덕대왕신종은 경덕왕의 뒤를 이은 혜공왕의 지시에 의해 주조되었다. 나무등치로 쳐서 울리는 범종이다. 신라 사람들은 종소리가 사람들 마음 속 번뇌를 지우고 선량하고 밝은 마음을 갖게 해주는 신성한 힘이 있다고 믿었다. 그렇다. 음악의 극치로서 종소리다.

봉덕사종 또는 에밀레종으로 더 잘 알려진 이 종은 종 높이가 333센티미터에 이르고, 구경이 최대 227센티미터에 달한다. 무게는 497,581근. 현존하는 종 중 최대 규모다. 종에 새겨진 조각 기법은 신라의 다른 종에서 찾아보기 힘들 뿐 아니라, 동양 어느 국가에서도 유례를 찾아보기 힘들 정도로 정교하고 화려하다.

하늘 쪽으로 천의(天衣)와 영락이 휘날리고 주위에 보상화가 구름처럼 피어오르는 비천상(飛天像)은 여성미의 정수를 보여준다. 여덟 개 꽃은 8음을 상징한다. 화엄의 유(乳)를 없애고 36개의 꽃을 안배한 것은 3귀계(三歸戒)를 옹호하기 위한 36선신(善神)을 상징한다.

이 소리 울리는 곳마다

종명(종에 새겨진 글) 또한 달필이고 명문인데, 630자로 된 서문과 2백 자의 명(銘)으로 구성되어 있다.

서문은 다섯 가지 내용이다. 첫째, 종이야말로 성불할 수 있는 외길[一乘]의 원음(圓音)을 듣게 해주는 신기(神器)이다. 둘째, 성덕왕의 공덕을 종소리에 담아 대왕의 공덕을 기릴 뿐 아니라, 종소리와 더불어 나라가 평화롭고 백성들이 복과 기쁨을 누리기 바란다. 셋째, 이 종을 만들려 한 경덕왕은 효성과 덕으로 충만한 사람이다. 넷째, 경덕왕이 종 제작을 다 마치지 못하고 돌아간고로 그 아들 혜공왕이 효성과 덕망의 소치로 완성하였다.

다섯째는 종이 완성된 데 대한 감격과 신비감, 그리고 종소리를 통해 온누리가 행복과 기쁨을 얻기를 바라는 내용이다. 이어지는 명은 그 내용을 4자구(四字句)로 요약한 것이다.

이 소리 울리는 곳마다 더러운 마음 사라지고 착한 마음 피어나 신라에 태어난 인간은 물론 짐승들까지도 바다에 이는 잔잔한 물결처럼 골고루 복을 받기를, 그리하여 고통에서 벗어나기를……

이 소리 울리는 곳마다. 아르실 고르키, <번뇌>.

그렇다, 종은 불교를 통한 만파식적의 인간화이자 예술화이다. 그런데 현대의 최첨단 제철 과학 수준으로도 그 제조 과정을 다 밝혀낼 수는 없다는 이 종과 종소리에 대해 다음과 같은 '끔찍하고 슬픈' 이야기가 전한다.

3대의 과업

경덕왕 13년(754년) 당시 신라 제일의 사찰 황룡사에 큰 종이 없었다. 왕은 종 제작을 지시한다. 무려 50만 근에 가까운, 어마어마한 크기의 종이 제작되었다. 하지만 경덕왕은 만족하지 않았다. 종을 하나 더 만들자……

그는 부왕인 성덕왕을 위해 종을 하나 더 만들고, 봉덕사에 모실 것을 결심한다. 봉덕사는 당과 함께 발해 침공을 계획했던 아버지 성덕왕을 기려 형이자 선왕인 효성왕이 지은 절이었다.

왕은 여러 곳에서 금과 구리를 수집했고 절에서 탁발승을 내어 시주를 모으게 했다. 그렇게 모인 금과 구리가 12만 근에 이르자 종 제작이 시작된다. 왕은 제작 과정을 몸소 챙기며 열과 성을 다했다.

그런데 종이 내는 소리가 좋지 않았다. 금이 갔는가? 불에 녹여 다시 만들었지만 마찬가지였다. 이게 무슨 조짐인가. 아무래도 시주 정성이 모자란 탓이다⋯⋯.

왕은 크게 걱정하며 다시 시주를 모으게 한다. 봉덕사 승려들은 모두 시주에 나섰다. 종은 그뒤에도 몇 번 완성되었지만 소리가 만족할 만하지 못했다. 경덕왕은 소리의 완성을 보지 못하고 세상을 떠났다.

굶주림의 시주

뒤를 이은 혜공왕은 나이 겨우 8세. 어머니 만월부인이 섭정을 한다. 종을 만드는 일은 계속되었다. 그러던 어느 날, 봉덕사 주지스님이 도성 밖 가난한 마을로 시주를 다닐 때이다. 백성들은 굶주리는 상태였다. 하지만 시주는 정성을 모으는 일이다. 한 집도 빠뜨릴 수는 없었다.

스님이 어느 허름한 집 사립짝을 열고 들어가 합장 배례한다. 봉덕사 종을 만들려 하오니 시주를 하소서. 나무관세음보살⋯⋯.

시주라니요? 끼니도 제대로 잇기 어려운데⋯⋯. 어머니가 그렇게 하소연과 죄송함을 두루 섞어 말하는데 5, 6세짜리 여자애가 어머니 곁으로 아장아장 걸어왔다. 이 아이라도 좋다면 시주하지요⋯⋯. 볼 멘소리거니. 스님은 딱해서 혀를 쯧쯧 차며 물러나왔다. 나무관세음 보살⋯⋯. 그런데 그게 비극의 씨앗이었다.

주지스님이 그날 밤 법당에 앉아 불경을 외다 비몽사몽(非夢似夢) 지경에 이르렀는데 부처님 목소리가 들린다. 왜 시주를 받지 않았는가? 어떤 시주라도 빠짐없이 다 받으라…….

스님이 깜짝 놀라 눈을 떠보니 보대 위의 부처님은 그냥 미소를 띨 뿐이다. 이상하군. 한 집도 빠뜨린 데가 없는데……. 새벽이 되어서야 스님은 퍼뜩 짚이는 게 있었다. 아하, 그 어린아이!

부처의 뜻

주지스님은 어제 그 집을 다시 찾았다. 어리둥절하던 여인은 아이를 시주하라는 말에 기겁을 한다. 아기를 시주하다니요. 제가 민망하여 드린 말씀이었지. 결코 아니 됩니다……. 아니지요. 부처님께 한번 한 언약은 되물릴 수 없는 법입니다…….

그렇게 설득이 오가기를 수십 일. 여인은 울고불고 버텼지만 끝내는 지치고 말았다. 하긴 비구니가 되면 굶지는 않을지 모른다……. 그런 마음이었을 게다. 주지스님은 여자아이를 품에 안고 절로 돌아왔다. 그 다음날, 아이는 펄펄 끓는 쇳물 가마에 던져진다. 그제서야 종이 맑고 쟁쟁한, 그리고 번뇌를 씻는 소리를 냈다.

그런데 종소리 속에 아무래도 또 다른 소리가 들리는 듯했다. 에밀레. 에밀레……. 에미 때문에. 그렇다. 여자아이 목소리 같았다. 어미를 원망하여 우는. 종의 별명이 에밀레종인 것은 그 때문이다.

이 이야기는 무슨 뜻일까? 찬란한 불교 예술과 찢어지게 가난한 백성의 불일치? 전쟁이 엄존한 시기의 평화에 대한 자족적이고 관념적인 지향이 뿜어내는 독기(毒氣)? 불교가 평화를 위해, 예술(의 과잉)을 위해 어린아이의 목숨까지 희생시킨다는 뜻일까? 물론 어느정도는 그런 뜻이다. 하지만 종이 주조된 혜공왕 대의 정치적 성격을 살펴보면 그 의미가 좀더 총체적으로 드러난다.

성덕대왕신종에 새겨진 비천상.

역사적 배경

혜공왕은 경덕왕의 적자이다. 8세의 소년으로 왕위에 올라 무열왕계 중대왕실의 마지막 왕이 되고 말았다. 강력한 전제 왕권 체제의 모순이 본격적으로 불거진 결과이다. 귀족 세력들이 정치 일선에 재등장, 정권 쟁탈전을 벌이게 된다. 혜공왕 4년(768년) 일길찬 대공과 그의 동생인 아찬 대렴이 난을 일으켰다.

이 난은 진압되었다. 그러나 연이어 다른 난이 터진다. 769년 왕이 임해전에서 조신들에게 연회를 베풀고 인재를 천거하게 함으로써 전제 정권을 강화하려 했으나 이듬해 대아찬 김융이 반란을 일으켰다. 역시 왕권 강화에 반대하는 귀족 세력이 일으킨 것이었다. 이 난도 수습된다.

그러나 774년 김양상이 상대등에 임명된 것은 많은 것을 시사한다. 그는 경덕왕 때 시중을 역임했지만 768년 대공 대렴의 난에 연루되어 시중직을 김은거에게 물려준 전력의 소유자이다. 즉 반(反)왕·친(親)귀족파인 것이다.

귀족 세력이 사실상 정권을 장악했다는 것을 강하게 암시하는 대목이다. 775년 김은거와 이찬 염상 및 정문 등 '모반'이 두 차례나 있었지만, 이 모반은 혜공왕을 지지하는 전제왕권파의 그것이었다.

절정을 보다

김양상은 두 모반을 진압하면서 정권 장악력을 더욱 공고히 한다. 혜공왕파는 명목상의 왕위만 보존하는 상태로 전락했다. 그러나 투쟁이 완결된 것은 아니었다. 혜공왕은 재위 16년 동안 당에 11회에 걸쳐 사신을 보내는데, 그중 8회가 773~776년에 집중되어 있다. 친당적인 혜공왕파가 당을 정치적으로 이용하려 노력했음을 보여주는 수치이다. 그러나 이러한 노력이 비극을 불러일으킨다.

777년 상대등 김양상은 상소를 통해 혜공왕파에 대해 극력한 경고를 하게 되고 이에 자극받은 혜공왕파가 780년 김양상 일파를 제거하려 기도하지만(이찬 김지정의 반란), 오히려 진압되고 이 와중에 혜공왕과 왕비는 살해되고 만다.

희생당한 어린아이는 바로 혜공왕 같다. 길고 지리한 내리막길이 시작되던 당시에 에밀레종은 주조되었다. 혜공왕은 그것을 알았을까? 혜공왕 대 사람들은 내리막길이 시작되는 것을 알았단 말인가. 그랬을지 모른다. 신통력이 있어서가 아니다.

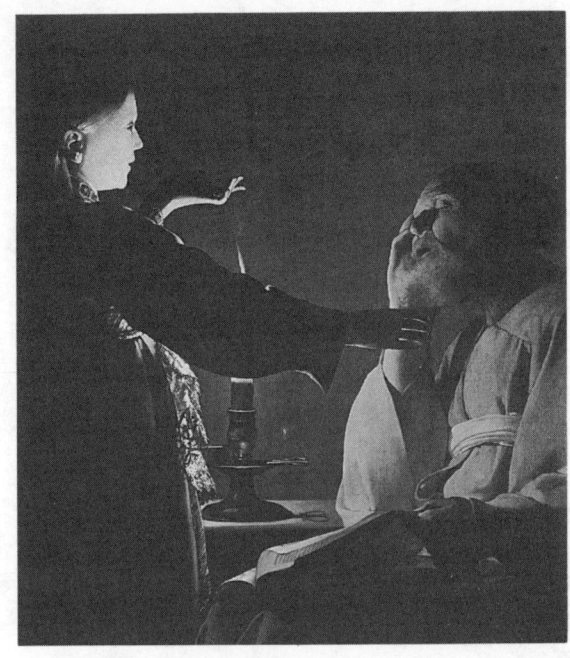

절정을 보다. 조르주 드
라 투르, <천사, 성 요셉
을 깨우다>.

　정말, 그 당시 의식과 감성 수준으로 그 이상은 없었던 것이다.
절정에 이른 사람은 내리막길이 보일 것 아닌가. 에밀레종의 혜공왕.
그는 선대 신라의, 정치·경제·문화와 그 결합 수준 등 모든 것의
절정을 보고 있다. 그리고 발해. 그래, 발해 정복도 그때 있었다.

내리막길의 총체성

　종은 만파식적에 비해 검소한 인간화이다. 그러나 그것이 과잉의
형태를 띤다. 혜공왕 대 신라의 비극이다.

　그러나 바로 그렇기 때문에, 그 에밀레종 때문에 우리는 신라의
전성기를 총체적으로 볼 수 있다. 그렇다. 혜공왕의 성덕대왕신종,
즉 에밀레종은 내리막길에 접어든 자의 총체성에 대한 안간힘이다.

그렇게 읽힐 때 에밀레종 이야기는 그 어느 때보다 우리의 심금을 울린다.

그렇게 멸망을 맞은 총체성의 시각으로 신라의 전성기를 훑어보자. 혜공왕 이야기도, 그뒤를 이어 왕 자리에 오른 선덕왕 김양상 이야기도 후에 역사의 각도로 다시 등장할 것이다.

신라 성덕왕 때다. 성덕왕은 신문왕의 둘째 아들이고 효소왕의 동생이다. 효소왕이 아들 없이 죽었으므로 화백회의 추천을 받아 왕위에 올랐다. 그는 정치적 안정을 바탕으로 사회 전반에 걸쳐 전성기를 이룩해낼 수 있었다. 국가 행정을 담당하는 집사부의 중시가 일체의 정치적 책임을 지게 됨에 따라 왕의 전제 정권은 더욱 강화된다.

천재지변에 따른 도의적 책임을 중시가 대신 지게 된다. 중시 제도는 귀족 회의의 대표격인 상대등의 역할을 축소시키는 효과도 있었다. 성덕왕 대에는 효소왕 때부터 활동하던 자가 네 명씩이나 상대등으로 활동했지만 정치적으로는 아무런 영향력도 행사하지 못했다.

성덕왕은 외교 활동도 활발하게 벌였다. 704년 일본국 사신을 접견하며 당나라와의 관계가 매우 밀접해졌다. 703년 아찬 김사양이 사절로 당에 입국한 이래 재위 36년 동안 당에 파견된 신라 사절 횟수는 43회다. 이는 중대왕실의 어느 왕 때보다 많은 것이다. 신라의 국제적 지위가 확고해진다.

위민(爲民)과 농본(農本), 유교 정치의 이상

그는 또 유교를 적극적으로 받아들인다. 704년 입당 사신 김사양이 귀국하여 <최승왕경>을 그에게 바쳤고, 717년 숙위 김수충이 귀국, 10철(哲) 및 72제자의 화상을 바쳐 국학에 봉헌하였다. 728년에는 왕의 동생 김사종을 당나라에 파견, 신라 귀족 자제들의 당나라

국학 입학을 요청한다.

그렇다. 유교는 정치철학으로 필수적이었고 신라인들도 그것을 알고 있었다. 고려의 불교적 육체·예술적 과잉 혹은 문란은 그것에 대한 불교의 반발로 인한 불교의 악화였을 것이다.

어쨌거나 717년 성덕왕은 의학박사와 산(算)박사를 각각 한 명씩 두고 718년에는 최초로 누각을 설치하는데 이 위민 및 농본 정책과 연결된 기술직제의 설립 또한 유교적 이상 정치를 표방한 것과 무관하지는 않다. 위민 및 농본 정치의 흔적은 그 전부터도 보인다. 705년 동쪽 주군 백성들이 굶주려

무사 복장을 한 원숭이 석상. 성덕왕릉 출토.

유망(流亡)하므로 진휼하고, 706년 국내 기근이 들자 창고를 열어 진휼했다. 이런 행위야 이전의 위민 군주와 다를 바가 없다.

그러나 716년 백성들에게 종자를 나누어주고 722년 정전을 지급한 것은 그 의미의 질(質)이 다르다. 국가 정책상의 백성 구호 및 민생 복지 사상은 불교적 왕권 국가의 '해탈적' 백성관과는 다른 유교적, 유물론적 경세치학의 차원인 것이다. 여기서 정전을 지급했다는 것은 국가가 개인에게 토지를 나누어주었다는 뜻은 아니다.

본래 경작하던 토지에 대한 소유권을 국가가 공적으로 인정해준 것이다. 그러나 이 의미는 현대의 토지 무상 분배냐 아니면 합법화냐의 가름보다 더 근본적인 의미를 가질 수 있다.

귀족이 아닌 평민 신분에게 소유권 개념 자체가 합법적으로 출현한 까닭이다. 그 조치는 상당한 농업 생산량의 증대를 가져왔다. 그리고 국가는 농민들에게 많은 세금을 거두어들일 수 있었고, 재정 기반을 튼튼히 할 수 있었다.

국방과 국경

그는 국방도 튼튼히 했다. 721년 아슬라도(강릉)의 장정 2천 명을 징발하여 북경 지방에 장성을 축조했고, 722년 모벌군성(월성군 외동면)을 축조, 일본의 침입로를 차단했다. 731년 일본 병선 3백 척이 동해안을 습격하자 대파했다.

733년, 발해의 장에서 본대로 발해를 침공했으나 실패한다. 그러나 그 결과로 성덕왕이 얻은 것은 많았다. 당나라와 현안이 되었던 국경 문제를 패강(대동강)으로 결론지은 것이다.

이 결론은 신라 말기까지 이어진다. 국토적 안정의 토대랄까. 삼국 시대의 용호상박이 사실은 국토적 안정을 지향하는 본능적 측면을 가졌다는 것을 인정한다면 이 의의는 결코 적지 않을 것이다. 사실 우리는 오랜 습관이 된 이 국토적 안정감 때문에 삼국 시대의 본질을 이해하는 데 크게 방해를 받고 있다고 해도 과언이 아닌 것이다.

해동 제일의 서예가 김생

성덕왕 대에 활동한 유명한 인물로 김생을 들 수 있다. 매우 가난하고 비천한 집안 출신이지만 어려서부터 붓글씨가 뛰어났는데, 그냥 신동으로 끝난 것이 아니라 80세까지 서예에 몰두, 예서·행서·초서 모두 입신의 경지에 이르렀다고 한다.

후에 고려 숙종 때 송나라에 사신으로 갔던 홍관이 그의 행서와

초서 한 폭을 보이자 중국 동진 때 최고의 서예가 왕희지 필치라며 놀랐다고 한다.

고려 시대 문인들이 그를 해동 제일의 서예가로 평가했다. 현재 경복궁에 있는 <태자사낭공대사백월서운탑비>가 고려 광종 년에 그의 행서를 집자한 것인데, 매우 활달하고 필치의 상상력이 웅혼하다. <여산폭포시>는 자유분방하면서 힘이 넘치는 것이 흡사 폭포 속에 새겨놓은 것 같다.

그의 행적은 불심이 깊어 여자를 취하지 않았고 그가 머물렀던 곳을 김생사라 이름하였다는 기록말고는 알려진 것이 없다. 그러나 그밖의 것이 무슨 소용인가. 그는 생애의 육화로서 글씨를 남겼다. 삼국 전쟁기처럼 난세가 아니라 총체적 안정·전성기인 성덕왕 대에 오히려 걸맞는 인물이라 하겠다.

중대왕실기 최고의 문장가 김대문

그렇게 걸맞기도 하면서 그후 왕대로까지 이어지는 인물이 김대문이다. 그는 진골 출신의 귀족으로서 한산주총관을 지냈다. 그러나 벼슬이 무슨 소용인가. 그는 신라 중대왕실기 최고의 문장가요 학자로 추앙받았다. 그의 저술은 ≪계림잡전≫ ≪화랑세기≫ ≪고승전≫ ≪한산기≫ ≪악본≫ 등이었다.

이중 어느 것도 현재는 남아 있지 않지만, ≪삼국사기≫를 쓴 김부식이 신라의 불교 수용 사실과 초기 왕호에 대한 설명을 ≪계림잡전≫에서 인용했고, ≪화랑세기≫ 또한 화랑들의 전기로서 ≪삼국사기≫ 화랑전의 토대로 쓰였다. ≪고승전≫은 기록이 전혀 남아 있지 않지만 고승들의 전기겠고, ≪한산서≫는 한산 지방의 지리지였겠다. ≪악본≫은 음악에 관한 책으로 짐작된다.

그의 저술은 객관성을 띠면서도 단순한 사실에 그치지 않고 자신의 해석도 과감하게 첨가했다고 한다. 그는 신문왕, 효소왕, 성덕왕 대에 걸쳐 살았다. 신라 중대왕실 절정기의 학문적인 담보였다고 보면 될 것이다.

효성왕 대(代)

효성왕은 성덕왕의 둘째 아들이다. 그는 부왕 때 강화된 당과의 관계를 더욱 강화하고 외교 경로를 통해 중국의 선진 문물을 적극 수입했다.

738년 당나라 형숙이 신라로 올 때 당 현종이 '신라는 군자의 나라'라고 주지시켰다는 기록이 남아 있다. 이는 조선을 동방예의지국이라 부른 것과는 질이 다른 평가로서, 신라의 국가적 품위를 짐작케 해준다.

이때 형숙은 《노자도덕경》와 비롯한 서책을 효성왕에게 바쳤다. 740년 파진찬 영종의 모반 사건이 있었다. 후궁으로 왕의 총애를 받았던 영종의 딸을 시기하여 왕후가 그녀를 모살한 것이 그 표면적인 이유이다. 그러나 사실은 귀족 세력이 다시 부상하면서 전제 왕권의 약화를 노린 것과 밀접한 연관을 갖고 있다.

왕이 죽기 일년 전인 741년이면 귀족 세력의 대표인 상대등과 사인이 왕을 대신하여 열병하는 장면이 전개된다. 사인은 다음 왕인 경덕왕 때 상대등이다.

신충의 두 원가(怨歌)

효성왕과 경덕왕을 잇는 인물로 신충이 적절할 것이다. 효성왕은 왕위에 오르기 전에 잠저라는 곳에 있었다. 그는 잣나무 밑에서 신충과 바둑을 즐겨 두었다.

왕 자리란 오르면 만인지상이지만 오르기 전에는 살얼음판일 수

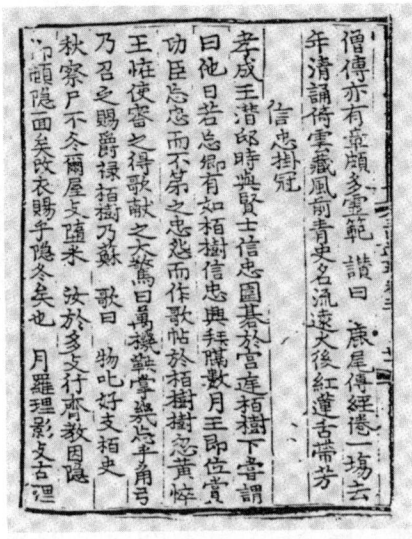

≪삼국유사≫의 <원가> 부분.

밖에 없는 그런 자리이다. 정치권력 암투에 휘말려 목숨을 잃는 일
이 다반사인 까닭이다. 초조함을 달래는 데는 바둑이 제격이었고 그
는 신충이 고마워 훗날 그를 잊지 않겠노라고 다짐했다.

몇 달 뒤 그는 왕 자리에 올랐다. 그런데 그는 신충에게 했던 다
짐을 까맣게 잊어버렸다. 공신 포상자 명단에서 그의 이름이 빠진
것을 알고 신충은 <원가>(원망하는 노래)를 지어 잣나무에 붙였다.
그랬더니 잣나무가 순식간에 말라버리는 것이다.

이 소식을 들은 효성왕은 비로소 잘못을 깨닫고 그에게 벼슬과
녹을 내렸다. 그는 739년(효성왕 3년) 이찬으로 중시가 되어 효성왕
을 보좌한다. 그리고 그 다음 경덕왕 대에도 총신으로 크게 활약했
다. 757년(경덕왕 16년)에 상대등에 임명되어 763년까지 재임하는데
이는 경덕왕의 전제주의적 개혁 단행과 맞물리는 기간이다.

중국화(中國化)를 골간내용으로 하는 경덕왕의 개혁에 그는 상대

등으로 큰 힘을 보탠다. 그러나 763년 한화 정책에 반대하는 귀족들의 압력에 밀려 관직에서 물러난다. 이후 그는 죽을 때까지 지리산 기슭 단속사에 은거했다. <원가>가 이때의 원망과 실의를 읊은 것이라는 설도 있다.

경덕왕 대(代)

어쨌거나 우리는 이제 경덕왕 대로 들어선다. 경덕왕 대의 이야기의 양상은 성덕왕·효성왕 때와 정반대가 된다. 예술적으로 또 불교예술적으로 무궁무진한 이야기들이 흡사 '경덕왕 대'라는 개념 자체를 파괴시킬 듯한 것이다.

국가로서의 발화이자, 왕조로서는 위기의 조짐이라 할 것이다. 그러므로 오히려 경덕왕 자신의 이야기를 이 장 말미에서 분명히 '뼈대잡아' 두고, 그런 다음 경덕왕 '대' 찬란한 발화의 현장을 개별적으로 따라가보는 것이 더 총체적이겠다.

경덕왕은 효성왕의 아우이다. 이렇게 형제끼리 왕위 상속을 하는 것 자체가 왕권의 약화와 귀족 세력의 강화를 의미하는 것일 터인

당에서 수입된 삼채 뼈단지.
조양동 출토.

데, 그런데도 개혁을 통해 전제 왕권의 전성기를 구가했다는 것은 그의 통치 능력이 상당한 수준이었음을 반증하는 것이라 하겠다. 그러나 경덕왕 대 전제 왕권의 전성기는 귀족 세력의 부상을 그 내용으로 하는 성격이 크다.

개혁 정치의 주역인 행정책임역 중시(747년 '시중'으로 명칭 변경)를 맡은 자는 744년 이찬 유정 이래 대정, 조량, 김기, 염상, 김옹, 김양상 등 7인인데 마지막 김양상이 바로 다음 왕인 혜공왕을 죽이고 선덕왕으로 즉위하게 될 인물인 것이다.

유교, 전제 왕권 세력의 정치학

어쨌거나 747년 국학에 제업박사(諸業博士)와 조교를 두어 유학 교육을 진흥시키고, 748년 정찰 한 명을 두어 배관을 규찰케 했다. 749년 천문박사 한 명과 누각박사 여섯 명을, 758년 율령박사 두 명을 두었다.

이는 모두 위민 정책·유교 정치를 펴나가기 위한 기술적 토대를 구축하려는 의도였다. 정치가 복잡화되면서 불교가 갈수록 귀족 세력의 문화로 환원되고, 유교가 갈수록 전제 왕권 세력의 정치학으로 부상하는 현상은 경덕왕 대에 매우 현저해진다.

756년 그가 추진하던 한화 정책을 상대등 김사인이 비판하고 나선다. 이 비판은 쉽게 진화되었다. 이듬해 김사인은 병을 핑계로 사임하고, 앞서 말했던 대로 신충이 상대등에 임명된다. 757년부터는 김기조차 한화 정책을 적극적으로 추진하는 쪽으로 나섰다.

그해 지방 아홉 개 주의 명칭을 비롯한 군현 명칭이, 759년에는 중앙관부의 관직명이 모두 중국식으로 바뀐다. 그러나 이것은 형식적인 것이다.

경제적 내용에서는 이때부터 벌써 귀족 세력의 등장이 두드러진다. 757년 내외관리의 월봉을 없애고 녹읍을 부활시킨다. 그리고 경덕왕 말기인 763년 정치적으로, 형식적으로도 성장한 귀족 세력이 경덕왕 측근세력인 상대등 신충과 김옹을 면직시키는 것이다. 그후 약 4개월의 공백기를 경과한 후 만종이 상대등에, 그리고 예의 김양상이 시중에 임명된다.

슬픈 추모곡

그가 성덕대왕신종을 만들려 했던 것은 전제 왕권을 강화하려는 노력이었다. 그러나 혜공왕 대에 이르러 완성된 에밀레종은 이미 무너진 전제 왕권에 대한 슬픈 추모곡이다.

경덕왕 대에 이룩된 신라 전성기는 전제 왕권과 귀족 세력의 팽팽한 타협이 귀족 세력의 강화 쪽으로 기우는 그 흐름 때문에 더욱 '찬란함이 길길이 뛰는' 슬픔의 경지를 띠게 된다. 그것을 에밀레종의 원음이 총체적으로 조망한다. 어찌 절정에서조차, 슬플수록 아름답지 않겠는가.

서정과 피안　5장

스님들의 노래

《삼국유사》에 수록된 향가들을 살펴본다. '노래' 는 '만
파식적' 의 구체화이고 발전이다. 거기에는 신라의 역
사가 그대로 반영되어 있는데, 벌써 신라의 국운이 기
울었음을 의미하기도 한다. 관음보살에서 미륵보살로
의 불교 정신이 이동하는 것도 그렇고, 평화를 위한 진
혼가 대신, 왕을 위로하기 위한 <안민가>가 불려지는
것도 그렇다. 그 와중에 빼어난 서정시 한 편이 탄생한
다. 그리고 곧이어 혜공왕 대의 참극이 펼쳐진다.

향가(鄕歌)란 신라 시대부터 고려 전기까지 창작되어 널리 불리던 노래들이다. 중국 시가에 맞서 그런 이름이 붙여졌다. ≪삼국유사≫에는 신라 시대에 만들어진 총 14개의 향가가 가사만 전한다. 그중 진평왕 대 서동의 <서동요>와 융천사의 <혜성가>, 효소왕 대 득오의 <모죽지랑가>, 효성왕 대의 <원가>, 문무왕 대 광덕 아내의 <원왕생가>를 우리는 이미 살펴보았다.

양지의 <풍요>

선덕여왕 대 <풍요>는 승려 양지가 지었다고 한다. 양지는 희한한 술법을 보였다. 석장 끝에 베주머니를 달면 석장이 저절로 보시할 집으로 날아간다. 그리고 제몸을 흔들며 소리를 낸다. 사람들이 알아듣고 공양미를 자루에 넣는다. 자루가 차면 석장이 또 저절로 날아 절로 돌아온다.

양지가 머물렀던 절을 석장사라 부르는 까닭이다. 영묘사 장륙존

상을 지을 때 성 안 사람들이 다투어 진흙을 운반하면서 불렀다는
<풍요>의 가사는 이렇다.

> 來如來如來如
> 來如哀反多羅
> 哀反多矣徒良
> 功德水質如良來
> 오네 오네 오네
> 오네, 서러운
> 서러운, 우리들
> 공덕 닦으러 오네…….

이를테면 노동요인 셈인데, 그 문장 솜씨가 놀랍다. 공덕을 닦으
러 오는 선남선녀의 행렬이 눈에 선한 내용이고 형식이며 비유인 것
이다. 게다가 서러움은 또 얼마나 위대한 힘으로 영원한 것을 이루
는가. 양자는, 무엇보다 탁월한 불교 조각가였다. 그 이야기는 뒤로
미루자.

총 14수 중 경덕왕 때 불린 노래는 무려 다섯 개. 경덕왕 대에 노
래가 얼마나 융성했는가를 알 수 있다. 만파식적에서 종소리로 가는
중간 과정이 노래이던가.

월명사의 <도솔가>
월명사가 경덕왕 19년 때 지었다는 <도솔가>는 가사가 이렇다.

> 今日此矣散花唱良

巴寶白乎隱花良汝隱
直等隱心音矣命叱使以惡只
彌勒座主陪立羅良
오늘 이에 꽃을 뿌리니
흩어진 꽃이여 그대
곧은 마음 따라
미륵좌주 뫼시라

이 노래에 관해 이런 이야기가 전한다. 어느 날 하늘에 해가 두 개 나타나 열흘 동안이나 사라지지 않았다. 일관이 왕께 아뢴다. 인연이 닿는 승려를 불러다가 꽃을 뿌리며 부처님께 공양을 드리면 재앙을 물리칠 수 있습니다……

왕은 단을 만들고 청양루에 나가 승려를 기다린다. 이때 월명사가 들길을 가고 있었다. 왕이 사람을 보내 모셔오게 한 후 청한다. 제사를 주관하여 기도문을 써주십시오……. 그러나 월명사가 사양한다.

지상에서 사라지다. 발더스, <콤머스 생 앙드레 거리>.

신은 국선의 무리에 속하므로 겨우 향가만 할 뿐입니다. 범패(불교 노래)는 익숙지 못합니다…….

인연이 닿았으니 향가면 어떤가……. 왕이 다시 청하자 월명사가 위의 도솔가를 불렀다. 그러자 해가 하나 사라졌다. 왕은 크게 기뻐하며 월명사에게 좋은 차 한 봉지와 수정 염주를 하사한다.

그런데 이때 서쪽 문에서 동자가 걸어나와서는 공손히 그 차와 염주를 받아들고 다시 서쪽 문으로 나갔다.

백성의 미륵보살

왕은 월명사의 종자인 줄 알고 그냥 두고 월명사는 왕의 시종인 줄 알고 그냥 두었는데 그게 아니다. 그럼 저자가 누구지? 사람을 시켜 그를 쫓아가보니 그는 궁궐 안 탑 속으로 사라지고 차와 염주는 남쪽 미륵상 벽화 앞에 놓여 있었다. 아, 미륵보살님.

해가 둘이라는 것은 세상의 지배자가 둘이라는 뜻이다. 이 노래가 지어질 무렵은 천재지변이 잦고 왕권과 귀족 세력의 갈등이 매우 심했다.

자연 재해를 빌미로 상대등 김사인이 왕에게 정치의 잘잘못을 호되게 따지는 상소를 올렸던 때가 바로 이때이다. 위에서 살폈듯이 경덕왕은 그 상소에 아랑곳하지 않고 한화 정책을 줄곧 추진했다.

그래서 월명사는 중국식 범패가 아니라 신라식 향가를 지어 불렀던 것인가. 불교의 산화공덕의 '노래'가 왕족과 귀족 세력의 갈등을 풀어줄 힘이 있기를 바랬던 것인가? 하지만 이 노래는 해결이면서, 상징으로서도 위기의 심화이다. 왜냐하면, 왜 미륵불인가?

문수보살은 지혜의 완성을 상징한다. 신라 국가 및 불교 중흥기에 문수보살이 자주 나타나는 것은 그런 연유이겠다. 관음보살은 무엇인가. 불교적 지배 계급이 백성과 살을 섞는 여성이다.

석조미륵보살입상. 감산사지 출토.

그 여성 속에서 지배 계급과 백성의 갈등이 변증법적으로 해결되지 않고, 아름다움의 무한 심연 속으로 무화(無化)된다. 그렇다면 미륵은? 정치적 변증법이 무화되기는 마찬가지이지만, 그렇게 지배 계급과 무관하게 백성의 구원을 상징하고, 그러므로 다분히 백제적이다.

경덕왕의 전제 왕권 강화와는 상관이 없을 뿐 아니라, 적대적이기까지 한 상징인 것이다. 중국 것이 아닌 우리 향가를 산화공덕에 쓴 것도 왕권에 반대하는 귀족 세력의 견해를 반영하는 것이 아니라 그런 백성 의식의 한 반영으로 보아야 할 것이다.

이 백성 의식이 매우 무정부적인 특성을 갖게 되고 그 의식의 잔재가 우리 역사에 아주 끈질긴 명맥을 이어오게 될 것임을 우리는 백제 편에서 확인했다.

빼어난 서정시, <제망매가>

그러나 월명사의 경우 그의 백성 의식은 죽음이 스며든 일상의 깊이를 파헤치는 빼어난 서정 정신으로 이어진다. 그 절정을 보여주는 것이 그의 <제망매가>이다.

> 죽고 사는 길 여기 있으니 저히고
> 간다는 말도 못 다하고 가는가
> 가을 이른 바람에 여기 또 저기
> 떨어질 잎새 한 가지에 나고
> 가는 곳 모르나니 아으 미타찰(彌陀刹)
> 도 닦이 그곳에서 그대 만나리라

　살아 있는 동안 죽음 너머는 그냥 하나의 공간이다. 그러나 산 자의, 그것도 사랑하는 자의 사망을 삶 속에서 접할 때, 그 삶 속의 죽음이 그리 깊고 깊다. 그것이 일상적 서정의 공간인데, 여기서 월명의 서정 사상은 단지 불교 교리에 국한되지 않는다. 별도의, 예술의 공간인 것이다.

<정읍사>, 백제의 노래

　이만한 노래가 백제에서 나왔다면 백제는 국가 성격을 좀더 분명히 가질 수 있었을 것이다. 정치에서 무정부주의는 국가 멸망의 치명적 원인으로 작용하지만, 예술은 아나키가 본질이지만 그 본질을 열린 서정으로 외화시키면서 정치 자체의 완고화를 막아준다. 완고화 또한 멸망의 근본적인 원인 중 하나다.
　그런데 아니나다를까, 그런 '백제의 노래'가 있다. <정읍사>.

> 달아 높이 더 높이 떠올라
> 어기야 멀리 더 멀리 비추어다오
> 우리 낭군 전주 저자쯤 계신지요

진탕물에 빠지시지나 않으셨는지
다 놓아두고 한시바삐 돌아오소서
우리 가는 길 날 저물까 두렵나니

진탕물을 여자의 성기로 보아 이 노래를 매우 야한 질투의 노래로 해석하는 일이 불가능한 것은 아니다. 그러나 고대 노래의 기본적인 원초성, 그리고 언어 전체에 만연한 요철(凹凸)성을 염두에 둔다면 모든 노래, 모든 문헌이 그렇게 읽히는 게 가능하므로 그런 해석은 무의미하다.

여기서 진탕물, 원어로 '즌ᄃᆡ'는 시적인 기법에서 구체성으로의 절묘한 상승이다. 달에의 제의적인 기원이 그 단어를 통해 백성 일상의 간절하고도 은근한 차원으로 심화되는 것이다. 이 노래는 군데군데 '어기야 어강도리 아으 다롱디리'가 전부 혹은 일부로 들어가는 것으로 보아 고려 시대 속요라는 설도 있고 백제 노래라는 설도 있다. 전주 저자('숟져재')의 전주는 원래 완산주. 그것이 전주로 개명된 것은 신라 시대 경덕왕 15년이다.

진실은 그 모든 것을 포괄하는 역동적 핵심 속에 있다. 이 노래는 경덕왕 대 이후 백제 구민(舊民)들의 노래이다. 그렇다. 너무 늦은, 그래서 더욱 빼어난 서정시인 것이다.

충담의 <찬기파랑가>

월명사는 피리를 잘 불어 달이 흐르는 것을 멈추게 하였다고도 한다. 월명사 다음의 승려 노래꾼은 충담이다. 왕 재위 24년째다. 3월 3일 왕이 귀정문 위에 올라가 좌우 신하들을 둘러보며 말한다. 누가 길에 나가 덕망 있는 스님을 모셔오라……

당시 노상에 '덕망 있는' 스님들이 그리 많았다는 뜻일까? 아니다.

충담이 차 공양을 드렸다는 삼화령 석조미륵삼존불상.

경덕왕은 이제 유언을 하려 하고 있다. 위엄 있어 보이는 스님을 모셔왔지만 왕은 고개를 흔든다.

　그 스님은 스스로 오셔야 하는 게 아닐까? 과연 한 스님이 남쪽에서 오고 있었다. 검은 옷을 입고 앵두나무통을 둘러맸다. 왕이 그를 반가이 맞는다. 통 속에 차 끓이는 도구뿐이다. 이분인가? 스님 법명이 무엇이십니까?

　'충담.' 스님이 짤막하게 답했다. 충담이라. 어디서 들은, 뭔가 그리움이 솟는 이름이었다. 어디서 오시는 길입니까? 미륵세존(아, 미륵!)께 차를 끓여들이고 오는 길입니다. 매년 삼짇날과 중양절(9월 9일)이면 남산 삼화령에 계시는 세존께 끓여드리지요…… 경덕왕은 운명적인 것을 알았을까?

　제게도 차 한잔 끓여주시겠습니까?…… 차는 향기부터 달랐다. 그리고 맛도 독특했다. 아, 그래……. 그제야 왕은 그가 누구인지 생각이 난다. 그는 <찬기파랑가>을 지어 부른 스님이었다.

그는 불교와 화랑이 결합되던 시기를 상징하던 중이었던 것이다. 그런데 왜 미륵인가. 스님, 스님이 지으신 <찬기파랑가>의 뜻이 높고 깊다고 들었습니다. 한번 들려주시렵니까?……

충담이 들려주는 <찬기파랑가>, 즉 화랑 예찬은 신라 '문명'의 전성기를 구가하면서도 자기 이후 왕조의 정치적 몰락을 뼈져리게 체감하고 있는 경덕왕에게 슬프고 또 슬프다.

구름 헤치고 나타난 달
흰 구름 좇아 흘러가는데
아, 새파란 시냇물 속
기파랑의 모습 선연해라
여기 냇가 자갈밭에서
님의 마음 끝자락 좇으려 하네
아, 잣가지 높아 서리 모르올 님이여

깊은 공간감의 탁월한 시각적 형상화였다. 거기에 경덕왕의 회환까지 스며들어 충담의 노래는 갈수록 슬픔의 깊이로 유구해진다. 경덕왕 눈에서 눈물이 두 줄기 흐른다.

진혼가인 <안민가>

아, 현세는 무엇이고 피안은 무엇인가. 그 사이 노래는 무엇인가. 그가 진혼가를 부탁한다. 스님, 저를 위해 백성을 편안케 하는 노래를 지어주오…….

왕은 아버지요 신하는 사랑하는 어머니

안민가. 로렌스 스티븐 로리, <제2차 세계대전 전승기념일>.

백성은 어리석은 아이 그러면 백성이
그 사랑을 알리라 사랑을 먹여 다스리니
이 땅 버리고 어디로 가겠는가 백성이
그러할 때 나라가 유지됨을 알리라
아, 왕은 왕답게, 신하는 신하답게,
백성은 백성답게, 나라 안이 태평하라

왕은 무척 기뻐하며 충담을 왕의 스승으로 봉하려 했다. 그러나 그는 굳이 사양하며 앵두나무통을 들고 다시 길을 떠난다. 그랬던가. 이 노래는 경덕왕을 위한 진혼곡이되, 왕조를 위한 찬양가는 아니고 백성을 위한 미륵의 노래일 뿐이었던가? 3개월 후 경덕왕은 세상

을 떠났다. 이때 태자 나이 8세. 그가 혜공왕이다. 그의 탄생과 연관
하여 이런 이야기가 있다.

의상의 제자 표훈

표훈은 의상의 10대 제자 중 한 명이다. 신라 10성 중 한 명이기
도 하다. 674년(문무왕 14년)에 황복사에서 의상에게 ≪화엄일승법계
도≫와 ≪화엄경≫을 배우고 나서 지어 바쳤다는 시 <오관석(五觀
釋)>이 남아 있다.

> 我見諸緣所成法
> 諸緣以我得成緣
> 以緣成我我無體
> 以我成緣緣無性.
> 나는 여러 연(緣)으로 이루어진 존재
> 여러 연은 나로써 연으로 되고
> 연으로 이루어진 나는 체(體)가 없고
> 나로 하여 연이 된 연도 성(性)이 없네…….

허무와 존재충일의 변증법에 대한 이 깨달음으로 그는 의상에게
서 법명을 받았다. 그는 김대성이 지은 불국사에 머물면서 ≪화엄경≫
을 강의했고, 동문인 능인 신림과 함께 금강산에 표훈사를 창건, 그
주지가 되었다.

그는 법력으로 하늘나라를 왕래했다. 경덕왕에게는 늦게까지 아들
이 없었다. 왕이 표훈에게 부탁한다. 하느님께 청을 드려 아들 하나
얻게 해주시오…….

그것 참. 표훈은 왕의 부탁을 거절하지 못하고 하늘나라에 올라가

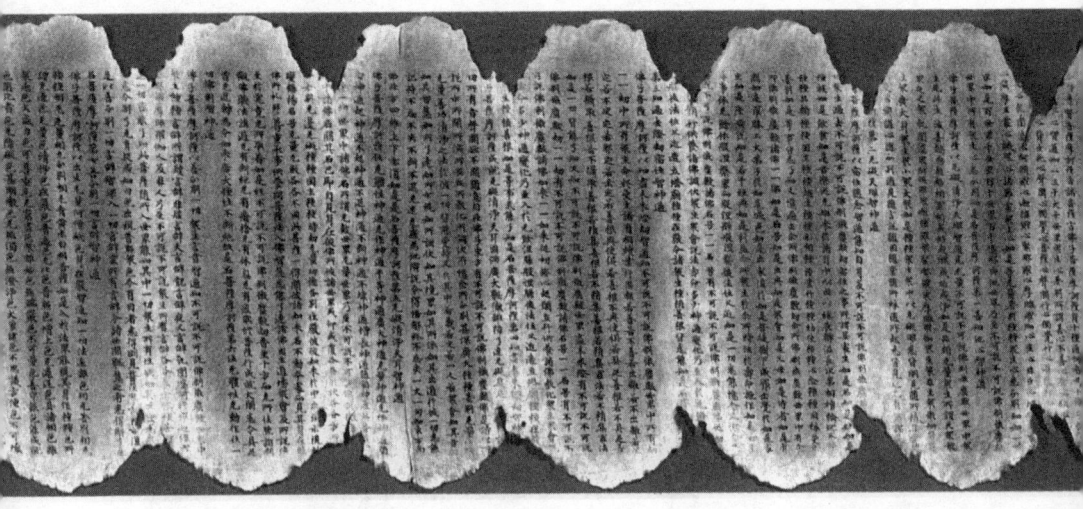

≪신라백지묵서대방광불화엄경≫. 호암미술관 소장.

부탁드렸다. 딸이면 가능하지만 아들은 안 된다고 합니다……

　꼭 아들이어야 합니다……. 딸로는 왕조를 지킬 방도가 도저히 없어 보였을까? 경덕왕은 그렇게 매달린다. 할 수 없이 표훈이 다시 하늘나라로 올라가 하느님께 청을 드린다. 그렇게 할 수는 있다. 하지만 나라가 위태로울 것이다……. 하느님의 말을 전달받은 경덕왕 심정이 어땠을까?

　마지막 아들, 마지막 희망

　그래도 아들이다. 그래야 마지막 희망이 있지……. 하늘의 예언보다 눈앞의 아들이 더 믿음직스러웠을까? 그랬을 것이다. 몰락을 앞두고 있기에 더욱 그랬으리라.

　표훈은 왕명으로 몇 번 하늘나라를 오락가락하다가 경고를 받았다. 천기누설죄다. 그는 다시는 하늘나라를 왕래하지 못한다. 뭐, 아

신라의 궁궐과 관청이 있
던 월성터.

쉬울 것은 없었을 게다. 해탈이란 그런 것이 아니다. 하늘나라 또한
속세의 희망과 연관된 장소 아닐 것인가.

어쨌든 그후 왕비가 정말 아들을 낳았다. 왕은 크게 기뻐했다. 그
리고 급하기도 하여, 발걸음을 떼어놓자마자 태자에 봉했다. 그후 몇
년 안 되어 왕이 세상을 떴다. 그 아이가 뒤를 이으니 혜공왕이다.

혜공왕의 비극에 대해 우리는 앞서 논했다. 김유신이 무덤에서 나
와 미추왕 무덤을 찾아가 하소연했다는 시기가 바로 혜공왕 때다.
몇 가지만 첨부하자.

여자로 태어날 아이가 남자로 태어나 그런지 그는 왕이 되어서도
여자들 놀이를 즐겨했다. 궁녀들과 비단 주머니 던지기를 하는가 하
면, 엄마 같은 여자 품에 안겨 음악을 들으며 세월 가는 줄을 모른
다. 어머니 만월부인이 섭정을 하지만 실제 권력을 쥐고 나라 일을
주무른 것은 김만종과 김양상이다.

김양상파

김양상은 내물왕의 10대 손. 이때 조정의 높은 자리는 이미 춘추계가 아닌 왕의 후손들이 독차지하게 된다. 임금과 만월부인, 그리고 김대공만이 김춘추계였다.

혜공왕 4년 두 파 사이의 권력 다툼이 벌어진다. 33일 동안 벌어진 전투에서 김양상 일파는 김대공파 귀족들을 96명이나 목베어 죽여버렸다. 혜공왕 10년 김정문 일파마저 처참하게 몰살시킨 후 김양상파는 절대 권력을 휘두르게 된다.

혜공왕은 여전히 여자 놀음이고 과부 황후 만월부인도 김지정과 공공연히 내통하는 등 궁중의 기강은 말이 아니었다. 김양상이 드디어 스스로 왕에 오를 것을 결심한다.

김지정이 난을 일으키자 김양상은 난을 진압하면서 혜공왕과 황후까지 죽여버렸다. 이때 혜공왕 나이 24세. 그는 춘추계의 마지막 왕이다. 하지만 이쯤하고 우리는 경덕왕 대 노래 이야기로 돌아가자. 김양상은 후에 선덕왕으로 다시 대접될 것이다.

희명의 <도천수관음가>

<도천수관음가>를 지은 희명은 여자로 경주 한기리 사람이다.

그녀의 아이가 5세에 갑자기 눈이 멀자 아이를 안고 분황사 왼편 전각 북쪽 벽의 천수관음상에게 노래를 부르며 빌게 했더니 아이가 눈을 떴다고 한다. 천수관음은 1천 개의 손을 가졌고 손마다 눈이 한 개씩 박혀 있는 보살이다.

두 눈이 없는 제게 눈을 주신다면 그 자비로움 이루 헤아릴 수 없을 겁니다…… 그래서 희명(希明), '밝음을 희망함'인가. 그러나 향가의 저자들은 모두 그렇게 명명되었을지 모른다.

충담은 충성스러운 노래를 바친 승려이고, 융천사는 하늘의 괴변

을 융화시킨 승려이고, 월명사는 해가 둘인 괴변을 없애고 나라를
밝힌 승려이다.

경덕왕이 후일을 걱정했던 것의 반영일까? 그의 치세 때는 유독
사라짐과 죽음, 그리고 피안에 대한 이야기가 많다. 그 이야기를 마
저 하고 나머지는 다음 불국사의 장 말미로 넘기자.

선률의 이승과 저승

선률은 망덕사의 승려다. 그는 독지가의 지원을 받아 ≪반야경≫
6백 권을 옮겨 적던 중이었는데 어느 날 갑자기 숨을 거두었다. 스
님들은 그를 남산 동쪽 비탈에 묻었다.

열흘이 지나 한 목동이 헐레벌떡 달려와 고한다. 선률의 무덤에서
이상한 소리가 들린다는 것이다. 스님들이 달려가 무덤을 파헤쳤다.
이럴 수가……

선률이 숨을 쉬고 있다! 스님들이 선률을 절로 데려오자 그는 정
신을 가다듬고 입을 열었는데, 그는 더욱 놀랍게도 저승에 갔다온
이야기를 했다. 그 내용은 이렇다.

갑자기 저승사자가 나타나 그를 염라대왕에게 잡아갔다. 저 세상
에서 무엇을 하다 온 놈이냐…… 염라대왕이 험상궂게 물었다. 불경
을 옮겨 적다가 미처 완성 못하고 왔습니다……

그래? 염라대왕의 얼굴이 부드러워졌다. 그런 좋은 일을 끝맺지
못했으니 안타깝겠구나. 수명이 다했지만 돌려보내 줄 테니 마저 완
성하고 오라……

저승에서 풀려난 선률이 이승으로 돌아오는데 한 여자가 나타나
울면서 간청을 한다. 그녀도 신라 사람인데 그녀 부모가 금강사의
논 일부를 횡령한 것 때문에 그녀까지 저승에서 고통이 막심하다는
것이다.

금동사리외함의 북방다문천상. 감
은사 서삼층석탑 출토.

　스님께서 고향에 돌아가신다니 부탁드립니다. 제 부모님께 이 일
을 알리시고 그 논을 속히 돌려주라 말해주십시오……

　혹시 부모들이 못 믿으면 상 밑에 그녀가 짜놓은 참기름과 침구
속에 그녀가 짠 베를 주위 사람에게 보여주라고 그녀는 용의주도하
게 일렀다. 그 기름으로 절의 등을 밝히고 베를 팔아 경전 옮기는
데 보태달라는 말도 덧붙였다.

　그녀 집은 사량리 남서쪽 마을. 선률은 이야기를 마치고 그녀 집
을 찾았다. 그녀는 죽은 지 15년도 더 된 때였지만 상 밑에 참기름
과 침구 속에 베가 아직 그대로 있었다.

　부모가 논을 되돌려주었음은 물론이다. 선률은 그녀 말대로 기름
과 베를 쓰고는 그녀 명복을 빌어주었다. 얼마 후 그녀 영혼이 찾아

와 말한다. 스님의 은혜를 입어 저는 고통에서 벗어났습니다……

지상에서 사라지다

영여는 실제사 승려로 덕과 행실이 모두 높았다. 경덕왕이 사자를 보내어 그를 모셔오게 한다. 그가 대궐에서 제를 마치고 돌아가려 하자 왕이 그를 절까지 모셔드리라 명했다.

그런데 그는 절에 들어서자마자 자취를 감추어버린다. 사자의 보고를 들은 왕이 이상히 여겨 그를 국사로 추봉했다. 하지만 그후로 그는 세상에 모습을 나타내지 않았다. 그 절을 국사방이라 부른다.

삽량주 동북쪽 20여 리 포천산에 석굴이 있었다. 모양이 신기하고 매우 아름다워서 사람이 깎아놓은 것 같다. 그곳에 다섯 비구가 와서 아미타불을 염하며 서방정토를 구하기를 몇십 년. 어느 날 서쪽에서 홀연히 성중(聖衆)이 와서 그들을 맞이한다.

다섯 승려는 각각 연화대에 올라앉아 하늘로 올라가다가 통도사 문밖에 머물렀다. 하늘에서 간간이 음악까지 들려 통도사 중들이 나와보았다.

다섯 스님은 불교의 기본 이치를 설하고는 유해를 벗어버리고 큰 광명을 발하며 서쪽으로 날아갔다. 그 유해가 떨어진 곳에 정자를 짓고 직루라 이름했다. 사라지는 것들이여, 잘 가라.

김대성의 불국사, 그리고 석굴암 6장

백주대낮으로 황혼의 건물을 짓다,
아니면 거꾸로?

불국사와 석굴암은 통일신라 전성기인 경덕왕 대에
지은 건축물로서, 세계에서도 손꼽히는 불교 예술 작
품이다. 그런데 그 둘은 서로 대비해가면서 살펴볼 때
그 의미가 더욱 심화된다. 서로가 서로를 보충하고 상
승시켜주는 형세인 것이다. 전생의 부모를 위해 지은
석굴암과 현생의 부모를 위해 지은 불국사, 그 예술과
진리의 진경을 음미해보자.

우리 마음 속의 부처/김대성의 전생과 탄생/아, 혼미(昏迷), 불교를 부르다/두 부모/피안의 재현/다보탑, 불교
의 보석화/그림자조차 없다/다시, 백제/자애와 장엄/신라 정신의 마지막 총화/진리의 광경화(光景化)/11면 관
음보살상/10대 제자상/사천왕상과 금강역사상, 팔부신중/10개의 반원형 감실/차이/백제의 짐과 효행

우리 마음 속의 부처

우리는 쇠락을 앞둔 통일신라가 심혈을 기울여 만든, 통일신라 건물 중 가장 웅장하고 미려한, 그리고 신비한 절과 만나게 된다. 불국사.

원래 법흥왕 때 지은 조그마한 절이었던 것을 경덕왕 때 재상 김대성이 다시 크게 지었다. 전체 크기 2천 칸. 대웅전, 극락전, 비로전, 관음전, 지장전 등 중심 당우가 다섯 채.

자하문 아래 청운교와 백운교, 안양문 아래 연화교와 칠보교, 대웅전과 자하문 사이 마당 좌우의 다보탑과 석가탑, 모두 세계에 자랑할 만한 예술품이다.

하지만 더 위대한 것은 그것들이 모여 이루는 전체다. 그것은 흡사 백주대낮으로 지은 황혼의 건물과 같다. 그렇게 영롱하되 어둡지 않고 밝으며, 보석이되 교만하지 않고 친근하며, 웅장하되 위압적이지 않고 아늑하다. 마치 우리 마음 속에 부처가 있다는 것을 건물

미학적으로 증거하려는 것처럼.

건물뿐이 아니다. 이 절 공사에 얽힌 이야기도 전생과 현생을 중첩시키고 큰 이야기 속에 작은 이야기를 거느리고 포괄하며 또 섬기면서 이제껏의 이야기와는 전혀 다른 질과 외형으로 전개된다.

김대성의 전생과 탄생

경주 모량리에 사는 여인 경조에게 아들이 하나 있었다. 이름은 대성(大城), 큰 성이다. 머리가 크고 정수리가 평평해서 붙인 이름이다.

가난한 모자는 동네 부자 복안의 집에서 일꾼 노릇을 했다. 복안은 그 대가로 그들에게 밭뙈기를 조금 떼어주었다. 그러던 어느 날이다. 점개라는 고승이 복안의 집에 와 시주를 청한다.

흥륜사 특별 법회 비용을 마련하기 위한 것이라 했다. 복안은 쾌히 베 50필을 시주했다. 점개가 감사를 표하며 축원한다. 하나를 시주하면 만을 얻게 되실 겁니다······.

1만 배라. 대성이 그 말을 듣고 어머니에게 뛰어갔다. 그의 불심은 소박했다. 어머니, 하나를 시주하면 1만 배를 얻는답니다. 우리가 가난한 건 전생에 시주를 못해서인가 봐요 우리도 밭을 시주해서 후일 축복을 받는 게 좋겠어요······.

어머니가 좋다고 하며 그 밭을 점개에게 시주한다. 나무아미타불······. 그런데 그 일이 있고 얼마 안 되어 대성이 그만 덜컥 죽고 말았다. 날벼락이었다. 어머니는 몸져 눕고 만다.

그런데 대성이 갑자기 죽은 그날 저녁, 노을이 비끼는데 재상 김문량 집 위 하늘에서 이상한 소리가 들려온다. 모량리 사는 대성이가 김문량 집에 태어날 것이다······!

김문량은 놀라고 괴이해서 곧바로 모량리에 사람을 보냈다. 과연

대성이란 총각이 그날 죽었다고 했다. 거참 이상하다……

이상한 일은 계속 이어진다. 그날 밤 김문량의 부인이 잉태를 하여 열 달 후에 사내를 낳게 되었다. 그런데 아기가 이레가 되도록 왼손을 꼭 쥐고 펴지 않았다. 언제 저 아이가 손을 펼까……

사람들의 궁금증이 극도에 달했을 무렵 아기가 손을 편다. 그런데 놀라워라, 손바닥에는 '대성'이란 두 글자가 새겨져 있는 것 아닌가. 김문량은 부처님의 영검이 틀림없다고 확신한다. 그리고 아들의 이름을 전생 그대로 대성이라 짓고, 모량리의 경조도 데려와 함께 살게 하였다.

아, 혼미(混迷), 불교를 부르다

대성은 전생과 영 딴판인, 거친 성격으로 자라났다. 내처 쏘다니기 일쑤고 특히 사냥을 좋아해서 날만 새면 하인들을 거느리고 사냥터를 누볐다. 경덕왕 때 재상의 아들로서 정말 문제아였던 것이다.

그를 대오각성시킨 것은 한 마리 곰, 아니 곰의 귀신이다. 하루는 대성이 토함산에 올라 곰 한 마리를 잡았다. 그는 그것을 축하하며 무리들과 희희낙락 질펀하게 마시고 놀다가 산 밑 마을에서 잠에 곯아떨어졌는데 꿈에 곰의 귀신이 나타난다. 곰이 이빨을 드러내며 으르렁거린다.

"네가 나를 죽였으니 나도 너를 잡아먹을 것이다."

대성이 겁에 질려 목숨만 살려달라고 비니, 곰이 다시 말한다. 그렇다면 네가 나를 위해 절을 지어주겠는가? 대성은 그러마고 세 번 네 번 맹세하며 엎드려 빌고 그러다가 잠을 깨었다.

온몸에 식은땀이 흘러 잠자리가 흥건했다. 그는 그후 일체 사냥을 삼가고 불심과 효심을 돈독히 하여 약속대로 곰이 죽은 자리에 절을 지어 주었다. 절 이름은 오래 살라는 뜻의 장수사.

아, 혼미. 장 뒤뷔페, <피에르의 생애>.

아, 불교가 없다면 꿈과 현실, 사람과 귀신, 삶과 죽음의 구분이
이리 혼미하단 말인가. 세월이 흘러 김문량이 세상을 떠나자 대성은
불국사를 지어 아버지의 명복을 빌었다.

두 부모

그때가 경덕왕 10년. 시기로 보나 성격으로 보나 그는 경덕왕 전
성기를 가장 걸맞게 상징하고 형상화하는 인물이겠다. 그는 또 전생
의 부모를 위해 석굴암을 지었다.

그는 전생의 부모에게 더 효심이 깊었을까, 현생의 부모에게 더
깊었을까? 효심의 성격은 달랐을까 같았을까? 아니, 불국사와 석굴
암은 어떤 불교 미학적 특성으로 그 '인간적인' 순서 매김의 부질없

음을 보여주고 있을까?

석굴암 부처님의 대자대비한 미소와 불국사가 보여주는 그 광명 세상 자체의 형상화는 어떻게 서로를 계승·반영·보충하며 전생과 현생이 중첩된 불교적 삶을 어떻게 총체화시키고 있을까? 이 질문을 염두에 두고 불국사와 석굴암을 감상해보자.

피안의 재현

불국사는 신라인이 그리던 불국(佛國), 즉 피안의 세계를 현실에 재현해놓은 것이다. 신라인에게 피안의 세계는 세 가지 양상으로 나타난다. 하나는 《법화경》에 근거한 석가모니불의 사바 세계, 다른 하나는 《무량수경》에 근거한 아미타불의 극락 세계.

나머지 하나는 《화엄경》에 근거한 연화장 세계. 불국사는 대웅전, 극락전, 비로전을 각각 중심으로 하는 세 구역으로써 그것을 현실화하고 있다.

경내는 석단으로 크게 양분된다. 석단 위는 불국이고 그 밑은 불국에 이르지 못한 범부의 세계다. 석단은 커다란 자연석을 소박하게 쌓아올렸고 2단의 석주가 대척으로 나란히 세워졌는데, 크고 작은 돌을 함께 섞어 개체의 다양성을 나타내고, 굵고 단단한 돌기둥 밑을 돌띠로 둘러 견고한 통일과 질서를 현현한다.

석단은 불국 세계의 높이뿐 아니라 반석의 견고함도 나타낸다. 그리고 양 모퉁이 경루와 종루를 세워 하늘 속으로 무한 상승하는 묘음(妙音)의 위력을 나타낸다.

석단에는 대웅전을 향하는 청운교와 백운교, 극락전을 향하는 연화교와 칠보교 두 쌍의 다리가 놓여 있다. 전자는 33천(天)을 상징하는 33계단으로 이루어져 자하문으로 통한다. 욕심을 정화하는 단계이다. 후자는 아미타불의 불국 세계로 통하는 안양문으로 연결된다.

위에서 바라본 불국사 전경.

자하문은 붉은 안개가 서린 문이란 뜻이다. 부처의 몸을 자금광신(紫金光身)이라고도 하는데, 그 몸에서 발하는 빛이 다리 위에 안개처럼 서려 있다는 것이다.

이 문을 통과하면 세속의 번뇌와 무지와 속박이 벗겨지고 부처의 세계가 눈앞에 전개되는 것을 볼 수 있다고 한다.

범영루는 두 쌍교(雙橋) 사이에 있다. 원래 명칭은 수미범종각. 수미산 모양의 팔각 정상에 누를 짓고 그 위에 108명이 앉을 수 있게끔 하였는데, 108은 백팔번뇌를 상징하는 숫자이다. 그러나 불국사가 가지고 있는 불교 사상과 예술의 핵심이자 정수는 다보탑과 석가탑이다.

다보탑, 불교의 보석화

석가모니가 ≪법화경≫을 설하는 바로 앞에 칠보로 장엄하게 장

다보탑.

식된 탑이 허공에 우뚝 솟았는데, 이것이 바로 다보탑이다. ≪법화경≫ 중 <견보답품>편은 탑의 모습을 다음과 같이 전한다.

높이 2만 리, 평면 넓이 1만 리. 거대하고 실로 아름다웠다. 가지 가지 보물로 장식된 난간 기둥과 난간대가 5천이요, 감실이 1천만이요, 옆으로 나부끼고 길게 늘어뜨린 깃발들, 주렁주렁 달린 구슬들, 보배로운 방울들이 무수히 걸려 화려하고 사방으로 향이 풍겨나와 사계에 가득 찼으며 금·은·유리 등 칠보로 된 지붕은 사천왕 궁전까지 닿아 있었다. 하늘나라에서는 비오듯 둥근 꽃을 뿌려 탑을 공양하고 친상계의 많은 신중(神衆)들이 탑을 향해 공경하고 찬탄하기를 그치지 않고…….

이 거대하고 장엄하며 화려한 광경을 높이 불과 10.4미터의 탑으로 압축 표현해내는 일이 도대체 가능하기나 한 일인가? 그러나 신라인들에게는 그것이 가능하다.

아니, 그 이상이다. 압축·생략을 통한 의미와 아름다움의 심화·확대가 가능하다. 불국사 다보탑이야말로 '신라는 불국'이라는 불국토 사상에 젖은 신라인의 예술이 불교를 더욱 불교답게 형상화시키는 대목이다.

이 탑은 결코 소박으로의 단순화가 아니다. 단아하고 얌전한 생략으로 더욱 기품 있는 화려에 달하는 것이다. 그것이 표현하는 것은 깊고 깊은 우주와 인간의 진리를 표명하고 있다.

기단은 정사각형으로 4제(四諦)와 8정도(八正道)를 밝힌다. 1층을 향해 올라가는 동서남북의 10층 계단은 오로지 구도자에게만 허락된 40위(位)의 수행 경지를 상징한다.

1층부터 마지막 보석 구슬까지는 열두 단계. 중심 기둥이 1층부터 시작되어 탑 끝에까지 솟는데 이것은 일심(一心)을 상징한다. 모든 탑은 그 자체가 불이다.

다보탑의 칠보는 부처의 본질인 깨달음의 일곱 가지 덕성을 뜻한다. 그러나 불국사 다보탑은 그 예술적 조형미로써 보석의 불교화이자 불교의 보석화이다.

그림자조차 없다

석가탑의 정식 명칭은 불국사 3층석탑이다. 속명은 무영탑. 대웅전 앞뜰에 다보탑과 동서로 마주 서 있다.

《법화경》에 다보여래와 석가여래가 나란히 앉아, 하나는 설법하고 하나는 증명하는 장면이 나온다. 이 두 탑은 그 광경을 본 딴 것

석가탑.

이다. 즉 석가탑은 석가여래가 상주하며 설법하는 탑이고, 다보탑은
다보여래가 상주하며 증명하는 탑인 것이다.

이 탑은 다보탑보다 더 간결하고 더 장중하다. 기단부나 탑신부에
아무런 조각이 없지만 각 부분의 비례가 너무나도 빼어나 아름답고
안정된 해탈 그 자체를 시각화한다.

마치 신라가, 불교가, 예술이 어디까지 압축·심화시킬 수 있는가
를 증명하고, 그것 자체가 열반임을 '설법'하려는 듯한 것이다. 그리
하여 무영탑, 그림자 없는 탑. 그림자조차, 아, 없다!

그 '그림자조차 없음'은 신라의 불교 예술이 도달할 수 있는 극치

의 표현일까? 그러나 이 탑도 비수(匕首)처럼 아름답고 슬픈 이야기를 머금고 있다.

다시, 백제

아사달은 다보탑과 석가탑을 짓는 일 때문에 서라벌로 뽑혀온 부여(백제!)의 석공이다. 고향에는 사랑하는 아내 아사녀가 있다. 3년이나 기다리며 굶주림과 겁탈 위기 등 온갖 수모를 겪던 아사녀는 아사달을 찾아 떠난다. 천신만고 끝에 서라벌에 도착했으나 남편을 만날 수가 없다.

탑이 완성되면 보리라. 탑이 완성되었는지를 어떻게 압니까? 탑 그림자가 연못에 비칠 것이다. 아사녀는 탑이 어서 빨리 완성되기를 빌고 또 빌었다. 그러나 아무리 기다려도 연못에 탑 그림자가 비치지 않았다. 극도로 지친 그녀는 마침내 연못에 몸을 던진다.

하지만 탑은 완성된 상태였다. 다만 그 탑이 너무 완벽하여 그림자가 없었다. 대자대비한 부처가 그럴 리는 없고, 예술의 극치가 본의 아니게 인간의 비극을 야기시키는가.

이 석탑으로 중국 목조탑 형식을 답습했던 신라 초기 전통이 극복되고 완전한 신라식 석탑의 전형이 확립되었다.

자애와 장엄

비로자나불좌상, 아미타여래좌상 등 불국사 안에도 부처상은 많다. 이들은 모두 금동으로 만들어졌으며 뛰어난 예술 작품이다.

그러나 그 어느 것도 돌을 새겨 만든 석굴암 본존불의 자애와 장엄이 절묘한 통합을 이룬 경지에 못미친다. 이 석불에 대해 이런 이야기가 전한다.

석불을 조각하려고 큰 돌 하나를 다듬는데 돌이 문득 세 조각으로 갈라졌다. 김대성은 크게 노했다. 부처님을 새길 돌이 갈라지다니. 하늘이 어찌 돕지 않는단 말인가……

그는 그 자리에서 잠이 들었다. 그런데 밤중에 천신이 내려와 돌을 다시 붙여놓고 갔다. 김대성은 일어나자마자 급히 남쪽 고개로 올라가 향나무를 태워 천신을 공양하였다 한다. 다시 붙여놓은 세 줄의 균열은 지금도 남아 있다.

신라 정신의 마지막 총화

석굴암은 경주시 진현동 토함산 산정 동쪽에 있는 사찰이다. 창건 당시 이름은 석불사. 지금은 불국사의 부속 암자이다. 토함산은 신라 5대 명산 중 동악이다. 그 이름과 방향은 토함산이 용의 신앙과 결부된 영산이었음을 말해준다.

이 산은 군사적으로도 요충지이다. 죽어서 용이 되어서라도 왜구를 막겠다고 유언한 문무왕이 수장된 대왕암이 바로 토함산 밑에 있다. 토함산은 동해에서 서라벌에 이르는 최단 경로로서 석탈해가 처음 동해에 도착했을 때 그 길을 밟았다.

바로 그곳에, 경덕왕 대에 지은 석굴암이다. 경덕왕 대는 신라뿐 아니라 중국 등 동양 여러 나라에서 불교 문화가 평화의 번창기를 누리던 시대이다. 불교와 예술, 그리고 정치를 결합한 신라 정신의 마지막 총화가 바로 이 석굴암이었을 것이다.

전실로 들어서면 정면에 본존불이 특유의 온화한 미소로 우리를 감싼다. 이 본존불은 우리나라뿐 아니라 세계 종교 예술의 최고봉이다. 연화로 된 두광이 본존불의 영광을 드러내는데 본존불 자신의 표정과 자세는 소박하면서 장중한 것이 신비롭기까지 하다.

온화한 눈썹, 미간에 서린 슬기가 눈에 보이는 듯하고, 입은 금방이라도 설법을 행할 듯 살아 있고 열림과 닫힘의 구분을 무화시켜버

석굴암 본존불.

린다.

진리의 광경화(光景化)

생사의 고통을 벗고 열반하라. 열반하라. 영원한 것은 그대 가슴에 품은 미소의 표정뿐. 돌이 살아 있는 것이냐 육신이 죽은 것이냐. 살아 있는 것이 살아 있는 것이냐. 영원한 안식은 육을 벗고 정신조차 벗은, 깊고 깊은 미소의 표정뿐……

전체 분위기는 인간의 지혜와 능력이 극치에 달한 불가사의를 자연(自然) 그 자체로 표현한다. 그러면서도 몸에 걸쳐진 의상, 어깨에서 옆구리로 유연하게 늘어진 선에서조차 숭고한 종교미가 배어나온다. 색즉시공 공즉시색 공즉시색 색즉시공……

그리고, 그러나, 그렇다. 우리에게도 영원의 순간을 누릴 수 있었던 때가 있었다. 영원과 순간, 그것은 하나다. 이 모든 진리의 광경화(光景化)가 바로 석굴암 본존불이다.

11면 관음보살상

본존불 바로 뒤로 11면 관음보살. 중생을 교화하기 위한 11개의 얼굴을 머리에 머리카락 대신 갖추고 있는 관음보살이다. 앞의 3면은 자상(慈相), 착한 중생을 보고 자심을 일으켜 이를 찬양하는 표정이다. 왼쪽의 3면은 진상(瞋相). 악한 중생을 보고 비심(悲心)을 일으켜 그를 고통에서 구하려는 표정이다.

오른쪽 3면은 백아상출상(白牙上出相, 이를 드러내며 미소짓는 상)으로 불도에 더욱 정진하도록 권장하는 표정이다. 뒤의 한 면은 폭대소상(暴大笑相), 착한 자와 악한 자 모두를 두루 포괄하는 대도량의 표정이며 정상의 불면(佛面)은 대승의 도를 깨우친 자들에게 불도의 구경을 설하는 표정이다.

때로는 분노하고 때로는 부드럽고, 그러나 늘 자비로운 미소를 잃지 않는 이 모든 표정들을 종합하는 관음보살의 본 얼굴은 그지없는 대자대비의 아름다움으로 마침내 인간 고통의 근원인 성(性)의 구분을 극복한다.

본존불 앞으로 좌우에 문수와 보현 두 보살이 조화롭게 배치되어 있다. 두 보살 모두 본존불을 향해 몸을 돌리고 있다. 그것은 영원한

보현보살(왼쪽)과 문수보살(오른쪽).

조화에 대한 신라의 염원이었을까?

그러나 불교에 멸망이 무슨 부질없는 감상일 것인가. 불국사가 황혼으로 지은 백주대낮 광명천지라면 석굴암은 백주대낮의 광명으로 지은 황혼 예찬인 것을.

11면 관음보살상.

11면 관음보살을 중심으로 네 개의 기둥이 본존불을 둘러싸는데 좌우 각각 7구씩 입상이 새겨져 있다. 본존불 쪽으로 오른쪽 첫상이 대범천, 왼쪽 첫상이 제석천.

이 둘은 《법화경》을 비롯한 모든 대승경전에 가장 빈번히 언급되는 불제자들이다. 대범천은 욕계(欲界)를 벗어나 색계(色界) 제1단계에 위치하면서 사바 세계를 다스리는 천왕이다. 제석천은 상왕천 바로 윗단계에 위치하는 33천의 천왕이다. 둘은 좌우 한 쌍으로 본존불을 향해 몸을 돌리고 있다.

제석천은 왼손에 중생의 번뇌를 씻어내는 군지(軍持, 깨끗한 물을 담은 병)를 들었고, 대범천은 불자와 영원히 무너지지 않는 지혜의 금강저를 들고 있다. 둘 다 시선은 아직도 고통을 벗지 못한 하계를 굽어보고 있다. 이 둘의 표정은 정적과 안온, 영원한 평화 그 자체이다.

10대 제자상

그 다음은 10대 제자상이다. 본존불 우측의 상들은 제1상이 사리불, 제2상이 가섭, 제3상 부루나, 제4상 아나율, 제5상 라후라, 좌측 제1상은 목건련, 제2상이 수보리, 제3상이 가전연, 제4상 우바리, 제5상 아난타이다.

이 10대 제자상은 개개의 상들이 각 제자들의 자연적인 외모는 물론, 그들이 이룬 득도의 성격과 깊이를 사실주의적으로 표현한 세계 10대 제자상 조각 예술의 극치로 평가받는다.

그들은 모두 장엄한 삶의 한순간을 형상화해내는 방식으로 영원한 숨결을 지금 이 순간의 감동으로 내뿜는다. 좌우 첫번째 상은 단연 연로하다.

부루나상은 오른손에 정수 한 병을 들고 왼손을 위로 올리고 두 발은 살짝 벌린 채 사색에 잠긴 설법 행위가 자신만만하다. 가전연상은 왼손을 옷에 넣은 채 오른손을 올려 엄지와 검지손가락으로 둥근 원을, 그리고 중간 손가락을 쭉 펴들었는데, 두 발을 활짝 밖으로 벌리고 얼굴이 자신에 넘친 것이 의지가 매우 굳다.

아나율은 수행으로 눈이 먼 대신 천안(天眼)을 얻은 바로 그 모습이다. 우바리는 계율 제일의 제자답게 엄격하며, 라후라는 옷자락을 왼손으로 잡은 채 활짝 벌리고 오른팔을 멀찌감치로 쭈욱 뻗은 것이 중후하다.

사천왕상과 금강역사상, 팔부신중

본존불을 맞이하는 문턱 좌우에 각각 두 쌍씩 나란히 사천왕상이 새겨져 있다. 수미산 중턱 동서남북을 관장하는 천왕이다.

이중 지국천왕은 양손에 칼을 들고 입을 굳게 다문 채 악귀를 밟고 있다.

금강역사상.

갑옷을 걸친 매우 용맹스러운 무사 모습이다. 다문천상은 용맹스러운 무사 모습이고 그 또한 악귀를 밟고 있지만, 얼굴은 북쪽으로 향했고, 들어올린 오른손으로 보탑을 떠받들고 있다.

짓밟힌 악귀의 모습과 표정은 인간의 고통과 쾌락의 합을 매우 실감나게 표현한다. 다문천 및 지국천과 각각 대각선으로 대칭을 이루며 증장천과 광목천이 있다. 그들도 악귀를 밟고 있는데 이 악귀들은 엎드려 있다.

본존불을 직접 지키는 것은 굴 입구 좌우 양쪽의 금강역사들이다. 금강역사상은 매우 웅건하고 용맹한 모습으로 역동성 그 자체를 형상화한다. 전신에 넘치는 힘, 날랜 동작 순간을 포착, 무섭고 도저히 침범할 수 없지만 악의는 전혀 없는 얼굴 표정, 왼쪽 역사는 '아' 금강역사이고 오른쪽 역사는 '훔' 금강역사이다.

'아'와 '훔'은 산스크리트어의 알파와 오메가. 왼쪽 역사는 '아'하며 입을 여는 듯하고 오른쪽 역사는 '훔'하며 입을 다무는 듯하다. 정지가 아니다. 과정의 포착이다.

좌우 양쪽에 다시 네 구씩의 상이 있다. 팔부신중(八部神衆), 부처의 권속 또는 불교를 수호하는 신중들의 조상이다. 부처 오른쪽 첫

번째가 가루라, 두 번째가 건달바, 세 번째가 천, 네 번째가 마후라, 본존불 왼쪽으로 아수라, 킨나라, 야차, 용의 순으로 되어 있다.

이 조상은 10대 제자와 마찬가지로 각 인물들을 특징적으로 또 사실주의적으로 살려낸다.

10개의 반원형 감실

그것뿐인가. 아니다. 한바탕 질적 도약이 있다. 굴 안 윗단에는 좌우 다섯 개씩 10개의 반원형 감실(龕室)이 마련되어 각 실마다 다양한 모습의 조상들이 안치되어 있는데 10대 제자상에 비해 작지만 명백하게 이제까지의 모든 것을 심화·확산·구체화시킨다.

감실의 깊이 때문에 생기는 벽면의 입체감이 석굴 전체의 신비와 장중미를 한층 배가시키고 석굴암의 균제미를 인도의, 중국의 어느 것보다도 탁월하게 구현시키는 것뿐만이 아니다.

본존불을 둘러싼 아랫단 석상들이 모두 입상인데 반해 윗단의 석상은 대부분이 좌상이고 가장 편안한 자세로 부처를 공경하고 있다. 이 자연의 경지는 아랫단의 경건함과 절묘한 조화를 이루며 불교의 일체 총체성의 미학을 구현한다.

제1감실에는 옥으로 만든 보살상이 놓여져 해가 본존불 미간을 비출 때 백호 반사광이 이 보살상에 비치게끔 하였다 하는데 현재는 없다. 일본인들이 반출해갔다는 설이 지배적이다.

제2실의 상은 가부좌 자세가 극히 편안한 자세로 무르익었다. 감실은 각각이 구도의 세계이면서 불교의 진리로 통하는 열린 창이다. 제3실은 손등으로 턱을 받친 사유상(思惟相).

그렇다. 여기서도 필경 자연스러움이 불교의 의상이며 내용이고 통로이다. 10개의 상 중 가부좌를 틀고 앉은 상은 딱 한 개. 그렇게 가부좌조차 자연스러움의 극치인가.

황혼의 건물. 클로드 모
네, <루엥 성당, 일몰>.

차이

본존불이 표상하는 원만(圓滿)의 진리, 11면관음상이 보여주는 인
격의 아름다움의 절정, 대범천과 제석천이 뿜어내는 천상의 향기, 문
수보살의 지혜와 보현보살의 자비, 10대 제자와 8부신중들이 구현하
는 현실의 현실주의의 성화(聖化), 금강역사가 구현하는 육의, 육 자
체의 숭고화, 이 모든 성속 일체의 부처회를 감실의 상들이 더욱 심

화·구체화시키는 것이다. 그러나 석굴암에서 가장 중요한 것은 그림자이다.

불국사와 석굴암의 차이는 무엇일까? 무영탑에는 그림자가(조차) 없었다. 석굴암에서는 그림자가(조차) 깊어진다. 아니, 그림자야말로 무한 깊어짐의 매개다. 때는 경덕왕 치세. 그렇게 무열계의 통일신라의 조화와 영화가 찬란하게 끝난다.

예술은 그렇게 영원하다. 그러나 정치는, 역사는 비정하므로 앞으로 우리는 내물왕계 왕들을 모실 수밖에 없다. 하지만 그 전에 경덕왕 대 효자 두 명을 김대성편 부록으로 첨부하자.

백제의 짐과 효행

향덕은 웅천주(공주) 출신이다. 향덕의 아버지는 천성이 온화하고 순해서 향리에서 추앙을 받는 자였다.

755년(경덕왕 14년) 흉년이 들고 유행병까지 돌아 이 지역 사람들의 살림이 특히 곤궁하고 비참한 지경으로 되었다. 향덕의 부모도 굶주리고 병들어 누웠는데, 특히 어머니가 종기 때문에 사경을 헤맨다.

향덕은 정성을 다해 어머니를 봉양하다가 차도가 없자 자신의 넓적다리 살을 베어 어머니에게 먹이고 종기난 곳을 입으로 빨아내어 어머니를 편케 하였다.

이 소식을 들은 경덕왕은 향덕에게 벼 3천 두, 집 한 채, 그리고 논뙈기 약간을 내린다. 그의 효행은 고려 시대와 조선 후기까지 전승되었다.

그러나 불국사를 짓고 있을 당시에 이 무슨 재앙이란 말인가. 돌이 갈라졌다고 격노한 김대성, 부처여, 신라여, 경덕왕, 아니 부처여. 백제의 짐을 여태 지고 있었던가. 물론이다. 그 짐은 지금까지 이어진다.

효행도 이어질까? 물론이다. 선덕왕 대의 청주 효자 성각도 자신의 넓적다리 살을 베어 늙고 병든 어머니를 봉양한다. 그런데 그는 이제까지와 거꾸로이다.

그는 귀족 출신이면서도 벼슬이 싫어 스스로 거사라 칭하며 일리현(성주) 법정사에 머물다가 후에 집으로 돌아와 어머니를 공양한다. 당시 각간 김경신과 이찬 김주원이 선덕왕에게 이 일을 아뢰어 벼 3백 석을 상으로 내리게 한다.

이 '거꾸로'는 무슨 뜻인가. 아니, 그 전에 선덕왕은 김양상이다. 김경신과 김주원이 누군가? 자, 이제 전설과 현실 양쪽 면에서 무열계보다 못한 내물계 이야기로 넘어가자.

선덕왕과 원성왕, 그리고

7장

내물계의 시작

무열계 왕조가 끝나고 내물계가 시작되면서 신라 정국은 서서히 멸망의 기운이 짙어간다. 지지부진하고 암울하며, 피비린 내란 및 골육상쟁의 왕조사가 이어진다. 그에 따라 서서히 불교도 문화 예술도, 또 이야기도 세속화되거나 은둔 지향을 강조하거나 둘 중 하나로 이분화되고 상상력이 탄력을 잃게 된다. 통일신라는 멸망기가 무척 길었다.

김경신의 꿈

때는 혜공왕 말기다. 김양상이 같은 내물왕 후손 김경신을 은밀하게 불렀다. 자신을 왕으로 밀어줄 세력을 더 완벽하게 만들 필요가 있었다. 명분은 만월부인의 부정(不貞).

나라와 왕실을 더럽히고 있소이다. 우리 힘을 합하여 일을 꾀함이 어떤지……. 김경신은 김양상보다 5세 연하. 이미 나이가 많고 세상 물정에 밝고 지혜로운 사람이었다. 게다가 강력한 권한까지 쥐고 있었다. 그는 어물쩍 대답을 회피했다.

함부로 할 일이 아니었다. 잘되면 무열계가 왕권을 잡지만 잘못되면 역적으로 몰려 패가망신한다. 권력이 모자란 것도 아니고, 더군다나 늙은 나이에. 그는 뜻을 정하지 못하고 늦게까지 뒤척이다가 새벽녘에야 잠이 들었다. 그리고 꿈을 꾸었다.

난리가 나고 사람들이 우왕좌왕하며 아우성을 치는데 김경신 자신은 느닷없이 하얀 삿갓을 쓰고 12현금을 든 채 천관사(김유신이 지은 절!)로 들어간다. 그는 사람을 불러 해몽점을 쳐보았다. 매우 불길한 징조다.

복두를 벗은 것은 관직을 잃을 징조, 가야금을 든 것은 목에 칼이 들어갈 조짐, 우물에 들어간 것은 옥에 갇힐 조짐. 골치 아프군. 김양상을 돕는 일은 그만두어야겠다……

그리고 해몽

이때 아찬 여삼이 찾아와 뵙기를 청한다. 도움을 청하러 온 것이 뻔하므로 김경신은 병을 핑계로 일단 거절했다. 그러나 여삼이 몇 번을 간청하니 김경신도 할 수 없어 그와 마주했다. 여삼이 말한다. 공이 근심하는 것이 무엇입니까……

경신은 꿈과 그 해몽을 자세히 이야기했다. 그런데 갑자기 여삼이 벌떡 일어나 큰 절을 올린다. 아주 좋은 꿈입니다. 이후에도 저를 버리지 않는다는 서약을 주소서. 제가 그 꿈을 해몽해드리겠습니다.

김경신이 주위 사람을 다 물리쳤다. 여삼의 해몽은 정반대였다. 복두를 벗는 것은 위에 아무도 없다는 뜻, 흰 갓을 쓴 것은 왕관을 쓸 조짐입니다. 열두 줄 가야금은 12대 손이 왕위를 이어받을 조짐입니다. 천관사 우물에 들어간 것은 대궐에 들어갈 조짐이고요……

그런가? 김경신은 내물계 12대 손이었다. 김양상은 10대 손이지만 어머니가 성덕왕의 딸이므로 무열계와 혈연 관계다. 그러나 경신은 전혀 혈연 관계가 없다. 김양상이 왕위에 오르면 그 다음은 김주원이 아니고 나란 말인가?

무열계의 시대가 끝나고 내물계의 시대가 다시 온단 말인가? 그가 에둘러서, 그러나 과감하게 묻는다. 김주원이 있는데 어찌 내가? 김양상이 왕에 오르더라도 한 대에 끝나고 그 다음은 무열계인 김주원 차지일 텐데, 그런 의미가 담긴 질문이었다. 여삼이 답한다. 비밀리에 북천에 제사를 드려두소서…….

선덕왕 대(代)

여삼의 해몽으로 김경신은 김양상측에 가담, 혜공왕 16년에 만월부인과 내통하던 왕당파 김지정의 난을 진압하고 혜공왕과 왕비를 죽인 후 김양상이 왕에 오르는 데 강력하고도 결정적인 역할을 하게 된다.

선덕왕 김양상의 치적은 즉위년인 780년 어룡성을 개편한 것, 그리고 패강진을 개척한 것 두 가지이다.

그의 재위 기간은 6년, 평생을 전제 왕권에 반대하는 데 바치다가 정작 왕위에 올라서는 왕권을 뒷받치고 귀족 세력을 견제할 배후 세력을 키우려다가 단명한다. 아들도 없이. 그는 이런 유언을 남겼다.

"……본인이 왕위에 오른 이래 순조로운 해가 없었고 민생이 곤궁하니 이는 모두 과인이 민심에 부합하지 못하고 정치가 천심과 합치되지 못한 탓이다. 여러 차례 왕위를 물러나려 했으나 신하들이 매번 간곡히 만류하므로 머뭇거렸는데 이제 갑자기 병에 걸려 일어나지 못하게 되었다. 죽고 사는 것은 하늘의 뜻이다. 무엇을 한탄하랴. 내 죽거든 불법에 따라 화장하여 동해에 뼈를 뿌리라."

그가 여러 차례 왕위에서 물러나려 했던 것은 사실이다. 그는 왕 노릇을 하기에는 전제 왕권을 너무 오랫동안 반대해왔다. 신하들은 유언에 따라 장례를 치렀다.

그는 누구에게 왕위를 물려주고 싶었을까? 이 질문은 부질없다. 왕 노릇 자체를 불편해 했던 그가 후계 생각을 골똘히 했을 리 없다. 그를 이어 왕이 된 것은 김경신. 그가 원성왕이다. 내물계의 왕권은 그에 의해 확립된다.

하늘의 뜻

자, 그에 대한 여삼의 예언은
맞아떨어졌을까? 물론이다. 꿈 이
야기 자체가 원성왕의 즉위를 합
리화하기 위해 후대에 만들어진
설화일 가능성이 높으니까 말이다.

선덕왕이 후계를 지명하지 않았
으므로 신하들은 회의를 거쳐 무
열계의 김주원을 왕으로 추대한다.
그건 당연한 조치였다. 김주원의
세력은 김경신의 끈질긴 방해 공
작에도 불구하고 여전히 강했다.

그런데 김경신이 비밀리에 제사
를 드리던 북천신이 드디어 힘을
발한다. 김주원의 집은 궁궐 북쪽
20리쯤 되는 곳에 있었는데, 갑자
기 큰 비가 내리더니 북천이 불어

서양인 얼굴을 한 괘릉의 무인상. 8세기
후반.

나 김주원의 즉위 행렬을 막았다. 사흘을 기다려도 김주원이 오지
않자 화백들은 다시 회의를 열고 김경신을 왕으로 추대했다. 신하들
이 모두 새 임금께 축배를 올리는데 그제서야 소나기가 그친다. 김
주원이 왕이 되지 못한 것은 다 하늘의 뜻이다…… 사람들은 그렇
게 믿었다.

원성왕 대(代)

원성왕(785~798년)은 왕위에 오르자마자 우선 자신의 5대 선조를
대왕으로 추봉한다. 그뒤로 시조대왕, 태종대왕, 문무대왕과 함께 자

신의 할아버지를 흥평대왕, 아버지를 명덕대왕으로 하여 다섯 개 묘를 만들었다.

무열계를 시작한 김춘추처럼 원성왕계를 시작하려 했던 것이다. 김유신이 혜공왕 대에 무덤에서 나와 섭섭하다며 울부짖은 것, 김경신이 꿈 중에 김유신의 천관사를 찾은 것 모두 왕계가 무열계에서 내물계로 바뀌는 서곡이었던가.

무덤 속 김유신이 슬퍼했을 만도 하고, 천관의 눈물이 찬 우물 되어 김유신의 뜨거운 한을 식혔을 만도 하다.

원성왕이 강력한 왕권 확립에 주력했을 즉위년인 785년 그는 총관을 도독으로 바꾸고, 788년에는 독서삼품과를 설치, 무예 실력만으로 관리를 뽑던 방법을 개혁하고 유교 경전에 밝은 자 위주로 뽑는 쪽으로 바꾼다. 국학이 개설된 지 대략 1백 년 만이다.

왕실 친족들의 권력 독점

원성왕 대에 신라 하대(下代) 왕실 권력 구조의 한 특징이 벌써 뚜렷해진다. 왕실 친족 집단원이 권력을 독점하는 형태가 그것이다. 그는 즉위와 동시에 왕자 인겸을 태자로 책봉한다. 791년 1월 태자가 죽자 이듬해 8월에 왕자 의영을 다시 책봉한다.

그리고 793년 2월 의영태자가 죽자 이듬해 1월 왕손 준옹을 다시 책봉한다. 이 재빠른 책봉은 왕과 태자를 정점으로 하는 극히 좁은 범위의 왕족들이 상대등, 병부령, 재상 등의 요직을 독점하기 위한 필요불가결한 조치였다.

그러나 후에 이 근친 왕족들이 피비린 왕위 쟁탈전을 벌이게 된다. 권력을 유지하기 위해 도입된 왕족 중심 정치가 권력 자체를 파괴시켜 버리는 대목이다.

786년에 무오가 병법 15권과 화령도 두 권을 바쳤고, 왕 자신도

각종 벼루. 안압지 출토.

<신공사뇌가>라는 것을 지어 인생의 심오한 이치를 담았다고 하나
전하지 않는다. 791년에 제공이 반란을 일으켰지만 진압당했다. 반란
의 성격은 알려져 있지 않다.

단순한 신하인 승려

원성왕도 불교에 관심이 많았다. 785년 승려 관리를 두어 정법전
이라 했고, 795년에는 봉은사를 창건했으며 망덕루를 세웠다. 그러나
왕과 승려의 관계는 이미 단순한 왕과 신하의 관계로 전락한 징후가
뚜렷하다. 이를테면 묘정이라는 승려가 있었다.

원성왕이 지해를 궁중에 초청하여 ≪화엄경≫을 강의하게 할
즈음 사미승 신분이었던 묘정은 금광정 가에서 바루 씻는 일을 맡
았다.

그는 자라 한 마리가 우물 속에서 떠올랐다 다시 가라앉는 것을
보고 매번 먹다 남은 밥을 자라에게 준다. 그리고 법회가 끝나는 날
그가 자라에게 말한다.

나는 네게 밥을 주었는데 너는 내게 무엇을 주겠느냐…… 그러자

자라는 입에서 구슬을 한 개 토해냈다. 묘정은 그 구슬을 언제나 허리에 차고 다닌다.

원성왕이 어느 날 그를 우연히 보고는 매우 소중하게 여겨 내전으로까지 불러들였다. 그리고 항상 곁에 있게 하였다. 신하들도 모두 그를 존경하고 그에게 만복이 따랐다.

묘정은 그후 사신을 따라 당나라로 가게 되었다. 당나라에서도 마찬가지였다. 황제와 신하들 모두 그를 존경하고 좋아하였다. 그런데 한 관상가가 그를 눈여겨보더니 황제에게 말한다.

저 사미승은 어딜 보나 다복한 상이 아닙니다. 그런데도 뭇사람들이 그를 존경하고 따르는 것을 보면 그는 기이한 물건을 가지고 있음이 분명합니다……

황제는 그의 몸을 검사하게 한다. 허리에서 구슬이 나왔다.

내게 원래 네 개의 여의주가 있었는데 작년에 하나가 없어졌더니 그대가 갖고 있구나……. 황제가 그렇게 묘정의 구슬을 빼앗고 신라로 돌려보냈다.

그후 묘정은 원성왕의 신임을 잃었음은 물론 다른 사람들의 존경과 신뢰도 받지 못했다고 한다. 자, 왕도 승려도 설화의 수준도 뭔가 세속화하지 않았는가.

<영재우적가>

노래(향가)도 한 차원 세속화되었다. 영재는 천성이 익살스럽고 재물에 얽매이지 않는 승려. 그도 향가를 잘했다. 만년에 지리산으로 은거하려 가다가 대현령을 넘을 즈음 도둑 60명을 만났다.

아무것도 가진 것이 없는 것을 안 도둑들은 허탕쳤다며 그를 죽이려 했다. 그런데 그가 조금도 두려워하지 않고 얼굴이 화기애애하며 당당하다. 도둑들이 적이 당황하는데 그가 노래를 부른다.

경주 남산 칠불암 마애
불.

마음에 모든 형상 모으려던 날 지나
이제 은둔 살러 가네 오로지 그르친
파계승 두려워하는 그 마음으로 다시
돌아가네 이 칼 지내고 나면 다시
좋은 날 새리니 아 이만큼 선(善)으로는
새 집 짓지 못하리.

이것이 ≪삼국유사≫에 수록된 향가 14수 중 하나인 <영재우적
가>이다. 이 노래를 들은 도둑들이 크게 감동하여 비단 두 단(端)을
주었으나 그는 '재물은 지옥에 가는 근본'이라며 땅에 내던졌다.

도둑들은 그 말에 모두 무릎을 꿇고 삭발, 영재의 제자가 되어 함
께 지리산으로 들어갔다 한다. 그때 영재 나이 90세.

물론 이 정황은 왕궁을 벗어나 백성·현실 속으로 상승한 면도

있다. 하지만 예술성이 불교적 현실주의에 크게 못미친다. 백성의 고통과 경제 속으로 상승한 것이 아니고 굶주린 백성들에게 은둔을 훈계한 차원으로서 미륵불보다 무척 낮은 수준의 설화인 것이다.

승려 연회

승려 연회의 경로는 거꾸로이고 또한 세속으로의 상승이지만 김대성·불국사의 벽이 워낙 높다. 그는 영취산 영취사에 숨어 살며 ≪법화경≫을 읽으며 보현보살의 '관행법(觀行法)'을 닦았다.

왕이 그를 국사로 모시려 한다는 소식을 듣고 그는 암자를 버리고 도망친다. 그렇게 서쪽 고개를 넘어가는데 한 노인이 묻는다. 어디를 가고 계신고…….

나라가 벼슬로 얽매려 하므로 피하는 중이오……. 그 '말'이 화근이었을까? 그 말도 안 했더라면 더 좋았을까? 아마 그랬을 게다. 노인이 픽 웃더니 조롱한다.

국사를 피하는 것은 오히려 이름을 더 내기 위해서가 아니냐…….연회는 가슴이 뜨끔했을까? 그러나 겉으로는 개떡 같은 노인네라는 표정으로 그 노인을 전혀 개의치 않고 지나쳤다. 그런데 조금 후 시냇가에서 이번에는 노파가 똑같은 질문을 한다.

연회는 아직 깨우치지 못하고 똑같이 대답한다. 노파는 앞에 만난 노인이 문수보살이라고 일러준다. 그는 급히 노인에게로 달려가 국사가 될 것을 맹세하고는 시냇가의 노파가 누군지를 물었다.

변재천녀다……. 그렇게 말하고 문수보살은 사라졌다. 연회는 대궐로 가서 국사가 되었다 한다. 그런데 그는 문수보살의 말뜻을 제대로 이해했던 것일까?

변재천녀는 노래하며 무애한 행동으로 불법을 유포하고 많은 이익을 가져준다는 여신이다. 하지만 왜지 동음이의로 '말재주(변재)'

호랑이 처녀. 페르난드 크노프. <내 위로 문을 잠그다>.

에 능한 여자 같기도 하다.

호랑이 처녀

원성왕 대에는 특이하게도 호랑이와 사람의 인연에 얽힌 이야기가 꽤 길게 전한다.

우리는 호랑이를 단군 신화에서 만났다. 그리고 신라 시대에 상대 등 알천이 귀족 회의 중 급습한 호랑이를 메다꽂았다. 혜공왕 때에는 궁궐 마당까지 호랑이가 들어온 적이 있다.

민간의 호랑이 폐해는 매우 심각했을 것이다. 그 호랑이가 불교 이야기 영역 속으로까지 쳐들어오는 것이 원성왕 때이다.

해마다 2월이면 서라벌 남녀들이 흥륜사 탑을 돌며 각자 소원을 빈다. 대개 짝을 지어달라는 소원이다. 김현이란 총각이 밤 깊을 때까지 홀로 탑을 돌고 있는데 한 처녀가 염불을 외며 김현 뒤를 따라 돈다.

한참을 그렇게 돈 후 둘은 눈을 맞추었다. 그리고 구석진 곳으로 가서 살을 섞었다. 처녀는 몸이 매우 뜨거웠다.

낭자와 결혼하고 싶소……. 아니 되옵니다……. 김현이 처녀 뒤를 따르는데 처녀는 부득불 말린다. 아니 됩니다. 돌아가소서……. 난 낭자를 벌써 사랑하게 되었소…….

그렇게 가다 한참을 옥신각신하다가 둘은 서산 기슭의 한 오두막에 닿았다. 처녀는 크게 낭패한 모습으로 문을 두드렸다. 노파가 문을 열어준다. 웬 '사람'이냐?

'사람'이란 단어의 어감이 무척 낯설고 괜히 섬뜩한데, 처녀에게 자초지종을 다 들은 노파가 처녀에게 말한다. 좋은 일이로구나. 하지만 안 그랬으면 더 좋았을 것을. 그러나 어쩌겠느냐. 잘 숨겨주거라. 네 형제들이 돌아오면 행패를 부릴 것이 뻔한데…….

김현은 순간 소름이 오싹 끼쳤다. 사람이, 아닌가? 그러나 바깥에서 호랑이 세 마리가 울부짖는 소리가 난다. 김현은 아뜩했다. 처녀가 서둘러 그를 깊숙한 곳에 숨긴다.

아, 호랑이 굴! 이를 어쩐다? 김현이 그렇게 오들오들 떨고 있는데 호랑이 세 마리가 으르렁대며 오두막 안으로 들어섰다.

응? 집안에 좋은 냄새가 나네, 분명 사람 냄새인데? 시장하던 참인데 마침 잘됐다……. 노파가 펄쩍 뛴다. 너희들 코가 잘못되었구나. 갑자기 무슨 뚱딴지 같은 소리냐? 그러면서도 노파는 당황한 표정이 역력했다.

에이 다 알아, 괜히 그러지 말고……. 세 호랑이가 노파와 처녀를 마치 위협하듯이 으르렁댔다. 아, 나는 죽는구나……. 김현이 그렇게 체념을 하려 할 때 하늘에서 벼락치는 듯한 소리가 났다.

"너희들이 툭하면 인명을 해치고 다니니 너희 중 한 놈을 죽여 벌하겠노라!"

송림사 오층전탑 사리구.

처녀의 사랑

너무도 엄한 그 소리에 호랑이들이 벌벌 떨었다. 처녀가 말한다. 오라버니들. 세 분 모두 멀리 피해 가 반성하신다면 제가 그 벌을 대신 받겠습니다…… 세 호랑이는 그러겠노라며 꼬리를 낮추고는 황급히 달아났다.

김현이 나오자 처녀가 말했다. 집에 오시면 안 된다고 하면서도 끝까지 말리지 못한 것은 기쁨이 두려움을 앞섰기 때문입니다. 제가 비록 짐승이지만 인간인 당신과 부부 결합만큼이나 소중한 연을 맺었습니다. 더 무엇을 바라겠습니까……

나도 당신이 나를 아끼는 마음에 감동받았소…… 그렇게 김현이 말끝을 흐리는데 처녀가 말을 계속했다. 이제 저는 세 오빠를 대신하여 벌을 받고자 하는데 아무 상관도 없는 사람에게 죽기보다는 당신 손에 죽고자 합니다……

김현이 고개를 완강히 젖는다. 아니 되오. 우리는 이미 부부 관계를 맺었는데 내가 어찌 배필을 죽인단 말이오⋯⋯. 그러나 처녀의 말은 한술 더 떴다.

내가 내일 도성에 들어가 한바탕 행패를 부릴 겁니다. 그러면 임금이 저를 잡는 이에게 큰 상을 내리겠다 할 것입니다. 그때 조금도 겁내지 말고 도성 북쪽 숲속으로 저를 추격해 오세요. 제가 기다리겠습니다⋯⋯.

그건 더더욱 인간으로 할 수 없는 짓이오. 어찌 배필의 목숨을 팔아 부귀영화를 구할 수 있겠소. 말도 안 됩니다, 당신⋯⋯. 김현은 호랑이 처녀가 그럴수록 사랑이 샘솟았다. 우리는 하늘이 정해준 배

금제여래좌상. 황복사지 출토.

필인가 봅니다. 우린 행복하게 살 수 있어요⋯⋯. 그러나 호랑이 처녀는 완강했다.

사랑의 불심(佛心)

제가 죽는 것은 하늘의 뜻입니다. 제 소원이기도 하고요. 저를 위해 절을 세우고 불경을 가르쳐 좋은 업보를 얻게 해주십시오. 그게 가장 큰 은혜입니다⋯⋯. 김현은 신심이 깊은 불도였다. 그렇기는 하나, 그렇다고는 하지만, 내가 어찌⋯⋯. 두 사람은 울며 헤어진다.

다음날 과연 호랑이 한 마리가 도성 안을 온통 휘젓고 사라졌다. 원성왕은 호랑이를 잡는 자에게 2

급 벼슬을 내리겠다고 포고한다. 김현이 호랑이를 잡겠다고 나섰다.

왕은 크게 기뻐하며 먼저 벼슬을 주었다. 김현은 칼을 차고 북쪽 숲으로 갔다. 호랑이 처녀가 반갑게 그를 맞이한다.

오늘 제 발톱에 다친 사람들에게 흥륜사 간장을 발라주고 그 절의 나발소리를 듣게 하십시오. 다 나을 것입니다…… 호랑이 처녀는 김현보다 더 높은 불심을 갖고 있었던 것일까, 아니면 인간 사랑이 그만큼 컸던 것일까?

그녀는 김현에게 살생의 죄를 범하게 하지 않으려고 스스로 김현의 칼을 뽑아 제 목을 찌른다. 쓰러져 숨이 끊어지자마자 처녀는 호랑이로 돌아왔다.

호랑이 처녀의 처방은 그후 민간 요법으로 널리 알려졌다. 김현은 서천가에 절을 세우고 호원사라 불렀다. 그리고 불경을 가르치며 호랑이의 명복을 빌었다.

이 이야기는 무슨 뜻일까? 불교의 힘으로 호환에 고통받는 백성들의 시름을 덜어주려 했던 것일까? 어찌됐든 이 이야기 또한 백성의 고통 속으로 상승한 것이지만, 불교적 상상력은 소박하기 그지없다.

원성왕조는 결국 현실에 봉착했으되, 현실을 개혁할 능력은 없는 왕조였다는 이야기이다. 초라한, 상처뿐인 '리얼리즘의 승리'랄까?

족벌 권력의 말로

원성왕은 선왕인 선덕왕 일족을 몹시 경계했고 김주원 일파를 변두리 지방으로 내쫓고도 안심하지 못했다.

그러나 문제는 그의 근친 내부에서 일어난다. 태자로 책봉했던 두 아들은 왕보다 먼저 죽었다. 그는 손자 김언승을 병부령(국방장관)에 임명, 군대를 맡긴다.

족벌 권력의 말로. 요한 퓨
젤리, <악몽>.

왕위를 계승하는 것은 맏손자. 그가 소성왕이다. 하지만 소성왕은
왕위에 오른 지 일년 조금 지나서 당의 축하 사절이 오기도 전에 세
상을 뜬다.

왕이 되기 전에 궁중에서 자라면서 789년(원성왕 5년) 대아찬을
제수받고 당나라 사신으로 다녀왔으며 790년에는 파진찬을 제수받아
재상이 되었다. 그러나 791년 10월에는 시중에 임명된 후 병으로 물
러났던 그다. 청주(진주) 노거현을 학생용 녹읍으로 지정한 것이 그
의 치세 때다.

그 아들이 왕위에 오르니 그가 애장왕이다. 나이 13세. 이때의 실
권자는 당연히 군대를 장악한 김언승이었다. 그는 섭정을 하다가 훗
날 상대등이 되고, 결국은 김경휘와 함께 조카 애장왕을 죽이고 스

스로 왕이 된다. 그가 헌덕왕, 김경휘는 그뒤를 이어 왕 자리를 차지한다.

하지만 우리는 신라가 혼란한 틈을 타서 중국과 일본이 어디까지 왔는지 신라와 연관하여 점검해보는 것이 좋겠다. 당이 기울면서 신라도 기운다. 하지만 거꾸로일지도 모른다. 일본은? 백제는 일본에서 무엇이 되어가고 있었을까?

당과 일본으로 통하는 두 가지 이야기가 원성왕과 연관하여 있다.

원성왕의 치적은 790년 벽돌제를 증축한 것, 그리고 발해와 통교한 것이 가장 크다 할 것인데, 발해와 통교한 것은 그가 상당히 독자적인 외교를 폈다는 뜻이다. 그의 중국 외교와 일본 외교에 대해 각각 이런 이야기가 전한다.

다시, 만파식적

일본이 군사를 일으켜 신라를 치려 한다. 그런데 듣자니 신라에는 만파식적이라는 것이 있어 군사를 물리친단다. 일본은 먼저 사자를 보내 그 만파식적이란 것이 정말 있는지, 정말로 그렇게 신묘한 물건인지 알아보게 하였다.

일본 사신이 왕께 금을 바치며 간청한다. 만파식적이란 피리가 영물이라던데 한번 보여주시지요…….

왕은 그 말 뜻을 금세 알아차렸다. 나는 어디 있는지 모르오……. 이때 일본의 위세가 상당했던 것 같다. 왕은 만파식적을 내황전으로 옮겨 보관케 한다. 만파식적을 확인하지 못한 일본 조정은 갑론을박하다가 결국 신라 정벌을 포기하는 쪽으로 의견을 모았다. 만파식적이 그렇게 두려웠던 것이다.

이 이야기는 만파식적이 엄존한다는 것을 보여주기도 하지만, 만파식적의 위력이 다했음을 암시하기도 한다. 안 그렇다면 일본 사신에게 거짓말을 할 필요도 없고, 일본 자체를 무서워할 필요가 없지 않겠는가.

다시, 호국룡

당에 관련된 이야기는 이렇다. 당나라 사자가 서라벌에서 한 달 간 머물다가 돌아갔다. 그 하루 뒤 두 여인이 대궐 뜰에 나와 왕께 아뢴다. 저희는 동지와 청지에 살던 두 용의 아내들입니다. 그런데 당나라 사자가 하서국(간쑤국) 사람 둘을 데려와 저희들의 지아비와 분황사 우물 용을 잡아갔습니다……

그들은 호국룡인데 마법을 써서 조그만 물고기로 변하게 한 후 어항에 담아갔다는 것이었다. 하루속히 호국룡이 이 땅으로 돌아오 게 해주십시오……

놀란 왕이 직접 사자들 뒤를 쫓았다. 하양관에서 사신들을 따라잡 을 수 있었다. 왕은 연회를 베풀어주다가 갑자기 호통을 친다. 이놈 들, 어찌하여 우리나라의 세 용을 잡아가는가. 이실직고하지 않으면 목을 베리라!

사신은 놀라 벌벌 떨며 세 마리 물고기를 꺼내어 왕께 바쳤다. 그 물고기들을 각자 살던 곳에 놓아주니 물이 세 곳에서 동시에 각각 한 길이 넘도록 솟구치고 고기들은 기뻐 날뛰며 사라진다. 원성왕은 이 일로 당에 명성이 자자해졌다.

자, 우리는 이 두 가지 이야기를 통로삼아, 줄행랑쳤을 사신을 쫓 아서 당과 일본으로 들어가자. 그후 다시 '슬픈' 애장왕에게로 돌아 올 것이다.

일본과 중국 **8장**

먼 친척과 가까운 이웃

앞서 말했듯이 중국과 일본은 통일신라와 함께 대(大) 삼국 시대를 이룬다. 그만큼 밀접한 관계가 유지되었 다는 말이다. 여기서 중요한 것은 일본을 보는 데 있 어 객관적인 시각을 유지하는 일이다. 그것은 백제의 평가와도 긴밀하게 연관된다. 일본은 백제 '멸망'의 후예라고 해도 과언이 아닌 것이다. 당은 어떤가. 당 과 신라는 역사적 운명을 같이했다.

역사적으로 현해탄 건너기

사실 중국으로 가는 길은 일본 가는 길보다 더 멀었다. '바다가 막혔던' 것이 아니므로 약간의 모험심만 있다면 중국으로 가는 '험준한' 산맥과 인맥의 만리길보다, 제주도, 대마도를 거치든 않든 간에 일본행 해로가 훨씬 더 탄탄대로였을 게다.

그러나 한반도 역사 전체를 통틀어 중국은 가까운 대륙으로 일본은 머나먼 섬나라로, 매우 일방적으로 치부되어왔다. 물론 심정적 이유는 있다.

중국은 선진 문명의 중심지로서 한반도를 정치·경제·문화적으로 끊임없이 끌어당겼고 일본은 해적 잔당(왜구)으로써 한반도의 등가죽을 매우 귀찮게 흡혈해댔다.

20세기 초 조선이 그 '왜구들'의 식민지로 전락한 것은 그 심정적 거리감을 거의 벼랑화하는 계기로 작용했다. 하지만 사실 어찌 그럴 수 있겠는가.

한반도와 일본을 가로막는 것은 정말 바다밖에 없었다. 일본을 한국 고대·중세사에서 제거하려는 노력은, 우리 선조들의 항해 능력을 부인하는 것에 다름 아니다.

'일본'의 완성

일본 열도를 통일한 야마토(大和) 국가의 모체는 5세기에 이미 형성된다. 일본이라는 국호가 생긴 것은 6세기 말, 고대 국가 체제를 정비한 것은 7세기 중반.

일본은 백제를 배우고 백제와 대등한 수준으로 국가·문화를 발전시키다가 백제 멸망과 함께 오히려 국가로 완성되는 셈이다. 먼저 일본으로 건너왔던 가야 및 백제인과 백제 말기에 급속히 이주해온 백제 귀족들이 대부분 야마토 국가의 상층부를 구성했다. 아스카 문화의 현장은 흡사 부여를 그대로 재현한 듯하다.

백제인들이 건너오기 전에도 일본에는 원주민들이 살았다. 아이누족, 코로포크족, 일본 석기 시대인 등등. 그러나 이들이 독자적으로 일본 문화의 발전을 이루었을 리는 없다.

코로포크족은 흔적조차 남아 있지 않다. 아이누족은 현재 원시 시대의 생활을 거의 그대로 반복하고 있다.

일본 석기 시대인들이 지금 일본인들의 조상인 것만은 틀림없는 사실일 게다. 그러나 그들은 고대에, 일본 문화의 전통이 공고해질 때에 상층부를 구성하지 않고 저변으로 섬나라 기질을 표했을 뿐이다.

물론 일본의 급격한 국가화를 추진한 것은 백제뿐 아니라 중국의 영향도 강했다. 그러나 중국 영향의 담지자 또한 대부분 백제인이었던 것이다.

봉건적인 백제와 백제적인 봉건제

그리고 일본에 봉건 체제가 급속히 자리를 잡는 것 또한 그 성격이 명백히 백제적이다. 고대 단계의 왕권 집중제 국가 형태에 도무지 걸맞지 않던 백제의 봉건제적 심성은 이 당시 일본의 '통일된' 정치 구조에 그대로 반영된다.

세습제를 확립한 오카미(大君, 왕)가 군림하지만, 그 군림은 정치적이라기보다는 문화적이고 갈수록 신적(神的)으로 된다. 백제의 왕과 백성 사이 무(無)변증법의 일본화이다.

이것은 거꾸로 당시 '삼국 전쟁'중이 아니라서 여러 국가 형태의 급속한 대치 발전이 필요없거나 불가능하고, 문화적으로 다소 뒤졌던 일본의 정치 상황에 걸맞는 것이기도 했다.

4세기부터 백제에서 전파되기 시작한 유교와 한자, 그리고 6세기부터 전파된 불교는 모두 생활·기층 문화의 일부로 자리잡게 된다.

상부 구조와 하부 구조

그리고 토지와 백성을 현실적으로 지배하는 것은 농사 기구와 전쟁 도구를 독점한 족장이다. 족장은 신격화된 조정으로부터 성(姓)을 하사받고 귀족이 되어 씨족민과 예속민을 거느리고 조정에 봉사한다. 대토지를 소유한 전장(田莊)은 사유민까지 경작민으로 소유했다.

이러한 정치·경제·문화적 관계는 일본에 서양과 유사한 봉건제를 매우 일찍 정착시키고 매우 오랫동안 유지시켰다. 아니, 전통 자체를 신격화하는 일본 정신이라는 측면에서는 지금까지도 이어지고 있는 것인지 모른다.

오늘날의 일본 정신을 특징짓는 천황 신격화, 다양한 종교의 생활 문화화, 그리고 정치와 분리된 경제 활동의 모든 것이 이때 틀지어진다고 해도 과언은 아닌 것이다.

일본 고송총 벽화.

불교·아름다움·예술을 통한 성(性)과, 성(聖)의 변증법 대신 성(性) 자체의 생활 문화화 쪽을 택한 일본 특유의 개방적인 섹스관 또한 이때 틀지어진 것 아닐까?

왜냐하면 이때 일본은 모든 것을 생활 문화로 수용하면서 스스로의 야만성 자체도 생활 문화로 유지하고 가꾸고 수준을 높였던 것이다.

이때 신라 이래 우리나라와 달리 불교도, 유교도, 혹은 이방의 어떤 문화도 제각각 편안한 생활 문화일 뿐, 어떤 도덕·철학적이거나 정치·규제적인 힘을 발할 만한 성격으로 존재하지는 않았다. 그래서 어찌되는가? 생선회는 고도의 철학이나 예술은 아니다. 그러나 여전히 전세계에 통용되는 고급 식품이다. 여전히 생선 맨살인 채로.

백제의 결과인 봉건제

7세기에 지배 계급은 당 제도를 모방한 율령 제도를 도입하여 왕실 중심의 정치 개혁을 꾀한다. 국민을 양민과 노비로 나누고 반전(班田)수수법에 의거, 양민에게 토지를 주고는 조(租), 용(庸), 조(調) 외에 병역, 잡역 등을 부담시킨다.

그러나 이 방향은 백제적인 것도 일본적인 것도 아니었다. 8세기 말부터 9세기에 걸쳐 율령 국가의 기반이던 반전제가 무너진다. 그리고 귀족·사찰의 사적 토지 소유인 장원이 발달한다.

아, 일본은 백제가 스스로의 이상을 뻗쳐나갈 대터전이었고 그 결과는 봉건제였다. 그렇다. 백제 정신은 봉건 정신이다.

그리고 어떻게 되는가? 10세기 이후 장원 혹은 공유지의 경작을 도급받은 농민 상층이 차츰 경작권을 가지게 되었다. 그 경작권을 유지하기 위해 무장한 지주 농민과 관리 가운데 무사(사무라이) 부류가 생겨난다.

그들은 이웃의 사무라이, 중앙 귀족, 사찰 세력과 대립 항쟁을 통해 세력을 신장시킨다. 무가(武家)들이 각축한다.

막부와 천황

12세기 중반 이래 두 무가가 패권을 겨루다가 미나모토노 요리토모가 패자로 부상, 1192년 막부(幕府)를 연다. 이른바 무가 정치의 시작이다. 천황은 여전히 신성한가?

그렇다. 그러나 그것은 정치·경제적 현실과 무관한, 그리고 무관할수록 더 지엄한 신성함이다. 794년 교토 천도 이후 막부 성립까지를 헤이안(平安) 시대라고 부른다.

그후 어떻게 되는가? 우리는 사무라이들의 잔학상을 조선 시대 한·일 전쟁, 대한제국 말 민비 시해, 제2차 세계대전에서 뼈저리게 겪게 될 것이다. 그 사무라이 정신은 현재 세계를 경제적으로 지배하고자 하는 일본의 전략에도 마각으로 스며들어 있다.

먼 친척. 르네 마그리트,
<빛의 제국>.

언어와 문학

일본이 언어를 표기하게 되는 것은 한자가 전래된 5세기 이후, 표
기에 익숙해진 것은 6세기 말에서 7세기 스이코 천황 때다. 712년
≪고사기≫가 편찬되고, 그 이듬해 각 지역에 ≪풍토기≫ 편찬 지시
가 하달된다.

720년 ≪일본서기≫가 편찬되고, 751년에는 한시집 ≪회풍조≫가
출간된다. 우리에게 가장 중요한 것으로는 759년경에 만들어진 ≪만
엽집≫이다.

일본 문학에서는 단가 형식의 서정시로서 일본어의 특성을 잘 활
용하는 와카(和歌)가 발달하였는데 그 집대성이 바로 ≪만엽집≫이
다. 한자의 소리와 뜻을 빌어 일본어를 표기한, 이른바 '만요가나(萬

葉假名)'로 이루어진 이 ≪만엽집≫이 고대 백제어의 보고라 할 만하다.

이 ≪만엽집≫이 ≪고금집≫ 등 지배 계급이 직접 편찬한 와카집 시대의 단가로 계승되어 한시에 대비되는 일본가로 자리를 잡는다. 그리고 천황 신앙과 동전의 양면을 이루는 궁정 문학, 즉 '우미(優美)' 문학·문화의 핵심 뼈대로 들어서게 된다. 중앙 집권적 율령 시대의 표현인 '만엽'이 봉건제의 문학적 바탕이 되는 것이다.

여성 문학의 시대

9세기 말에 이르면 한자를 해체하여 만든 히라가나가 등장해서 고유한 표기법으로 굳어진다. 그 표기법을 통해 백제 언어의 보고인 ≪만엽집≫의 와카가 10세기 이후 발달하는 산문 문학에 정서적 내면성을 부여해가게 된다. 그것이 개방적인 성과 맞물리면서 아예 문학의 여성화를 부채질했을까?

10세기 중엽 이후부터 창작 활동이 시작되고 곧바로 여성 문학 시대가 열린다. ≪가게로 일끼≫ ≪마쿠라노소시≫ 등은 일본 문학사의 금자탑이다. 그리고 11세기 초에 세계적인 명작 장편 ≪겐지 이야기≫가 완성되는데, 이 작품은 특히 ≪만엽집≫의 다채로운 창작 방법론을 구사하고 있다.

여타의 예술

일본 아악의 대부분은 헤이안 시대에 이루어졌다. 헤이안 시대 이전 일본 미술 및 건축은 한반도를 통해 전래된, 그리하여 한국화된 중국 미술·건축의 영향을 그대로 수용했다고 해도 과언이 아니다.

일본적인 변형은 헤이안 시대에 비로소 그 기초가 쌓인다. 불교 조각과 불화, 특히 풍경·풍속화에서 독자적인 창작 활동이 두드러

나라현 토다사. 8세기.

지게 되는데, 이 흐름을 이끌어간 것 또한 백제 귀족풍이다.

연극은 어떤가? 일본 연극은 5~7세기 동안 결정적으로 발전했다. 외국의 예능, 특히 백제가 기악(伎樂, 가면극)을 전수해준 것이 획기적인 작용을 했다.

성덕태자가 불교 정책의 일환으로 이 기악을 장려하여 전승시켰고, 이때 사자무와 노가 생겨났고, 무악과 대중적인 산악이 들어왔던 것이다. 산악은 교겐 분라쿠 등의 성립에 큰 역할을 해냈고, 무악은 궁정과 신사·사찰의 의식 전례 악무로 전승되어 현재에 이른다.

백제의 두 후예

사실 일본이 외국 문물을 대폭 수용, 일본화한 것은 역사상 단 두 번이다. 한 번은 한반도화된, 특히 백제화된 중국 문명을 받아들였던 5~7세기, 그리고 또 한 번은 서양 문물을 받아들인 19세기 말~20세기 현재.

그러나 5~7세기에 받아들인 문물은 이미 일본의 고유한, 그리고 완강한 전통으로 굳어져버린 상태이다.

한반도 삼국 중 백제가 일본에의 문물 전파를 독점했다고 할 수는 없다. 그러나 갈수록 백제의 비중이 커졌고, 백제 멸망 이후 역설적이게도 일본에서 백제풍이 점차 독점적인 위치를 굳혀갔던 것은, 국가 역학상으로만 보더라도 크게 놀랄 일은 아니라 하겠다.

그렇다면 조선 시대의 한·일 전쟁은 백제의 '머나먼' 두 후예가 맞붙은 것이었던가? 더 나아가서 대한제국의 강제 합병은 후예에 의한 후예의 합병인가? 아니다.

그 사이에 역사가 흘렀고 민족 개념이 형성되었다. 일본 민족과 조선 민족은 다르다. 백제는 두 민족의 정치·역사 변증법적인 만남을 매개하는 시간적 공간적 중간이고, 공즉시색 색즉시공일 뿐이다.

당나라

당은 통일신라보다 40여 년 먼저 건국되어 30년 남짓 전에 멸망했다. 당과 통일신라의 운명은 이토록 밀접했다. 그러나 당이라는 중국 고대 제국 최후의 찬란한 단계에 중국은 세계 제국으로 위용을 과시하게 된다.

4백 년 동안 계속된 위진남북조의 분열을 극복하고 등장한 수왕조는 중앙 정권의 급속한 붕괴, 고구려 원정 실패, 말년의 농민 봉기 등으로 파탄에 이른다.

당시 돌궐의 방위 요충지인 태원 유수로 있던 이연 부자가 군사를 일으켜 돌궐의 원조를 받으며 남진, 수개월 만에 장안을 점령하고 수의 황태자 공제를 옹립했다가, 도피중인 수 양제가 친위대 반란으로 피살되자 곧바로 당 왕조를 창건한다. 이연이 바로 당 고조다.

태자 건성과 세민의 활약으로 각지의 군웅들이 진압된다. 이 와중에 왕사들의 다툼이 발생, 세민이 형과 아우를 제거하고 태종에 오른다.

전국 통일이 완료된 것은 628년 태종 즉위 2년째이다. 태종의 치세를 '정관의 치'라고 부를 만큼 태종은 방현령, 두여회, 위징 등의 명신들을 등용하면서 민생을 안정시키고 당의 국력을 신장시켰다. 광범한 소농민을 기반으로 하는 중화 대제국의 토대가 바로 이때 마련된다.

비약적인 발전

율령 체제가 완성기를 맞고, 이정, 이적 등 명장의 활약으로 주변 부족들을 차례로 격파한다. 한대(漢代) 이후 비약적인 영토 확장이 이룩되는 것도 이때다. 인도로 구법 여행을 다녀온 고승 현장과 황제의 사자로 세 번씩이나 인도로 건너가 무공을 떨친 왕현책도 이때 사람이다.

앞에서 보았듯이 태종의 고구려 정벌은 실패하고 3대 고종 때 당은 신라와 연합하여 백제와 고구려를 멸망시켰다.

발해가 건국되고 통일신라가 당에 반기를 드는 등 한반도와 만주는 계속 시끄러웠지만, 각 종족의 내부 자치를 보장하고 명목상의 주·현을 두어 도호부 관할 아래 두는 당 초기~전성기 특유의 소수 부족 정책은 대체로 성공했고 6도호부 체제 아래에서 당은 세계 제국으로 번영을 계속했다. 통상도 매우 활발해진다.

고종의 비였던 측천무후가 중국 사상 유일한 여제가 되어 시행한 정책도 어둡고 육욕적인 음모의 비사(秘史)를 제거한다면 긍정적인 면이 많았다.

육조 시대의 낡은 잔재인 귀족 관료 지배 체제가 무너지고 새로운 문신 관료가 진출한다. 사회·경제의 안정으로 지주와 상인 세력이 성장, 전통적 체제에 대항하게 된다.

가까운 이웃. 카시미르 말레비치, <절대
지상주의>.

개원의 치

그러나 측천무후가 죽은 후 그 후유증으로 국정이 매우 혼란해진
다. 중종의 위후나 안락공주, 태평공주 등의 정권 간섭이 계속되자
710년 이융기가 쿠데타를 감행, 현종으로 즉위한다. 그가 화려한 성
당(盛唐) 시대를 맞는데 그의 치세가 '개원의 치(전반)' '천보의 치
(후반)'이다.

'개원의 치' 시기에는 요숭, 송경, 장열, 장구령 등의 뛰어난 재상
들이 등장한다. 그러나 정책 자체는 측천무후 시대의 조류에 저항하
는 반동적인 면을 띤다. 국가가 획기적으로 성장하면서 온갖 모순들
이 발호하는 까닭이다.

인구가 폭발적으로 증가하자 경지가 부족했다. 부유해진 상인들이 고리대금업으로 농민들을 수탈했다. 집을 버리고 달아나는 자가 속출했으며 농민을 병사로 차출하는 부병제가 붕괴했다. 사관 희망자가 급속히 늘어난다. 상류 계급의 사치가 극성하고 빈부 격차가 심화된다.

그러므로 당나라 초기 현종의 '정관의 치' 시대가 부자는 아니지만 도덕적으로 강건했던 유토피아로 보였을 것이다. 그러나 새로운 사회 변화에 적극적으로 대응하는 일도 피할 수 없었다.

전문 능력이 우수한 실무 관료를 등용했고, 율령제를 유지하면서도 호구 유동과 유통 경제의 침투에 부응하는 새로운 국가 운영 체제로 사직(使職)을 증가시켰다. 세금을 늘려 징수하고 요전(料錢)을 지급했으며 징병·모병제를 실시했고 조운(漕運)을 개혁했다.

천보의 치

현종 후기 '천보의 치' 시기 정국은 현종의 노약화, 그의 넋을 빼앗은 경국지색 양귀비의 아름다움, 그리고 간신배들의 등장으로 매우 혼미하다. 중앙 지배 세력이 흔들리고 지방 세력의 비중이 높아지는 심각한 위기가 초래되었다.

그러나 아름다움은 아름다움을 낳는 것. 이 시기에 우리는 이백과 두보라는 중국 양대 시인의 빛나는 생애를 만나게 된다.

쇠퇴기

751년 당은 동진중이던 아바스 왕조와 일전을 겨룬 '탈라스 강 전투'에서 대패하면서 대외적으로도 쇠퇴기에 접어들었다. 안록산의 난이 발발한 것은 755년.

반란군은 삽시간에 낙양과 장안까지 점령한다. 이 와중에 양귀비는 병사들에게 살해되었다. 병사들은 전란의 화근을 양귀비로 보았다.

안록산의 난은 반군 내부의 내분을 틈타, 그리고 위구르족의 힘을 빌려 가까스로 진압된다. 그러나 10년 동안의 전란은 당나라 전기 지배 체제에 결정적인 타격을 가했다.

율령제가 전면적으로 붕괴되고 지방 세력의 할거가 표면화되었다. 게다가 국경 수비대까지 반란 진압에 동원되는 바람에 주변 부족이 군사적 우세를 점하게 된다.

토번이 하서를 장악하고 한때 장안까지 침입하는 등 당 세력은 서역에서 완전히 밀려나게 된다. 사막 북쪽에서는 돌궐에 이어 위구르족이 전성기를 맞이한다.

그들은 당에 원병을 보내는 것을 기화로 화북에 진주했고, 견마교역을 통해 경제적으로도 당 왕조를 괴롭혔다. 서남에서는 남조가 침입할 기세였다. 8세기 이후에는 주변 부족과의 관계에서 한족(漢族)의 우위 자체가 역전되어버린다.

당과 신라, 그리고 일본

더 나아갈 것인가? 그래야 한다. 그렇다. 통일신라는 분명 찬란한 보석, 그중에서도 금강석이지만, 그것을 구성하는 햇살이 당이라는 거대한 태양에서 발하는 것의 작은 일부임을 부인할 수 없다.

물론 기 죽을 필요는 없다. 아니 오히려 뿌듯해 할 일이다. 이때 당은 세계 최고의 문화 수준을 자랑하는 세계 최대의 제국이었다. 그런 당의 거대한 멸망으로 신라의 멸망을 감싸면, 눈물이 더욱 영롱한 보석이 될 것인가?

안록산의 난을 계기로 절도사들이 병권을 잡게 된다. 그들은 강력한 지배 권력을 구축하고 조정에 반항하는 일이 가끔 있었다. 그렇다. 중국은 황제의 권력이 매우 강력하다 하더라도 영토가 너무 광활하기 때문에 지방분권화 지향을 막기는 힘들다.

일본은 백제 기질의 터전이었으므로 천황의 신적인 권력 아래 정치적 현실적인 지방 분권화 과정이 안착된다. 강력한 왕권이 국가에 사활적인 요건으로 대두되는 것은 비좁은 땅에서 더군다나 세 나라가 사생결단을 벌였던 한반도에서뿐이다.

어쨌거나 절도사들은 두 가지 종류의 세금 중 반 이상을 자기가 보유하고 중앙에는 1/3밖에 보내지 않았다. 또 영내에서 통관세, 영업세 등을 부과하면서 정작 병사들의 군량은 중앙에 강요한다.

자연 조정은 궁핍하게 되었다. 반란의 본거지인 위박, 유주, 성덕 등 3진에서는 절도사가 세습제로 되는 등 반은 독립한 국가나 다름없는 지경으로 치닫는다.

환관의 시대

당 중기 이후는 중앙 권력과 유력한 절도사의 대립 항쟁이 정치·군사적으로 주된 흐름을 이룬다. 당이 이후로도 1세기 이상 더 존속한 것은 덕종의 뒤를 이은 헌종의 강압 정책 덕분이었다.

그러나 중앙에서는 계속 3성 6부가 무력해지고 황제를 가까이 모시는 환관이 정치적 실권에다 병권까지 거머쥐게 된다. 중당·만당(晚唐)의 황제는 거의 예외 없이 환관의 도움을 받고 황제 자리에 올랐다.

이 관계를 정책국로 문생천자(定策國老 門生天子)라고 하는데, '환관이 국가 원로 시험관이고 천자는 수험생'이라는 뜻이다. 한편 중앙 관료들은 과거를 매개로 당파를 형성했다. 우이(牛李)의 당쟁이 발생하게 된 것은 그런 배경에서였다. 뿐인가. 자의적인 직책 임명과 행정 방식이 두드러진다.

헌종의 원화년간(806~820년)과 선종의 대중년간(847~859년)은 그나마 중흥이 구가된 안정기였는데, 육지, 배도, 이덕유, 우승유 등 명재상들이 지방의 지주·토호 및 부상 지식인들과 연계, 왕조 유지에 노력한 결과이다. 그러나 835년 환관과 외조 관료들의 항쟁인 '감로지변'을 겪으며 당은 말기에 접어든다.

중세로의 진입 조짐

이때 중국의 사정은 이렇다. 양자강 연안 양주와 사천 분지의 성도, 화남의 광주 등이 교통·무역의 요충지로 매우 번창했다. 농어촌에도 화폐가 유통되었고 소금, 차, 주류를 전매, 그 수입이 재정의 주류를 이룬다. 전통적인 성시(城市) 제도가 무너지고 영업의 자유가 서서히 증대되었다. 이 모든 것은 중세로의 진입 조짐이다.

절도사들은 군대를 유지하기 위해 영내 농민, 상인들을 가혹하게 수탈하니 백성들의 원성이 높아진다. 군대 내에서는 하극상이 그치지 않는다. 정치 권력이 분산되고 다원화하는 것이 사태를 더욱 악화시킨다. 구보 방훈의 난이 터지고, 더군다나 희종의 건부년간(874~879년)에 기근마저 닥쳐 마침내 대규모 농민 반란이 일어난다. 반란 주동자는 왕선지와 황소.

유구는 전국을 누비면서 광범한 민중 봉기를 일으킨다. 소금 전매에 시달리던 주민과 그것에 반대하던 사염(私鹽) 관계자들이 주력 부대였고, 거기에 하급 사병과 기민들이 합세했다. 농민 반란 자체는 진압된다.

그러나 황소의 부하였던 주온이 변지의 요지를 장악하고 세력을 키워 환관 세력을 뿌리뽑고는 당 왕조를 폐했다. 그가 5대 후량의 태조다.

중국 예술 최고의 황금기

그럼에도 불구하고, 당대는 고대 왕조 문화의 완성기로서 종교·문학·미술 각 분야에서 중국 최고의 황금기를 구가했다. 불교는 길장의 <삼론>, 지의의 <천태>, 현장의 <법상>, 도선의 <율>, 법장의 <화엄>, 선도의 <정토> 등 중국적 교학 체계를 확립했고, 8세기 이후에는 남북의 선종 여러 파가 왕성한 활동을 전개했다.

도교도 왕실의 비호를 받으며 크게 융성한다. 그러나 무엇보다 찬란했던 것은 문학이다.

당의 무사상. 9세기 중엽.

당시(唐詩)야말로 중국 문학의 백미이다. 이백, 두보는 물론 왕유, 백거이 등 대시인들이 무려 5만 수에 가까운 작품을 남겼다. 중당의 한유, 유종원은 종래의 수사·기교 위주의 문장을 배격하고 '뜻에 달하는 것'을 중시하는 새로운 문풍을 확립한다.

전기(傳奇)소설도 유행했고 서민 교화용 변문(變文)이 보급되면서 보다 넓은 계층이 문학을 수용할 수 있게 되었다.

회화는 채색이 현란한 벽화 대신 '마음 뜻'을 중시하는 수묵(水墨) 기법이 발달하고 소품 감상이 널리 유행하게 된다. 서법도 초당의 우세남, 구양순, 저수량에 의해 고전적 완성도에 달했는데 이 흐름은 안진경에 이르러 낭만주의 경향으로 바뀌게 된다.

이것은 문화 담당자가 귀족에서 사대부와 부유한 서민으로 확대되어 가는 것을 반영한다.

동서 문화 교류

세계 제국 당의 명망에 걸맞게 동서 문화 교류도 최전성기를 맞았다. 사절 등 외국인들이 주요 도시마다 운집했고, 이들 중 적지 않은 숫자가 당의 관직에 나아가 탁월한 업적을 남겼다.

요철화(凹凸畵)의 위지씨 부자, 인도 역법의 구담실달, 밀교를 전한 선무외, 불공삼장이 대표적인 사람들이다. 신라의 최치원도 벼슬을 하사받았다. 당 초에는 페르시아 사산 왕조 왕자가 망명해오기도 하였다.

종교 교류 및 전파도 어느 때보다 활발했다. 중앙아시아를 거쳐 조로아스터교, 마니교, 네스토리우스파, 크리스트교 등 서방 종교가 전해져 장안 등 대도시에 교회가 세워질 정도였다. 그러나 이들 종교는 주로 거류 외국인들의 비호 아래 번성하다가 9세기에 대탄압을 받고 표면상으로는 자취를 감추게 된다.

남해 무역을 통해 이슬람권과의 접촉이 깊어졌다. 광주 등지에 이슬람 상인 거주 구역이 생겼을 정도이다. 신라인들을 위한 신라방은 산동반도에 있었다.

당 문화는 중국 문화가 최고 전성기에 달한 것인 동시에 음악, 무용, 유희, 음식 등 생활 문화에서 외래 요소를 많이 받아들인, 이국풍이 현저한 문화이기도 했다.

자, 그렇게 우리는 당 멸망의 구멍을 거대하게, 멀찌감치 파놓고 통일신라 애장왕에게로 돌아온다.

애장왕에서 진성여왕까지 9장

슬픔이 썩어 성(聖)이 성(性)으로 전락하는 내력

애장왕에서 진성여왕에 이르는 12대 치세 동안의 이야기가 펼쳐진다. 현실력을 잃는 것의 한 반영으로 선종이 발흥한다. 지방 호족 세력이 대두하고, 귀족 세력이 왕권을 위협한다. 진성여왕의 추한 성(性)은 선덕여왕의 경우와 비교해볼 때, 국가와 불교 양자의 쇠미와 위기를 상징한다. 하지만 우리는 통일신라의 문화적인 저력 또한 유념하면서 멸망기 왕과 그 후손들의 비극을 살펴보자.

왕 12대(代), 태종 무열왕 8대손 승려 무염

　무염(801~888년)은 태종 무열왕의 8대손이며 승려이다. 그는 애장
왕(800~809년), 헌덕왕(809~826년), 홍덕왕(826~836년), 희강왕(836
~838년), 민애왕(838~839년), 신무왕(839년), 문성왕(839~857년),
헌안왕(857~861년), 경문왕(861~875년), 헌강왕(875~886년), 정강
왕(886~887년), 진성여왕(887~897년) 등 무려 12대 왕의 치세를 살
았다.

　마치 몰락하는 신라의 원성계 왕들을 무열계가 불교의 마지막 안
쓰러움으로 보듬으려는 듯이.

　무염은 어려서부터 글을 익혀 9세 때 해동 신동이라는 아호를 받
았다. 12세에 출가, 설악산 오색석사에서 법성의 제자가 되었다. 법
성은 당에서 소승 불교를 공부하고 온 승려. 무염에게 한문과 중국
어를 가르치며 당 유학을 권고한다.

　무염은 당시 당에서 크게 유행하던 《화엄학》을 부석사 석징에

게서 먼저 배운 후 당 유학길에 올랐으나 배가 풍랑을 만나 흑산도에 불시착, 당에 가지 못했다.

선종의 발흥

821년(헌덕왕 13년)에 다시 조정 사절을 따라 당으로 간다. 그러나 당에서는 이미 화엄학보다 선종이 크게 일고 있었으므로 그는 화엄경 강의에 참석하고는 곧바로 불광사 여만을 찾아 선법을 물었다.

그와 선문답을 나눈 후 여만은 '훗날 중국이 선풍(禪風)을 잃어버리면 사람들이 신라로 가서 선법을 묻게 될 것'이라며 무염을 극찬했다고 한다.

그후 무염은 마곡산 보철에게 법맥을 인가받고 중국 각지를 돌아다니며 홀로 된 자, 가난한 자, 병든 자들을 20년 동안 보살피니 그러한 보살행을 두고 중국인들은 그를 동방의 대보살로 칭송했다.

847년(문성왕 7년)에 신라로 귀국하자 왕자 흔이 공주 성주사에 머무르기를 간청한다. 그는 이 절을 선문구산의 하나인 성주산문의 본산으로 삼고 40여 년 동안 교화했다.

역대 왕들이 모두 그를 존경하여 법을 물었고 숱한 사람들이 찾아와 도를 구했다. 경문왕이 사신을 파견하여 궁궐로 모시려 했지만 그는 거절하면서 이렇게 말했다 한다.

"나를 아는 자는 성주(聖主)를 무주(無主)라 하고, 나를 모르는 자는 무염(無染)을 유염(有染)이라고 합니다."

이 말은 자신의 이름을 매개로 없음과 있음, 공과 색의 구분 없음을 절묘하게 선법 형식으로 설한 것이지만, 아무래도 망국의 도피 은둔형 취향이 짙다. 인생 허무의 위로론에 가까운 것이다.

선종의 성격

선종 자체가 그렇다. 말이나 이론을 매개로 깨끗함과 더러움을 구분하는 불교를 '수준 낮은' 중생들을 배려한 부처의 방편이라 보고 곧바로 이심전심하며 청정/부정의 구분을 넘어서는 것은 높은 경지임에는 틀림없다.

그러나 망국 현실의 단순한 반영이거나 망국 현실과의 변증법을 잃을 경우 그 참선이 슬픔의 위안처나 도피처로 전락하기란 간단한 일이다. 원래 불교 자체가 그렇게 아슬아슬한 곳에 아니었던가.

무염 자신은 매우 자상하고 적극적이며 외유내강형 인간이었다. 성격이 공손하고 자애로웠으며 손님을 대할 때 귀천을 가리지 않았고 언제나 다른 승려들과 함께 보리밥을 먹었다. 절에 큰 불사가 있을 경우 앞장서서 일했고 평소에도 물을 긷고 나무를 했다.

그는 89세에 죽었다. 제자는 2천 명에 달했는데 특히 원중, 영원, 현영, 승량, 자인 등이 그의 선풍을 이어받아 성주산문의 기반을 다졌다.

자, 이제 그의 생애가 '선법의 체'로 걸러낸 왕들의 생애와 죽음을

경주 남산 탑곡 마애사
면불 북면.

살펴보자. 슬프고, 끔찍하고, 기괴하기까지 하다. 그것은 슬픔이 물러 터져 육욕으로 부패해가는 내력이다.

지방 호족 세력의 대두

원성왕계의 시대는 전체적으로 진골 귀족들이 왕실에 대해 서로 연합하는 형세를 띠면서도 사실은 각각 독자적인 사병 세력을 거느 리므로 귀족 연립 혹은 분열의 시대라고 할 수 있다.

왕권 다툼의 현장인 왕경에 시야를 국한시키지 않고 전국적인 관 점에서 보자면 무엇보다 지방 호족 세력이 크게 대두하던 시대이다.

이후 전개되는 호족들의 대동란은 바로 원성왕계 왕들의 치세 시 대에 배양된다. 아니, 원성왕계 치세 자체가 그 표현이기도 하다. 김 양상이 혜공왕을 죽이고 선덕왕으로 오른 것이 바로 그 시대의 개막 을 알리는 셈이다.

선덕왕은 변혁기의 정치·사회적 모순을 해결할 겨를도 없이 죽 었고 원성왕은 유교 지향의 정치 개혁에 착수했지만 왕실 직계 중심 으로 권력 구조를 개편, 일반 귀족의 불만을 초래한다

신라, 귀족, 불교

애장왕에 대해 이런 이야기가 있다. 즉위한 지 3년, 갓 16세 된 애장왕이 갑자기 죽어버렸다. 염라대왕이 그에게 묻는다. 네가 명대 로 살지 못하고 끌려온 연유를 아느냐? 모릅니다……. 너는 신라 임 금이면서 부처님의 가르침을 소홀히 하고 허구헌 날을 술과 춤으로 지새웠으니 이곳에 오게 되었다…….

애장왕은 눈물을 흘리며 살려달라고 빌었다. 네가 정녕 뉘우친다 면 다시 보내주마. 너는 맹세코 나라를 잘 다스려 부처님의 뜻을 좇 을 것이다…….

살아 돌아온 애장왕은 곧 명을 내려 산수 빼어난 곳을 찾아 절을 짓게 하였다. 그 산이 가야산, 그 절이 해인사다. 해인사가 지어진 것은 802년.

그러나 애장왕 때는 숙부 김언승이 섭정을 하면서 정치를 주도한다. 그는 애장왕 시절에 율령을 개정하고 오묘(五廟) 제도를 확립했다. 왕권 강화 정책은 계속 이어진다. 805년 공식 20여 조가 반포되고, 그 이듬해부터 3년 동안 귀족 세력을 왕권에 복속시키려는 일련의 개혁 조치가 단행된다. 그러나 효과는 크지 않았다.

이 시기에 '불교와의 묘한 어긋남이' 법률화되기 시작했다. 806년 불교 사원의 새로운 창건을 금하고 오직 수리만을 허락하며 금은으로 기물을 만드는 것을 금하는 교지가 내려지는데, 이것은 원당 형식의 사찰을 세워 자신의 막대한 토지와 재력을 관리하는 귀족들을 누르기 위한 조치였다.

애장왕 대에 일본과 국교가 열린다. 802년 균정에게 대아찬 벼슬을 내리고 일본에 사신으로 보내려 했고, 803년 일본과 우호조약을 맺었다. 그리고 804년, 806년, 808년에 각각 일본 사신이 왕을 알현했다.

김주원의 아들들

김언승은 조카 애장왕을 죽이고 직접 왕으로 즉위(헌덕왕)한 후 이 같은 왕권 강화 정책을 더욱 강력하게 추진한다. 진골 귀족들의 불만은 더욱 커지게 되고, 822년(헌덕왕 14년) 마침내 김주원의 아들 김헌창이 웅천주에서 대규모 반란을 일으키기에 이르른다.

김주원은 원성왕에게 왕 자리를 빼앗기고 명주(강릉) 지방으로 내려갔다. 원성왕은 그를 완전히 제거할 정도로 세력이 강하지는 못했다. 김주원은 그곳에서 강력한 지방 세력으로 정착한다. 사람들은 그를 '명주 군왕'이라 불렀다. 오늘날 강릉 김씨의 시조가 바로 김주원이다.

김주원의 아들 김종기와 김헌창은 서울에 머물며 중앙 정치에 진출한다. 원성왕 때 종기는 시중에 임명되었다가 일년 남짓 만에 사임했다. 폭설로 얼어죽은 사람들이 많은 것에 대한 도의적 책임을 진다는 것이 사임 이유였다. 동생 헌창은 헌덕왕 때 시중에 임명된다. 그렇다. 무열계는 아직도 큰 세력을 갖고 있었다.

그런데 일년이 지나자 그가 청주(진주) 도독으로 좌천된다. 종기의 아들이자 그의 조카인 장여가 그뒤를 이어 시중에 임명되지만

통일신라 시대의 문관상.

곧 물러나고 헌덕왕의 동생 충공이 시중에 임명된다.

왕의 또 다른 동생 수종은 시중과 상대등을 거쳐 태자로 책봉된다. 헌덕왕에게 아들이 없었던 것이다.

김헌창의 난

장구하게 유지된 친족끼리의 결혼 전통이 마침내 왕족들의 신체에 치명적인 결함을 유발했던 것일까. 왕에게 자식이 없는 경우가 점점 잦아졌다. 그 치명적인 결함이 왕권 강화의 기본 뼈대인 왕위

부자 세습제를 또 치명적으로 파괴시킨다.

김헌창의 난은 왕과 태자, 그리고 상대등 직위를 모두 형제가 독점하는 파행적인 권력 독점에 대한 불만으로 불거졌다. 그는 원성왕의 즉위 자체가 불법이며 자신의 아버지 김주원이 정통 왕위 계승자라고 주장하면서 별도의 나라를 선포, 국호를 장안, 연호를 경운이라 했다.

반란 세력은 급속도로 세력이 커졌다. 통일신라 9주 5소경 중 4주 3소경이 김헌창 편에 가담했다. 계속된 흉년과 애장왕 시해 등이 겹쳐 불만이 고조될 대로 고조된 상태였다.

814년(헌덕왕 6년) 서쪽 지방에서 큰 홍수가 났고, 815년 서쪽 변방 주와 군에 기근이 들었다. 기근은 816년, 817년, 820년, 821년에도 신라를 덮쳤다. 도적떼가 위협적으로 출몰했다.

당에서 절도사 이사도의 반란을 막기 위해 원병을 청한 것도 부담을 가중시켰다. 헌덕왕은 816년 김웅원에게 갑병(甲兵) 3만을 이끌고 반란 진압을 돕게 했다.

김헌창의 난이 발발한 것은 822년. 녹진이 '적재적소'로 요약되는 인사 원칙을 제안, 헌덕왕이 왕당파에게 절대적으로 유리한 인사 정책을 확정한 직후다.

신라 멸망을 향한 참혹

그랬다. 그러나 원성왕계 결집은 빨랐고 곧 김헌창 쪽을 압도했다. 김헌창은 웅진성 안으로 퇴각, 열흘을 버틴다. 헌창은 성이 함락되기 직전 자살했는데 그의 시종이 시체나마 보존하기 위해 몸과 머리를 분리하여 각각 따로 감추었다.

그러나 성을 함락한 원성계 군은 헌창의 부하 수백 명을 처형하고 성과 그 주변을 샅샅이 뒤지다가 옛 무덤에서 헌창의 시체를 찾

사리외함. 석가탑 출토.

아낸다. 헌창은 재차 칼질을 당했다. 이 무슨 고구려 망령의 부활이란 말인가. 무열계가 37년 만에 왕위에 도전한 결과는 그랬다.

그 3년 후 헌창의 아들 범문이 다시 반란을 일으킨다. 이번 반란군의 주력 부대는 산적들이다. 그는 고달산(여주) 산적 수신 등과 함께 한산주를 공격하다가 한산주 도독 총명에게 패하고 죽었다. 명분마저 사라진다. 이후 무열계는 왕위에 도전하지 않았다. 아니, 그 전부터였을 게다.

김헌창의 형인 김종기의 손자 김양과 김흔은 김헌창의 난에도 가담하지 않았다. 그러나 김헌창의 난은 호족이 지방에 할거하는 경향을 크게 촉진시켰다. 그것은 무열계의 부흥을 위한 것이 아니라 신라 멸망을 위한 난이었던 것이다.

망부사(望婦詞)

헌덕왕이 죽자 동생 수종이 왕위를 잇는다. 41대 흥덕왕이다. 흥덕왕에게는 아름다운 이야기가 있다. 그가 왕위에 오르던 해 왕비가 죽는다.

그런데 당 사신이 선물로 가져온 앵무새 한 쌍 중 암놈이 흡사 때를 맞추듯 죽었는데, 혼자 남은 수놈이 슬피 울기를 그치지 않는다. 새장 앞에 거울을 갖다놓자 수놈은 거울에 비친 제 모습을 보고 제 짝이 돌아온 줄로 착각, 계속 거울을 쪼아댔다.

하지만 몇 번을 그래도 도무지 온기와 육체감이 느껴지지 않았던지 다시 슬피 울다가 마침내 죽고 말았다.

왕은 크게 공감한다. 새 왕비를 들라고 신하들이 권유하지만 그는 단호히 물리친다. 새도 그렇거늘…… 왕은 시녀조차 곁에 두지 않고 혼자 살다가 죽었다. 이 아름다운 망부사(望婦詞)는 망국 기운에 휩싸여 궁상맞게 들린다.

흥덕왕의 치적

흥덕왕은 진골 귀족들의 발호를 규제하는 일대 개혁 정치를 단행했지만 실효는 없었고, 오히려 그의 사후 근친 왕족 사이에 왕위 계승 전쟁이 발발, 3년 동안 두 명의 국왕이 희생된다.

흥덕왕은 애장왕·헌덕왕 대의 정치 개혁을 계속 추진했다. 그리고 귀족들에 대한 배려도 했는데, 834년 관등에 따른 복색(服色), 거기(車騎, 수레), 기용(器用, 그릇), 옥사(屋舍, 집규모)를 규정했는데, 관리들의 사치 풍조를 막겠다는 것이 표면적인 이유였지만 사실은 골품간의 계층 구별을 더욱 엄격히 해달라는 귀족들의 요구를 받아들인 것이다.

또 835년 김유신을 흥무대왕으로 추봉하는데, 이는 김헌창의 난 평정에서 큰 공을 세운 김유신계를 현실적으로 인정해준 조치이다.

그의 치적으로는 불교에 대한 관심과 변방에 진을 설치한 것을

들 수 있다. 완도의 청해진, 당은
에 당성진이 설치되었다. 청해진
에서 장보고가 웅지를 편 것이 바
로 흥덕왕 때다. 그러나 장보고
이야기는 후에 다루자.

827년 당에서 승려 구덕이 경전
을 갖고 들어왔다. 830년에는 150
명에게 도첩을 내린다. 차 문화도
흥덕왕 때 수입되었다. 828년 김대
렴이 차 종자를 갖고 들어오니 왕
은 그것을 지리산에 심게 했다. 그
후 차 문화가 매우 번성하게 된다.

왕들의 비극

흥덕왕이 사망했을 당시 왕자
김의종은 당에 숙위로 가 있었다.
균정이 왕위에 오르고자 입궐한다.
그는 상대등이며 왕과 사촌간이었
으므로 크게 어긋난 일은 아니다.

흥덕왕릉 무인상.

아들 우징, 매부 예징, 무진부 도독 기망이 제 군대를 이끌고 와
궁궐을 지켰다. 그런데 시중 김명이 전혀 예상 밖으로 반기를 든다.
그는 흥덕왕의 조카로 우징 덕에 시중이 된 자였다. 그런 김명이 균
정의 조카이며 우징의 6촌 형제인 제륭을 왕으로 세우고 궁궐을 포
위한다.

마침내 두 파가 전투를 전개한다. 상호 절멸전(絶滅戰)이었다. 균
정 쪽이 점차 기운다. 제륭의 부하 배훤백이 쏜 화살이 김양의 다리

에 꽂혔다.

이기지 못할 것을 직감한 균정은 아들과 김양 부하들을 황급히 탈출시키고 자신은 남아 있다가 적의 손에 죽었다. 김양은 하늘을 향해 울부짖는다. 반드시 복수하리라……

그는 산으로 피신했다. 아들 우징은 청해진의 장보고에게 의탁한다. 그러나 이 싸움은 승리한 측에 더 큰 비극을 안겨주게 된다.

제륭이 왕에 오르니 희강왕이다. 김명은 상대등, 이홍은 시중이 되었다. 희강왕은 허수아비였고 김명, 이홍의 간섭은 노골적이고 흉포하기까지 했다.

균정 일파를 완전히 소탕치 않는다고 불평을 해대던 김명과 이홍은 반란 사건을 조작, 왕의 측근들을 반역죄로 처형했다. 희강왕은 목매달아 자살한다. 838년 왕이 된 후 3년 만의 일이다.

김명이 왕위에 오르니 민애왕이다. 그의 최후는 더 비극적이다. 내분을 감지한 김양이 군사를 모으고 훈련시킨 후 청해진으로 우징을 찾아간다. 장보고의 도움을 받아 이들은 거사에 나선다.

무주를 습격, 함락하고 남원까지 진격한 그들은 군사들을 청해진

납석으로 만든 12지상. 민애왕릉 출토.

으로 돌려보내 일단 쉬게 한 후 12월에 본격적인 정벌에 나섰다.

1월 우징, 김양이 이끄는 군대는 대구까지 진격했다. 그야말로 파죽지세였다. 민애왕은 김양의 사촌형 김흔 등을 거느리고 직접 군사를 지휘했지만 역부족, 왕군은 죽은 자가 반이 넘었고 왕은 서쪽 큰 나무 아래 있다가 좌우 호위병이 다 흩어지자 홀로 행궁으로 줄행랑쳤다가 반란군에 잡혀 처단된다. 왕위에 오른 지 일년 만이었다. 민애왕. 슬픔이라. 그러나 이토록 광포한 슬픔이 어디 있단 말인가.

김양과 김유신

김양은 여러 모로 김유신과 비교되는 명장이자 현군이었다. 민애왕이 죽자 김양은 즉각 군대를 순시하며 민심 수습에 나선다.

이 전쟁은 본래 원수를 갚기 위한 것이었다. 원흉이 죽었으니 전쟁은 끝났다. 모두 일터로 돌아가 생업에 힘쓰라……. 그는 자신에게 상처를 입혔던 배훤백을 풀어준다. 너는 네 주인을 위해 나를 쏜 것이니 충신이다……. 민심은 매우 빠른 속도로 수습되었다.

김우징은 운이 좋지 않았다. 그는 왕이 된 지 단 3개월 만에 사망한다. 신무왕이다. 이홍이 처자를 버리고 산으로 도망치자 신무왕이 기병을 보내 잡아 죽였는데 꿈에 죽은 이홍이 나타나 등에 화살을 쏜 후 그 자리에 종기가 나서 죽었다고 한다. 아들이 뒤를 이으니 문성왕이다.

김양은 공을 인정받아 소판 겸 창부령으로 임명되었고 딸을 왕비로 들어앉혔다. 김유신이 멸망한 가야계 후손이라면 그는 멸망한 무열계 후손이었다. 김유신이 가야계 부흥을 꿈꾸지 않고 2인자역을 충실히 수행한 것처럼 그도 무열계의 왕권 회복을 꿈꾸지 않았다.

그가 김유신만 못한 것은 그의 시대가 전쟁과 왕권의 시대가 아니었기 때문이다. 50세에 죽으니 왕은 그를 김유신처럼 대우, 태종왕

능 안에 매장한다.

김양에 패한 사촌형 김흔은 전사하지 못한 것을 부끄러이 여겨 서면을 받은 후에도 벼슬을 고사하고 소백산으로 들어가 베옷 입고 나물밥 먹으며 중들과 교류하는 일로 여생을 보냈다.

후손들

신라 말에 이르면 김주원의 후손들은 궁예의 후고구려와 맞설 정도의 강력한 지방 호족 세력으로 성장한다. 그들은 고려가 성립된 후에도 굴복치 않다가 왕건의 끈질긴 설득을 받고 나서야 고려에 합류한다. 후백제와의 마지막 결전에서 큰 공을 세운 고려 장군 왕순식이 바로 김주원의 후손이다. 그는 왕건에게서 전답과 노비뿐 아니라 성까지 하사받았던 것이다.

문성왕은 김양이 죽은 후 한 달 뒤에 숙부 의정에게 왕위를 물려준다는 유시를 내리고 세상을 떠났다. 아들이 일찍 죽기도 했지만, 강제 폐위라는 설도 있다. 문성왕 치세를 압도하는 인물은 장보고. 그러나 그의 이야기는 다시 뒤로 미룬다.

헌안왕 김의정은 균정의 아들이고 우징의 이복동생이다. 즉위 초에 비가 오지 않고 굶주리는 사람이 많자 제방을 수리하게 하고 농사를 권장했다. 그러나 병으로 누운 지 오래되자 861년 1월 재위 5년 만에 사위 응렴(경문왕)에게 왕위를 물려주고 그 달 29일에 죽었다.

두 집안의 화해

응렴은 희강왕의 손자다. 그가 어떻게 왕 자리에 올랐을까? 불구 대천의 원수 사이인 균정과 제륭 두 집안이 어떻게 화해하게 되었을까? 그 점에 대해 이런 이야기가 전한다. 헌안왕이 임해전에서 여러 신하들에게 잔치를 베풀 때다.

응렴이 왕족으로 참석했다. 18세 청년으로 국선을 맡고 있던 그가 단연 눈에 띄었다. 왕이 묻는다. 전국을 두루 돌아다녀보니 기억에 남는 일이 있는가?

행실이 아름다운 사람 셋을 보았습니다. 고귀한 집 자제면서도 남의 밑에 있으려는 사람, 부자이면서도 비단이 아니라 모시와 베옷으로 만족하는 사람, 권력을 누리면서도 남을 억압하지 않는 사람……

국가의 대의를 위해 집안이 화해하자는 뜻이었던가? 왕이 고개를 끄덕이며 왕후와 뭐라 의논하더니 응렴에게 말한다. 내게 딸이 둘 있는데 아내로 주고 싶다……

언니는 20세, 동생은 19세. 응렴은 얼굴 예쁜 둘째 공주가 마음에 들었다. 하지만 언니를 두고 어떻게? 그는 자신의 낭도였던 흥륜사 승려에게 자문을 구했다. 불교가 마지막으로 신라를 돕는다. 언니를 맞으면 세 가지 이익이 있고 동생을 맞아 오면 세 가지 손해가 있을 겁니다……

응렴은 큰 딸을 택했다. 그후 석 달이 지나자 왕이 병으로 죽는다. 선왕 유언으로 왕위에 오른 응렴, 경문왕은 둘째딸도 왕비로 삼았다. 두 집안은 그렇게 화해했다.

세 가지 이익이란 무엇인가? 승려가 대답한다. 첫째 딸을 맞아 왕의 총애가 깊어진 것이 하나요, 왕이 되신 것이 둘이요, 둘째 공주도 아내로 삼으셨으니 셋입니다…… 가장 큰 것은 왕권을 둘러싼 두 집안간의 반목이 없어진 것이었다.

경문왕의 기이(奇異)와 행복

그러나 경문왕도 결코 행복한 왕은 아니었다. 귀족들의 반란이 끊임없이 벌어진다.

처벌을 강화시켜 단순 사형에서 마차 두 대로 양다리를 찢어 죽이는 끔찍한 거열형(車裂刑)으로 바꾸었지만 사회 전체가 흉흉해졌을 뿐 나라를 안정시키는 데 도움이 되지는 않았다. 흉년이 계속되고 유행병까지 번졌다.

왕은 갈수록 백성들과 유리되었다. 황룡사 개축 및 궁궐 개축은 백성들의 원성을 샀다. 왕을 둘러싼 이상한 소문들이 번지기 시작한다. 왕이 혀를 날름거리는 뱀들로 온몸을 덮어야만 잠을 편히 잔다는 것이다.

그는 거꾸로 편안한 잠자리조차 위협받았던 것이 아닐까? 전세계적으로 번지던 '임금님 귀는 당나귀 귀' 이야기가 한반도에서는 바로 신라 경문왕 대에 발견된다.

경문왕은 불교에 비교적 많은 관심을 보였지만 국학 진흥에도 힘을 기울였고, 864년 국학에 행차 박사로 하여금 경전을 강론케 하였다. 이것은 그가 즉위 초 나라를 잘 다스려보려는 의지에 가득 찼다는 표현이겠다.

이때 왕의 정치를 도운 사람들 중에는 국선 출신이 많았다. 이들은 전국을 유람하며 은근히 왕을 위한 치국의 노래를 짓고 이를 다시 대구 화상에게 보내 노래로 짓게 하였는데 경문왕이 이를 듣고 크게 기뻐했다고 한다.

즉위 초인 861년 대사면을 실시했고, 866년 아버지 계명을 의공대왕으로 봉하면서 왕자 정을 태자로 삼았다. 그러나 중기 이후에는 반란의 연속이다.

가족 관계는 매우 행복했던 편이다. 아들 정이 헌강왕에, 황이 정강왕에, 그리고 딸 만이 진성여왕에 오르고, 동생 위홍은 각간에 오른다. 그러나 이들 왕가의 행복은 결국 눈물이 고여 육욕으로 썩는 보금자리로 낙착되고 만다.

기이와 행복. 르 두에니
에 루소, <뱀을 홀리는
자>.

슬픔이 썩다

헌강왕은 아버지 경문왕의 정책을 그대로 이어받았다. 879년 신홍
등이 반란을 일으켰으나 곧 진압되고 그후 신라는 태평성대를 맞았
다고 한다.

880년 왕이 월상루에 올랐을 때 신하들이 '서울 사방의 집들은 볏
짚이 아니라 기와로 이어졌고 장작이 아닌 숯으로 밥을 짓는다'고
아뢰었다는 이야기이다. 그러나 이 과장은 그 토대가 거대한 슬픔
(평민들의 고충)이라서 더 외양이 화려하고 예술지상주의적이며 춤
으로 표현되면서 무언가 농익은 것이 흐트러지는, 부패 직전의 과장
이다.

879년 왕이 동쪽 주군을 수행할 때 정체 모를 네 사람이 어가를
따르며 춤을 추는데 산과 바다의 정령(精靈)이었다고 한다. 왕이 포
석정에 나갔을 때 다시 남산신이 나타나 춤을 춘다. 또 금강령에 갔
을 때는 북악신과 지신이 나와 춤을 춘다. 마지막 춤은 예언적이다.

지리다도파(地理多都波)……. 춤을 추며 그랬는데 이게 무슨 뜻인
가. 지혜로 나라를 다스리는 사람이 미리 알고 도망치니 도읍이 장
차 파괴된다는 뜻이다. 이러한 과장의 예술, 예술의 과장의 절정이
바로 <처용가>이다. 그 이야기 또한 뒤로 미루자.

886년 봄 보로국과 흑수국 사람들이 통교를 청해왔다. 헌강왕은
중국 당나라 및 일본과 교섭을 꾀하기도 했다.

여왕의 추한 성(性)

정강왕은 재위 기간이 매우 짧았다. 그 기간 동안 그는 이찬 김요
의 반란을 겪는다. 그뒤를 이은 진성여왕은 골격이 대장부 같았지만
무능한데다 정숙하지 못한 여왕이었다.

그렇다. 진성여왕은 선덕여왕의 정반대이다. 선덕을 통해서 성이
불교적 아름다움을 매개삼아 성으로 상승했다면 진성여왕에서 성이

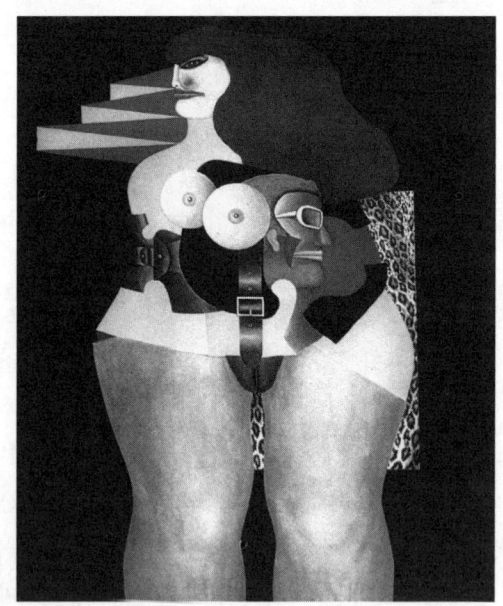

슬픔이 썩다. 리처드 린드너, <레
오파드 릴리>.

추의 육욕으로 전락한다. 그것이 신라 자체의 멸망을 상징함은 물론이다.

즉위 초년에는 그녀도 개혁 의지를 보였다. 일년 간 주와 현의 조세를 면제하고 황룡사에서 법회를 연다. 그에게 큰 힘이 되어준 사람은 각간 위홍. 여왕의 작은 아버지이자 유모 남편으로 우리에게는 향가집 《삼대목》의 편찬자로 더 잘 알려진 인물이다.

그런데 여왕이 그 위홍과 공공연하게 정을 통한다. 물론 신라 왕조의 근친혼 풍습으로 보아 놀랄 일은 아니었다. 그러나 위홍이 사망하면서 정치 기강이 매우 해이해지게 된다.

진성이 미소년 두세 명을 침소로 끌어들이고, 그러던 어느 날 서울 시대 한복판에 익명의 대자보가 나붙는다. 여왕의 정치 행태를 신랄하게 또 논리정연하게 비판하는 내용이었다. 범인이 누굴까?

필시 정부에 불만이 많은 낙향 문인의 소행일 것입니다……. 근래 대야주에 왕거인이란 자가 은퇴해 살고 있다 해서 그를 압송해왔다. 일사천리로 재판이 진행되고 왕거인은 형 집행 날짜를 기다리는 신세가 되었다. 그는 하도 억울해서 감옥 벽에 시를 썼다.

> 우공 통곡에 삼 년을 가물고
> 추연 슬픔에 오월 서리로다
> 오늘 내 근심 그와 같아라
> 하늘은 말이 없고 아득해라

국가 권위의 추락

그날 저녁 갑자기 안개가 끼고 천둥우박이 쏟아졌다. 여왕은 겁이 덜컥 나서 왕거인을 석방했다. 그의 무죄를 믿는 백성들의 원성이 그만큼 자자했으리라.

여왕은 왕으로서의 권위마저 위협받는 지경에 이르게 된다. 888년부터 주 군에서 세금 바치기를 거부하니 국고가 바닥난다. 관리를 각지로 보내 세금을 독촉하니 오히려 사방에서 농민들이 더욱 거세게 저항, 각지에서 반란이 일어났다.

원종과 애노가 사벌주에게 일으킨 반란이 가장 규모가 컸다. 진압 책임자로 파견된 영기가 적진에 이르러서는 겁을 먹고는 도망치고, 정작 그 지역의 촌로 우연이 사력을 다해 싸우다 전사한다.

여왕은 당장 영기를 베어죽이고 우연의 어린 아들에게 그 직책을 물려주었다. 그러나 농민들의 반란이 그치지 않고 그 세력이 날로 커졌다. 이 농민 반란의 대표적인 지도자 궁예와 견훤이 후고구려와 후백제의 건국을 선포하기에 이른다.

여왕은 혼란한 정치를 바로잡을 새로운 인물을 찾았다. 그녀가 찾아낸 인물이 바로 최치원이다. 그러나 여기서 12명의 신라 왕을 다룬 이 장을 끝내자. 최치원은 별도로 다루어야 한다. 내란기와 더 지루한 멸망기를 치러내는 것은 진성여왕이 아니고 바로 최치원이다.

이제는 12명 왕들의 치세를 체로 걸러내지 않고 압축으로 장악해 볼 때이다. 그러면 무슨 이야기들이 심화·확대되어 나오는가. 최치원은 그 이야기들의 마지막 장에 다시 등장할 것이다.

장보고 10장

바다의 왕, 육지의 사람들

장보고는 아마도 김유신과 같은 비중의 기여를 신라 왕실에 할 수 있을 거였다. 그것을 가로막은 것은 귀족들의 보수적인 신분관말고도 바다에 대한 경제·전략적 이해가 부족했다는 점도 있다. 사실 멸망의 관점에서 보자면, 후자가 더 근본적인 이유였다. 통일신라의 국가 토대를 정치·경제적으로, 또 국제적으로 강건하게 해주었을 장보고가 거꾸로 신라 멸망을 재촉한 지방 호족 세력의 대표적인 사례로 자리매겨지는 것이다.

한반도의 바다

중국과 한반도는 육지로 이어지면서 바다가 그 이어짐의 겨드랑이를 거대하게 파먹어 들어간 형세다. 그런 중국·한국과 일본은 바다로 막막하게 분리되어 있고, 그 사이에 울릉도, 독도, 대마도, 제주도 등 섬이 순서대로 크기를 키워가며 막연한 그리움이랄까 희미한 연계 의지랄까, 그런 것을 표현하는 형세다.

일본은 섬나라이다. 이 시기 일본사는 반 이상이, 좋게 말하면 해양 개척사이고 나쁘게 말하면 해적사이다.

고대 그리스·로마 시대가 그랬고, 대서양 지역 바이킹이 이 시기에 그러고 있으며, 곧 그 대서양을 놓고 스페인과 영국, 그리고 네덜란드가 주도권 다툼을 이어갈 것이다.

중국은 대륙이 너무 크므로 바다 원정에 큰 관심을 표하지 않았다. 중국의 해외 원정은 대부분 산맥과 평원, 그리고 사막을 통로로 이루어졌다. 한반도 정벌 때도 육군에 비해 수군의 수는 적었다.

이제까지 한반도에게 바다는 개척해야 할 영역이라기보다는 '왜구'를 수시로 실어보내는 무방비 상태의 허허벌판이었다. 물론 바다 너머에 대한 동경이 있었고, 그 동경심을 채우러 바다 너머로 직접 간 사람들은 많았다. 하지만 바다 자체를 단순한 통로가 아닌 삶의, 혹은 세력 확장의 터전으로 생각하지는 않았다.

장보고의 바다

이 시기 한 인물의 출현으로 한반도 사람들의 바다에 대한 인식 자체가 달라진다. 장보고. 청해진의 제왕. 미천한 평민 출신인 그로 인해 바다가 육지 못지않은 거점으로 돌변했다.

평민 신분이라는 제약만이 만년에 그를 좌절시킨 것이 아니다. 더 중요하게 보수적인 육지 중심적 사고에 희생된 것이다.

장보고의 본명은 궁복 또는 궁파다. '활 잘 쏘는 사람'이란 뜻이다. 어려서부터 무예에 뛰어났고 물에 익숙했다. 어릴 적부터 정년이라는 친구와 어울렸는데 장보고가 나이가 많았지만 무예는 정년이 더 뛰어났다.

둘은 골품제 때문에 출세길이 막히자 청년기 때 함께 당에 건너가 서주 무령군에 입대, 둘 다 장교가 되었다. 절도사가 할거하던 때다. 그는 지방 군벌들의 군대 양성 방법을 눈여겨보고 습득해두었다. 그는 심지 굳은 신라인이었다.

애국심과 야망

당시 산동성 등지에 신라방이 있었음은 이미 밝혔다. 이 당시 신라인들은 숫자도 많았고 매우 활동적이었다.

연안 운송업과 상업에 종사하는 자는 물론 양주, 소주, 명주 등지에서 아라비아, 페르시아 상인들과 교역하는가 하면, 활동 범위를

장보고의 바다. 알렉산
드로 마냐스코, <도적을
쫓는 해골들>.

더 넓혀 중국·신라·일본 간 국제 무역에 뛰어든 경우도 많았다.

이러한 현상은 장보고를 자극하기에 충분했다. 바다와 병법을 모두 알았던 그의 가슴에 원대한 야심이 들어서기 시작한다. 그러나 결정적인 계기는 애국심이었다. 당나라와 신라 모두 중앙 집권력이 이완되고, 흉년과 기근이 계속되고, 각지에서 도적이 횡행한다. 가장 많은 피해를 입은 것은 신라인들.

바다에서 해적이 출몰, 본토 신라인들을 잡아다가 중국에 노예로 팔고, 신라 무역선도 해적의 위협을 받는 등 신라는 이중의 고통을 받았고 그 참상의 현장에 있던 장보고는 스스로 해상권을 통괄하는 독자 세력을 키워 국제 무역을 벌이고 신라인들을 보호하겠다는 야망을 불태우게 된다.

중앙과 변방

그는 828년 신라로 귀국한다. 장연은 그냥 당나라 장교로 눌러앉았다. 흥덕왕 3년 때다. 그가 왕에게 주청을 올린다. 남해 해상 교통의 요지인 완도에 해군기지를 건설하여 황해 무역로를 보호하고 해적을 근절시킬 것을 원하옵니다……

홍덕왕은 흔쾌히 승낙한다. 손해볼 것은 없었다. 진골 귀족간 대립이 심하고 급기야 귀족 연립 정권적인 성격까지 띠게 된 중앙 정부로서는 거기까지 손을 뻗칠 힘이 없었다. 장보고는 이를테면 대신 변방을 지켜줄 자원병쯤 되는 셈이었다.

그러나 장보고의 세력 확장은 매우 빨랐다. 그는 지방민을 규합하는 듯하더니 삽시간에 1만 명의 군사를 거느리고 완도에 청해진을 건설한다. 그는 신라에 대해서는 애국적이었지만 현 왕정에 대해 충성적인 입장은 아니었던 것이다.

그의 국가관이 매우 진보적이었음을 보여주는 대목이다. 812년(헌덕왕 7년) 흉년이 들자 굶주린 자 170여 명이 바다를 건너 중국 저장 지역에 먹을 것을 구하러 갔다.

일본으로는 3백여 명이 건너간다. 중앙 정부의 통제력이 이완된 상태에서 흉년이라도 들면 숱한 빈민들이 바다를 향했다는 이야기이다.

그런 빈민들을 규합하고 인재들을 불러모으며 청해진은 독자 세력의 성격을 굳혀갔다. 이것은 각지에 호족이 등장하던 추세와도 맞물리면서 동시에 그 추세의 선두에 서는 과정이다.

최강의 호국 세력

자신이 평민 출신이므로 장보고는 신분제에 구애받지 않고 인재들을 등용했다. 장보고는 점차 최강의 호족 독자 세력으로 등장한다.

조정에서 그에게 내린 청해진 대사라는 직함은 신라 관직 체계에는 없는 벼슬이었다. 그는 청해진을 건설한 후에 곧바로 해적 소탕에 착수, 동지나해 일대의 해상권을 장악했다. 그리고 당·신라·일본을 잇는 국제 무역을 주도해 나갔다.

752년, 그러니까 장보고가 한·중·일 간 해상권을 장악하기 약 80년 전 기록을 보면 일본은 신라 상인들에게서 구리, 거울 등 금속 제품, 화전 등 모직물(신라산), 그리고 향료, 염료, 안료(당 및 동남·서아시아산)를 구입했다. 그리고 신라 상인은 그 대가로 풀솜과 비단을 가져갔다.

당나라에는 삼국 통일 전에 주로 토산품이 수출되다가 통일 이후 고급 직물 및 비단, 그리고 금은 세공품이 수출되었다. 동남·서아시아산 물품들이 신라 상인의 중계 무역으로 수입되어 신라 귀족들의 애용품으로 자리잡았다.

장보고의 무역선은 이러 기존의 물품들 외에 피혁 제품 및 문방구류까지 거래하였다. 강력한 군대와 수많은 선박을 보유하고 부를 축적, 강력한 지방 세력으로 성장한다. 그는 또 중국 산동반도에 법화원이라는 큰 절을 세워 중국 내 신라인들의 정신적인 지주 역할을 하게끔 하였다.

옛 정

이쯤 되자 옛 친구 정연이 그를 찾아온다. 그는 군대를 그만둔 뒤 마땅한 일자리를 찾지 못해 생계가 어려운 처지였다. 어떻게 보면 라이벌이었을 그를 장보고는 반가이 맞았다. 그리고 그에게 막강한 직책을 맡겼다.

이때 그는 중앙 정부의 정치적 분쟁에도 관여할 만큼 성장한 상태였다. 김우징이 836년(흥덕왕 11년) 왕위 계승 전쟁에서 패배한 후 장보고에 몸을 의탁하였다가 838년 장보고의 강력한 지원을 업고 대반격 마침내 왕위에 오르게 된다.

그 결과를 우리는 이미 보았다. 중앙 정부에 대한 그의 영향력이

진흙으로 만든 말탄 여인상.
투루판제, 8세기.

매우 강대해졌음은 물론이다.

국제적인 세력

신무왕 김우징은 장보고를 식읍 2천 호에 봉하고 감의 군사로 삼았다. 신무왕이 죽자 문성왕이 그를 장군으로 승진시킨다. 장군은 진골 출신에게만 주어지는 각 부대 최고 지휘관 직책이다. 실로 파격적인 인사였다.

이즈음에 그는 외교 교섭까지 시도, 840년(문성왕 2년) 그는 무역선과 함께 회역사를 파견, 일본 조정에 서신과 공물을 보낸다. 일본은 국제 관례에 따라 이것을 거부했다. 그러나 무역은 계속되었다.

당나라에는 견당매물사가 인솔하는 교관선을 보내어 교역을 활발히
했다.

'회역사' '견당매물사' 등의 칭호가 붙은 교역 사절은 그가 일반
무역상이 아니라 독자 세력으로 행세했음을 보여준다. 이것은 결코
허장성세가 아니었다. 일본 지방관과 승려가 자신들의 귀국을 보살
펴줄 것을 그에게 탄원하는 서신이 남아 있다. 그의 위세가 국제적
으로 인정받고 있었음을 보여주는 명백한 증거다.

왕권과의 충돌

그의 세력이 걷잡을 수 없게 커가자 신라 중앙 정부는 점차 장보
고를 위협 인물로 간주하게 되었다. 길은 두 가지였다. 장보고의 딸
을 왕비로 맞아들여 그를 친위 세력으로 거느리거나 아니면 제거하
거나.

왕비 책봉을 가장 강력히 반대한 것은 의외로 김양이었다. 보고는
일개 섬 출신 평민이다. 그자의 딸이 어찌 감히……. 아, 명장 김양
이 이리 보수적이며 시야가 협소한 인물이었던가. 나라의 앞날을 내
다보는 눈이 그토록 맹목 상태였단 말인가.

어쨌거나 혼사는 없던 일로 되고 장보고는 격분했다. 그리고 중앙
귀족들은 장보고를 없앨 계획을 구체적으로 논의하기 시작했다. 결
전이 임박했고 중앙 정부는 장보고의 세력을 당해낼 힘이 없었다.
자객을 보내자……

적임자로 뽑힌 자는 염장. 그는 장보고의 은혜를 많이 입은 사람
이다. 보잘것없는 그를 뛰어난 군인으로 만든 것도 장보고였고, 그를
중앙에 진출시킨 것도 장보고였다.

승진 약속을 받고 장보고를 배신하기로 마음먹은 염장이 말한다.
한 명의 군사도 필요없습니다. 맨주먹으로 보고의 목을 베어 오겠습

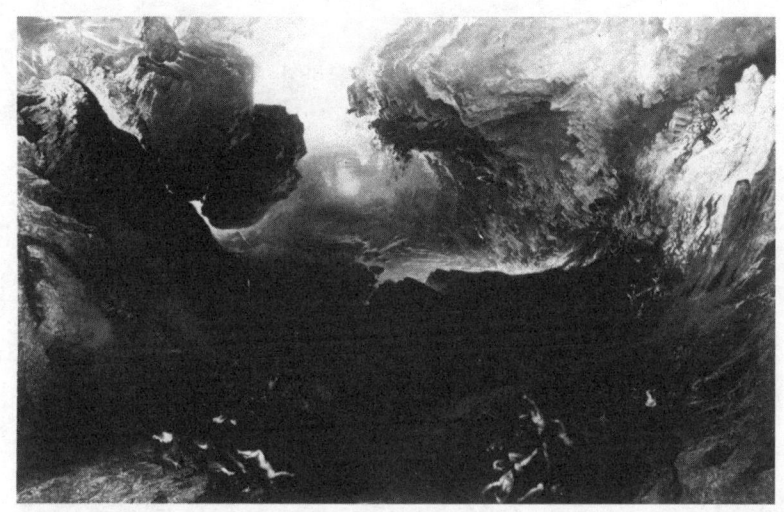
왕권과 충돌하다. 존 마틴, <위대한 분노의 날>.

니다……

배신

그는 장보고의 약점을 간파한 것이다. 염장은 왕에게 잘못을 저질러 도망쳐왔다 했고, 장보고는 그를 아무 의심 없이 귀한 손님으로 맞았다. 이제 다시 비극적인 이야기가 전개된다.

며칠 후 여느 때처럼 술자리가 무르익었다. 장보고는 대취한 상태였다. 염장이 그날따라 연신 술을 권했던 것이다.

장보고는 급기야 자리에 쓰러져 잠이 드는데 이때 장보고의 딸 난화가 문틈을 통해 방 안을 들여다보고 있었다. 중앙에서 왔다던데, 나를 데려가려고 온 사람이 아닐까…….

그녀는 그런 생각에 얼굴에 홍조를 띠고 조바심이 나서 귀를 기울였을 게다. 그런데 염장이 갑자기 칼을 뽑더니 곯아떨어진 장보고의 가슴을 쑤신다.

혼비백산한 난화가 정신을 겨우 수습하고 문을 박차고 뛰어들었지만 그녀마저 염장의 칼에 목숨을 빼앗긴다. 그러나, 그렇다. 그때 염장은 신라의 열린 미래와 함께 신라의 힘인 아름다움의 맥을 끊은 것이다. 장보고의 죽음으로 신라의 멸망은 돌이킬 수 없는 운명이 된다.

청해진, 그후

장보고가 암살된 후에도 청해진 세력은 그 아들과 부장 이창진에 의해 얼마 동안 유지되었다. 일본에 무역선과 회역사를 보내는 일도 계속된다. 그러나 염장이 다시 토벌군을 이끌고 들이닥쳤다. 그 토벌 작전에 청해진은 완전히 궤멸된다.

851년(문성왕 13년) 청해진 주민이 벽골군(전북 김제)으로 강제 이주되면서 청해진 자체가 없어지고 바다는 다시 건너야 할 심연으로 복고(復古)된다. 살아서 신라의 열린 미래가 될 수 있었을 장보고는 죽어서 각 지방 호족 세력의 선구적 존재가 되었다. 물론 청해진 신화와 함께.

이후 여러 지역에서 해상 활동으로 성장한 지방 세력이 대두하지만 이들은 대부분 중앙 정부와 무관하게 지냈다. 뿐인가. 심한 경우 정부 사신까지 약탈한다.

육지 귀족의 참상

정연만 장보고와 대비되는 것이 아니다. 그리고 육지의 왕실 지배 계급만 장보고의 해상 세력과 대치되는 것이 아니다. 장보고가 해상의 참상을 보고 울분을 삼키며 원대한 꿈을 키울 때 육지에서는 효자한 명이 살았다. 어찌 한 명뿐이겠는가. 그 이야기 또한 참상이다.

손순은 모량리 사람이다. 아버지가 돌아가신 후 그는 아내와 함께 남의 집에 품을 팔아 어머니를 봉양했다.

어머니가 손주를 귀여워하여 자신의 밥을 먹이고 어린 손주는 그저 좋아 할머니 곁을 떠나지 않았다. 어머니가 굶주리는 것을 보다 못한 부부는 몇 날 며칠을 고민하다가 급기야 자식을 파묻기로 결정한다.

아이는 또 얻으면 되지만 어머니는 한 분뿐 아닌가…… 부부가 아이를 취산 북쪽으로 데려간다. 아이를 묻으려고 땅을 파니 돌종이 나왔다. 그 종은 매우 아름다운 소리를 냈다. 여보 돌아갑시다. 이 종을 얻은 것은 이 아이의 복입니다……

부부는 종을 들보에 매달고 두드렸다. 그 종소리가 대궐에까지 닿는다. 왕은 그 은은한 소리에 마음이 끌려 사신을 보내 알아보게 하였다.

저간의 기막힌 사연을 사신에게 전달받은 왕은 크게 감동, 눈물을 흘리며 포상으로 집 한 채를 내렸다. 그리고 해마다 벼 50석을 주게 했다. 손순은 무산 대수촌장 구례마의 후손이다.

그는 가세는 기울었지만 엄연한 육두품 귀족 신분이었다. 모량부 손씨로서 이름이 전하는 것은 구례마, 진평왕 후비 승만부인, 그리고 손순뿐이다.

처용가, 그 앞의 노래와 그후의 설화

11장

노년의 꽃, 추의 섹슈얼리티, 멸망의 미학, 그리고 남은 사람들

노년, 아름다움, 해탈, 춤의 육체성과 정신성, 이런 개념들을 활용하면 우리는 단지 <처용가>와 <헌화가>의 문학적 세계뿐 아니라, 이 시기 신라의 사회·심리적인 정황을 좀더 깊게 이해할 수 있다. 아울러 일본이라는 나라도 보다 감각적으로 이해할 수 있게 된다. 요는, 멸망의 기운이 신라 특유의 현실적인 영원 희구 능력에 어떤 지층 혹은 겹을 새로 첨가하는가이다. 작금의 '현대적인' 혹은 포스트모던적인 징후들과의 유사성도 흥미롭다.

음탕과 기괴

 서울 밝은 달 아래 밤 이슥토록 놀다
 들어와서 잠자리를 보니 가랑이가 넷이다
 둘은 내 것이었는데 둘은 뉘 것인가
 원래 내 것이지만 빼앗긴 것을 어찌하랴
 ―<처용가> 전문

 이 음탕과 해탈의 노래는 춤과 더불어 불려지므로 더욱 기괴하다.
그리고 이 노래가 태어난 연유를 알면 더 기괴하리라. 서라벌 사방
에 온통 기와집뿐인 '태평성대' 헌강왕 때 이야기이다.

해탈의 춤과 역신

 왕이 개운포(울산 세죽)에서 놀다가 돌아오는 길이었다. 갑자기 구

름과 안개가 짙게 끼여 눈앞이 보이지 않는다. 용의 조화입니다……. 일관이 아뢰었다. 그러면 어찌해야 하는가…….

길을 잃은 왕이 묻자 일관은 근처에 용을 위해 절을 세우라고 권한다. 그렇게 하라……. 왕이 명령이 내리자 안개가 말끔히 걷혔다.

그래서 지명이 개운포. 그런데 용이 아들 일곱을 거느리고 눈앞에 나타나 왕의 공을 춤과 연주로 칭송한다. 정말 노래 다음에는 춤인가. 하지만 이 춤이 육체를 흔들며 마침내 불교의 오묘한 조화까지 뒤흔들게 되는 것을. 어쨌거나 그 가운데 한 아들이 왕을 따라 서울로 들어와 정사를 돕게 되었는데 그가 바로 처용이다.

왕은 처용에게 아리따운 여자를 주고 급간 벼슬도 내렸다. 그런데 역신(疫神)이 그녀의 아름다움에 반하여 사람의 모습으로 변해서 처용의 집으로 들어가 그녀와 살을 섞는다.

처용이 밤늦게 들어와 보니 두 사람이 같이 있었다. 이때 그가 불렀던 노래, 아니 부르면서 춤을 추며 물러났던 노래가 바로 <처용가>다.

이야기를 계속하자. 역신은 처용이 관대하고 질투나 소유욕 같은 욕망으로부터 자유로운 것에 크게 감동, 앞으로는 처용의 얼굴 그림만 보아도 그 문에 들지 않겠다고 맹세하며 물러난다. 이 일이 있은 후 신라 사람들은 처용의 모습을 문에 붙여 역신을 물리쳤다 한다.

무당 처용

울산 세죽은 깊은 산골짜기로 바닷물이 들어와 마치 강처럼 흐르는 희귀한 지형의 포구다. 바다 가운데 커다란 바위가 솟아 마치 큰 배가 떠가는 것처럼 보이는데, 지금도 그 바위섬을 처용 바위라고 부른다. 그때 용을 위해 헌강왕이 지은 절 이름은 신방사(新房寺). 지금은 망해사라 부른다.

처용이 당시 울산 지방에 할거하던 호족의 아들이라고도 하고, 혹자는 신라에 내왕하던 아라비아 상인이라고 한다. 그럴 수도 있다. 당시 호족은 많았고, 아라비아인뿐 아니라 아메리카 인디언이 왔단들 놀랄 게 무엇인가. 그러나 이 이야기에서 처용의 역할은 처음부터 끝까지 역신을 쫓아내는 무당이다.

일본풍

그렇다. 그런데 왜 역신이 아름다움을 범하는가? 왜 추가 아름다움을 범하고 그것이 추의 에로티시즘을 낳지? 아니, 어디서 일본과 이어지는가. 역신은 혹시 일본풍을 뜻하는 것 아닐까, (신라로 보자면) 바닷물에 적신 해적의, 게다짝의, 추의 섹슈얼리티로서?

그렇다면 처용 설화는 분명 멸망의, '흔드는' '흔들리는' 춤의 미학에 대한 반영이다.

처용가에 담긴 멸망의, 그리고 일본풍의 미학으로서 '추의 섹슈얼리티' 혹은 포르노적인 에로티시즘은 그보다 훨씬 전에 탄생한 <헌화가> 및 그에 얽힌 이야기와 비교해볼 때 매우 두드러지게 다가온다.

역신과 간통하는 아름다운 아내의 섹슈얼리티는, 노인의 미녀 희롱보다 더 추하고, 추하면서 에로틱하다!

아득하고 아찔하고 아름답다

헌강왕보다 170여 년 전인 성덕왕 때다. 순정공의 아름다운 처 수로부인이 강릉 태수로 부임해 가다가……. 아, 수로부인. 수로부인? 수로부인! 어지러워라. 구지가의, 가야의 수로부인이 지금 또다시 강릉으로 가고 있는가?

가고 있다. 강릉으로 가다가 부임 행차 대열이 해변에서 점심을

꽃을 바치다. 미켈란젤로, <레다와 백조>.

먹게 되었다. 시간뿐 아니라 공간도 해변이 참으로 길기도 하다. 태수가 부임을 하기는 할 참인가.

그리 아득하건만 천길 아찔 벼랑의 돌산 봉우리들이 병풍처럼 바다에 닿아 있고 그 꼭대기에 새빨간 철쭉이 흐드러졌다. 아득하고 아찔하고 아름답다. 그렇건만 수로부인이 아름다움은 끝을 모르고 솟구친다는 듯이 붉은 한숨을 뱉는다.

아아, 누가 저 꽃을 꺾어주었으면……. 까마득한 이야기이다. 이 여자가 도대체. 사람들이 모두 난감해 하고 있는데 마침 그 곁으로 암소를 끌고가던 한 노인네가 그녀의 말을 듣고 직접 꽃을 꺾어서 바친다. 그 '노인'이 부르는 노래가 <헌화가>다.

붉은 바위 끝
제 암소 잡은 손 놓게 하시고
부끄럽지 않으시다면

꽃을 꺾어 바치리이다

아름다움의 무당

수로부인 또한 무당인가? 그럴지도 모른다. 그러나 그녀는 강건한 아름다움의 무당이다. 그 아름다움이 남자의 노년조차 구원한다. 그리고 가장 중요하게 (가야) 멸망의 슬픔을 깎아지른 아름다움으로 전화시키고 거느리며 구사한다.

수로부인을 구원한 노년이 역신을 용서한 젊음보다 완고하지 않고 강건하게 느껴지는 까닭이다. 성덕왕 대는 신라 문화가 부흥기를 향해 부상하고 있었다. 헌강왕 대는 신라 문화가 비록 농익었다고 하나 그것이 너무 지나쳐 변질되고 있을 때다.

헌강왕 대는 자연적인 젊음 자체로는 문화를, 문화의 국가를 회춘(回春)시키기에는 너무 늦은 단계였던 것이다. 수로부인은 관음보살의 이면(裏面)인가? 아니다, 관음보살의 독한 향기다.

거타지 설화

거타지 설화는 진성여왕 대에, 즉 멸망의 문란한 자궁 속에서 태어난 것이다. 그 외양은 검소하지만 모종의 미래랄까 희망이랄까 의미랄까(개인적인 차원이든 국가적인 차원이든) 그런 것과의 거리는 돌이킬 수 없이 멀다. 될 수 있는 대로 해석을 삼가고 설화를 기술해보자.

진성여왕 때 왕의 막내 아들인 아찬 양패가 당나라에 사신으로 가게 되었을 때 백제 해적들이 발호한다는 소문을 듣고 호위 궁사(弓師) 50명을 뽑았다. 그 50명 중에 거타지라는 사람이 끼여 있었다. 사신 일행을 실은 배는 중도에 풍랑을 만나 외딴 섬에 정박한다.

섬 안에 신지(神池)가 있다. 제사를 지내야 풍랑이 멎는다…… 일

사자와 공작을 새긴 돌.
중앙아시아 미술 양식.

관이 그런다. 일행은 그 못에 제사를 지냈다.

그날 밤 양패의 꿈에 한 노인이 나타나 '활을 잘 쏘는 사람 한 명
만 남겨놓고 떠나라.'고 말했다. 그러면 순풍을 얻으리라는 것이다.
날이 새고 양패의 명에 따라 섬에 남을 사람 한 명을 뽑는다.

망측하고 요상한 사연

나무쪽 50개를 만들어 각자의 이름을 쓰고 물에 띄우니 '거타지'
나무쪽이 유독 잠겼다. 일행은 그를 남기고 모두 떠났다. 혼자 남은
거타지가 두려움과 근심에 안절부절못하는데 홀연 한 노인네가 못
한가운데서 나온다.

나는 서해의 신이다. 그런데 매일 일출 때마다 하늘에서 한 중이
내려와 진언(眞言)을 외며 못을 세 바퀴 도는데…….

그 다음 사연은 망측하고 요상하다. 중이 그러면 서해 신과 가족
이 모두 물 위로 둥둥 뜨게 되고 중은 그럴 때마다 그 자식들 중 한
명의 간을 빼먹는다.

그러다 보니 이젠 서해 신 부부와 딸 하나밖에 남지 않았다는 것

이다. 내일 아침에도 그 중이 나타날 것이니 그때를 놓치지 말고 활로 쏘아 죽여다오…….

거타지는 쾌히 승낙했고 노인은 연못 속으로 다시 들어갔다. 이튿날 숨어서 보자니까 과연 그랬다. 중이 늙은 용의 간을 먹으려는 순간 거타지가 화살을 날렸다. 화살은 중의 몸에 정통으로 꽂혔고, 중은 화살에 맞는 순간 늙은 여우로 변하더니 땅에 떨어져 죽었다.

고맙소, 젊은이……. 노인은 보답으로 자기 딸을 아내로 주겠다고 한다. 거타지가 좋다고 하자 노인은 딸을 꽃가지로 변하게 한 후 그의 품 속에 넣어주고 용 두 마리로 하여금 거타지를 받들게 한다.

두 용은 거타지를 사신 일행이 탄 배까지 데려다주고 다시 배 전체를 당나라까지 호위해주었다.

당 황제는 용이 떠받들고 왔다는 소리를 듣고 사신 일행을 성대히 대접하고 후한 상까지 내렸다. 고국에 돌아온 거타지는 품에서 꽃가지를 꺼내 여자로 변하게 한 후 그녀와 행복하게 살았다.

절망적

이 설화에는 중, 노인, 꽃, 여인이 모두 등장한다. 그리고 해피엔딩이다. 그러나 스토리의 세계관 전체는 절망적이고 비관적이다. 중과 간 빼먹는 여우가 혼동되고, 진언과 주문이 혼동된다. 살아 있는 육과 성(性)의 여자가 말라비튼 꽃가지로 변한다. 신비(神秘)가 상(賞)과 혼동된다.

아니, 서해 신이 늙은 여우만 못하며 아름다움은 '보관을 위한' 말라비틈만 못하다. 신라의 신비는 당의 상찬만 못하고, 그러므로 의미는 행복만 못하다. 그러나 행복은 죽음만 못하다.

자, 그랬던가. 이 장의 결론이자 부록으로 이 멸망기의 나머지 사람들 이야기를 덧붙인다. 그리고서야 우리는 구시대의 거목 최치원

깎아지르다. 레옹 스필리에르, <수
직>.

과 새 시대의 기운을 만날 수 있다.

거지와 국사

정수는 애장왕 때 활동한 승려. 황룡사에 살았다. 어느 겨울날 저
녁이었다. 그는 삼랑사에 갔다가 돌아오는 중이었다. 길이 온통 눈에
덮였다.

그가 천엄사에 이르렀는데 웬 여자 거지가 아기를 낳고 누워 있
다. 엄동설한에 그러고 있은 지 오래되어 정신을 잃었고 얼마 안 되
어 곧 죽을 것 같았다.

그는 그녀가 가엾어서 몸으로 안아주었다. 여자는 곧 소생했다.
정수는 옷을 벗어 그녀를 덮어주고 알몸으로 황룡사에 돌아왔다. 그

리고 볏짚으로 몸을 덮고 밤을 지낸다.

그런데 그날 밤 궁중 뜰 하늘에서 이상한 소리가 들린다. 황룡사 중 정수를 왕의 스승에 봉하라…… 아, 관음보살도 국사도 신라 망국에 이르러 고생 많다. 이 무슨 누추 일색이란 말인가.

절도와 불심

승려 심지는 헌덕왕의 아들이다. 어릴 적부터 효심이 지극했고 우애가 돈독했으며 천성이 맑고 지혜로웠다. 15세에 머리를 깎고 출가, 부지런히 불도를 닦았다.

그가 중악(소공산)에 머물 때 이런 일이 있었다. 속리산 영심이 진표의 불골간자(佛骨簡子)를 이어받아 설법회를 연다고 하여 찾아갔으나 늦게 되었다.

영심은 제 날짜에 안 왔다 하여 받아주지 않았다. 심지는 포기하지 않고 마당에서 참회하며 예배하였다. 그러기를 7일째, 큰 눈이 내리는데 그의 주변 사방 열 자 가량은 눈이 내리지를 않는다. 놀란 승려들이 법당 안으로 들 것을 권하지만 그는 사양한다.

그는 병을 핑계댄 후 머물던 방으로 들어가 법당을 향해 부지런히 예배를 올렸다. 그러기를 또 며칠째. 급기야 팔뚝과 이마에서 피가 흐르니 그날부터 지장보살이 매일 그를 찾아와 위로하였다. 그렇게 법회가 끝나 심지는 중악으로 되돌아오게 된다.

그런데 오던 도중에 옷이 두둑하여 뒤져보니 옷섶 사이에 두 간자가 끼여 있다. 심지는 서둘러 되돌아가서 영심에게 그 사실을 밝혔다. 영심이 간자를 보관하던 함을 살펴보니 과연 없다. 거참 이상하군…… 영심은 심지에게 돌려받은 간자를 겹겹이 싸서 은밀한 곳에 감추었다.

심지가 중악을 향하는데 가다 보니 간자가 또 끼여 있다. 영심은 그제서야 깨닫는다. 부처님의 뜻이 그대에게 있으니 그 뜻을 받들라……. 그는 간자를 심지에게 준다. 이렇게 심지는 신라 법상종의 초조인 진표, 그리고 2조 영심에 이어 3조가 된다.

심지는 간자를 머리에 이고 중악으로 돌아왔다. 그리고 마중나온 산신과 두 선자(仙子)에게 정계(正戒)를 주었다. 그는 그후 산꼭대기에 올라가 서쪽으로 간자를 던져 간자가 떨어진 수풀 샘에 법당을 짓고 간자를 안치했다. 그곳이 지금의 동화사 첨당이다. 이렇게 왕자는 중이 되고 중은 세속을 떠난다.

효녀 지은의 정치 경제학

지은은 진성여왕 때 한기부 출신 여자로 홀어머니를 지성으로 봉양하였다. 그녀의 효행은 여러 책에 기록되어 있다. 그녀는 품팔이나 구걸을 하여 봉양하다가 그것으로 부족하여 부잣집에 종으로 몸을 판다.

몸값은 쌀 10여 석. 하루종일 일해주고 그 벼로 홀어머니께 밥을 지어 드렸다. 3, 4일이 지나자 어머니가 말한다.

밥은 좋은데, 맛이 없구나. 왜 이리 속을 에는지……. 지은이 눈물을 흘리며 사실대로 말하자 어머니는 딸을 부여잡고 대성통곡하였다. 이때 화랑 효종랑이 지나가다가 그 소리를 듣게 되었다.

연유를 다 듣고 난 효종랑은 크게 감동하여 곡식 1백 석과 옷가지를 보내주었다. 그리고 그의 낭도 몇천 명도 각기 한 섬씩 쌀을 지고 온다.

이렇게 되자 왕이 가만 있을 수 없다. 왕은 벼 5백 석과 집 한 채를 주고 부역 또한 면제해주었다. 그리고 군사를 보내어 그 집 재산을 지키게 했다. 노처녀 지은은 시집을 가게 된다.

그런데 아쉽다. 효종랑이 그녀를 아내로 맞아들였다면 둘 중 하나는 관음보살이었을 텐데…….

그리고 재산을 지켜주었다는 게 무슨 소린가. 도적떼가 들끓었다는 이야기이다. 그리고 낭도 몇천 명이 한 섬씩 지고 올 정도였는데 지은은 단 열 섬에 몸을 팔았으니 많은 숫자의 지배 계급이 흥청망청대고 더 많은 수의 하층민들이 기아의 지옥행을 삶으로 여기고 있었다는 뜻이다.

리얼리즘의 단절

마지막 한 사람은 솔거. 화가다. 그는 이 시기보다 훨씬 전 사람인데 왜 이제 나오는가. 또한 아쉬움 때문이다.

그는 농가 출신이다. 당나라 출신이라는 설도 있다. 통일신라 초기인 신문왕 때 당인 승요가 신라에 와서 솔거로 개명하고 단속사, 황룡사, 백률사를 짓는 데 관여했다는 기록이 남아 있다. 중생사 관음보살상을 그린 화공이 바로 그였던가?

어쨌거나 그가 그린 것으로 기록에 남아 있는 작품은 황룡사 벽화인 <노송도>, 분황사 <관음보살도>, 단속사 <유마상> 및 <단군초상>, <진흥왕 대렵도 팔폭> 등이다. <관음보살 3상>도 그렸다고 한다. 이중 가장 유명한 일화를 남긴 것은 노송도.

이 벽화는 늙은 소나무를 어찌나 실감나게 그렸던지 새들이 진짜로 착각하여 그 가지에 오르려다가 벽에 부딪쳐 떨어지고 또 떨어지고 그랬다 한다. 당시에 사실적인 묘사와 탁월한 채색화가 발달했음을 보여주는 사례이겠다.

이 사실화 기법은 그림에서뿐만 아니라 정치와 불교의 예술적인 결합 속으로 계승·발전되지 않았다. 불교는 보다 나은 왕도와 정치를 위한 백성심의 거울로 발전해가지 않았다. 아쉬운 일이다.

최치원 12장

해외파와 국내파, 그리고 골품제

최치원은 이를테면 변환기의 지식인이다. 그는 신분적 한계를 극복하고 시대의 온갖 사상을 통합하면서 유교적 중심을 강화시켰다. 그러나 그는 정치적으로는 실패자였다. 대국 당에서는 탁월한 정치·문화·사상적인 능력을 과시했고, 또 인정받았지만 정작 귀국해서는 망국 신라의 운명을 되돌리지 못했다. 위대한 사상가로 또 은둔자로 새 시대를 맞은 그의 심정 속으로 들어가보자.

연개소문, 김춘추, 김유신

연개소문은 국내파, 김춘추는 해외파였다. 그러나 김유신은 연개소문보다 더 골수적인 국내파였다. 신라 통일의 밑거름이 된 김춘추와 김유신의 연합은 그렇게 국내파와 해외파의 문무(文武) 연합이었다.

그러나 그것은 또한 왕권을 쥐려는 진골과, 진골로 편입되려는 가야 출신의 연합이기도 했다.

골품제(骨品制)란 무엇인가. 개인의 혈통 및 귀하고 천함에 따라 정치적인 출세는 물론 혼인 및 가옥 규모, 의복 빛깔, 심지어 우마차 장식에까지 엄격한 차별을 두는 계급 제도이다. 골품제는 6세기 초 신라 조정에 의해 법제화된 이후 근 4백 년 동안 존속했다.

처음에는 국가 중흥에 도움이 되는 구조였을 게다. 그러나 장보고에서 보았듯이, 후기에 이르러서는 오히려 장애물로 작용하고 신라 멸망에 가까워질수록 느슨해진다.

골품과 두품

왕족 대상의 골제와 왕경 내 일반 귀족을 대상으로 한 두품제가 합쳐 골품제로 된 것은 법흥왕 때.

골품은 왕이 될 자격을 지닌 '성골'과 그렇지 못한 '진골' 두 단계와 6두품에서 1두품까지 6단계를 합쳐 모두 8등급으로 구성된다. 그런데 정통 성골 혈통은 진덕여왕을 끝으로 소멸한다.

김춘추가 진골로 처음 왕위에 오른 이래 신라의 모든 왕들은 모두 진골 출신이다. 김씨 왕족 외에도 전 왕족이나 중고 시대 왕비족, 그리고 가야, 고구려 등 신라에 병합된 대국들의 구왕족도 진골 대우를 받았다.

두품 6개 신분은 크게 상하 두 계급으로 나뉜다. 6두품, 5두품, 4두품은 하급 귀족으로서 관료가 될 수 있지만, 3두품, 2두품, 1두품은 그것이 불가능하므로 일반 평민과 다를 바 없었다.

6두품에는 본래 신라국을 형성했던 여섯 씨족장 가문의 후예 및 신라에 병합된 성읍 국가들의 지배층 후손이 포함된다. 그런데 '득난'이라 하여 좀처럼 얻기 힘들었던 신분인 6두품조차 주요 군부대 지휘관인 장군이 될 수 없었다.

이들이 주로 선택한 것이 해외 유학, 혹은 승려가 되는 길이다. 원효가 그랬고 최치원이 그랬다. 원효가 대표적인 승려인 것처럼 최치원은 대표적인 해외파다.

금빛 멧돼지의 아들

최치원의 본관은 경주. 경주 최씨는 신라 말기 유교를 대표하는 학자를 많이 배출했는데 그는 신라 말기 3최 중 가장 대표적인 인물이었다. 아버지 최견일은 원성사 원찰인 숭복사의 창건에 관여했다.

그가 탄생한 것은 문성왕 19년. 그의 치세 마지막 해다. 최치원의 탄생에 관한 설화가 있다. 경주 근처의 한 고을에 괴이한 사건이 연달아 일어난다. 고을 사또가 부임해 오면 누구든 그날 밤으로 부인이 없어져 버리는 것이다. 겁도 나고 창피하기도 하여 아무도 고을 사또를 하겠다고 나서지 않는다.

그런데 한 사내가 사또 부임을 자청했다. 그는 두려움이 없고 아내에 대한 믿음이 강했다. 분명 어떤 놈이 조화를 부리는 것일 게다. 어쩌면 좋을까⋯⋯. 묘수가 생각났다.

그는 3천 발짜리 명주실의 한 끝을 부인의 치맛자락에 꿰매어 놓는다. 그렇게 한밤중이 되어 사또가 실꾸리를 쥐고 기다리는데 갑자기 세상이 캄캄해지더니 광풍이 일고 촛불이 꺼진다.

다시 불을 밝혔지만 부인이 없다. 흐음, 내 그럴 줄 알았지⋯⋯. 사또는 명주실을 쫓아갔다. 명주실은 길고 길게 이어졌다. 산 속 깊숙이 들어서더니 한참 뒤에 무시무시한 동굴이 나왔다. 사또는 인기척을 죽이고 굴 속으로 들어갔다.

굴 속에서는 금빛 털이 빛나는 도둑 한 놈이 부인을 껴안고 잠을 자고 있었다. 사또는 칼을 뽑아 단칼에 도둑을 내리쳤다. 도둑은 금빛이 더욱 찬란한 멧돼지로 본색을 드러내며 죽었다.

네 탓이 아니다⋯⋯. 그는 어깨를 들썩이며 흐느끼는 부인을 달래서 집으로 데려왔다. 그후 열 달 만에 부인이 옥동자를 낳았다. 사또는 멧돼지의 아들이니 갖다버리라 하였다.

사람들이 그 아기를 강물에 띄워보냈는데 아기는 다행히도 빨래하던 할머니에게 구출된다. 그가 최치원이다.

이별

그리고 그의 어린 세월은 끊어진다. 그리고 12년 후 아버지 견일이 어린 그를 당에 보내며 말한다. 10년 안에 과거에 합격하지 못하

최치원 영정. 무성서원 소장.

면 내 아들이 아니다……. 신흥 6두품 가문의 기백을 잘 보여준다
하겠다.

그때가 868년(경문왕 8년). 그는 유학 7년 만인 874년 18세 나이로
과거에 합격했다. 그리고 2년 간 낙양을 유랑하면서 시작(詩作)에 몰
두한다. 당대 최고 문장이 그때부터 선을 보이기 시작했다. <금체
시> 5수 1권, <오언칠언금체시> 1백 수 1권, <잡시부> 30수 1권 등
이다.

그는 그후 당나라의 관직을 맡게 된다. 876년, 헌강왕 2년 때다.
이때 지은 글들이 <중산복궤집> 1부 5권. 그후 관직을 사임하고 한
때 경제적인 곤란을 당하다가 887년 양양 이위의 문객이 되었고 곧
이어 회남절도사 고변의 추천으로 다시 관직을 맡게 되었다.

문명을 떨치다

그가 문명(文名)을 크게 떨친 것은 879년 황소가 반란을 일으키고 그가 고변의 종사관으로 서기직을 맡으면서부터다. 그는 4년 간 고변의 군영에서 표, 장, 서계, 격문 등을 썼다. 그중 황소를 꾸짖는 <토황소격문>은 특히 이름이 높은데, 그 글을 읽은 황소의 기가 꺾였다고 한다.

이때의 공으로 879년 승진했고 황제로부터 포상을 받았다. 그리고 3년 뒤에는 더 높은 포상을 받게 된다.

그가 당에 머문 것은 17년 간. '885년 신라로 돌아왔을 때 그의 나이는 29세였다. 귀국 후 고변의 종사관으로 있으며 쓴 글들을 정선하여 ≪계원필경≫을 펴냈는데 무려 20권이다.

그의 문장은 당에 널리 알려져 ≪당서≫ 예문지에 그 저서명이 기록될 정도였다. ≪당서≫ 열전에 최치원 전기가 들어 있지 않은 것은 중국 문인들이 그의 문장을 시기했기 때문이라는 주장이 제기되었을 정도다.

유교와, 죽음의 예술

그가 당에 있을 때와 연관된 설화 하나가 전한다. 과거에 급제하고 첫 관직을 맡았을 때다. 그는 항상 고을 남쪽 초현관에 가서 놀았다. 초현관 앞에는 오래된 무덤이 있었다.

쌍녀분, 즉 '두 여자의 무덤'이라 했는데 옛부터 명현들이 자주 찾던 곳이다. 어느 날 최치원이 그 쌍녀분에 대한 시를 지어 읊었다.

그런데 홀연 취금이라는 시녀가 나타난다. 그녀가 가져온 것은 쌍녀분에 묻혔다는 팔낭자와 구낭자가 최치원의 시에 화답하는 내용의 시. 그것을 읽은 최치원은 크게 감동, 두 여인을 만나고 싶은 마음을 시로 지어 다시 읊으며 초조히 기다렸다.

죽은 여자와 사랑하다.
앙리 마티스, <피아노 레
슨>.

얼마 후 이상한 향기가 진동했다. 그리고 마침내 두 여인이 나타
났다. 두 여인의 사연은 기구했다. 둘 다 율수현 부자 장시의 딸이었
는데 언니 18세, 동생 16세가 되던 해에 아버지가 각각 소금장수와
차(茶)장수에게 강제로 정혼시켜버렸다. 둘은 아버지의 뜻을 따를 수
없었고 그 고민이 깊어져서 마침내 죽게 되었다.

두 여인에게 각기 다른 애인이 있었던 것은 아니다. 그들은 상업
이라는 것 자체가 싫었다. 그렇게 함께 묻혀 그들은 자신의 마음을
알아줄 사람을 기다렸다. 그러다가 오늘에서야 최치원 같은 문재를
만나 이렇게 나타난 것이었다.

세 사람은 곧 술자리를 마련하고 시로 화답하며 즐기다가 흥취가
절정에 이르러 최치원이 서로 인연을 맺자고 청하니 두 여인이 모두

응낙한다.

그는 두 여자와 베개를 함께 하고 살을 섞었다. 밤을 새워 기쁨을 누리다가 새벽 닭이 울자 두 여인은 시를 지어 바치면서 작별을 고한다.

물론 영원한 작별이었다. 최치원은 다음날 그 무덤을 배회하며 장가(長歌)를 지어 불렀다. 그가 신라에 귀국하기 얼마 전 일이다. 그는 왜 유교학자면서 무덤 속의 두 여자와 잤을까. 유명(幽冥)이 다른 두 여자와의 만남과 남녀상열지사, 그리고 작별 이야기는 매우 슬프다.

귀국

최치원은 빼어난 문장과 심오한 유교 사상으로 신라와 고려 두 나라를 잇는다. 그러나 정치적으로는 몰락해가는 신라의 '출세한 6두품 귀족'에 불과한 존재로 낙착되었다. 이것은 문학·예술 자체의 위대함과 슬픔일까?

헌강왕은 귀국한 그를 시독 겸 한림학사에 제수했고, 그는 귀국 이듬해 왕명으로 <대숭복사비문> 등의 명문장을 남겼다. 그러나 당시 신라는 이미 붕괴를 눈앞에 두고 있는 상태였다.

최치원은 처음에는 당에서 배운 경륜을 펴보려는 의욕이 상당했지만, 진골 귀족 중심의 신분 체제에 눌려 여의치 않은데다 국정마저 문란한 것에 좌절, 외지 태수를 전전하고 있는 중이었다.

그의 외지 태수 행각은 그후 몇 년 더 이어진다. 당 사신으로 임명되지만 도둑들이 횡행하여 못 간 적이 있는 것을 제외하고는.

개혁 시무책 10여 조

그러던 그가 894년 시무책 10여 조를 진성여왕에게 올렸다. 우리

쌍봉사 철감선사탑. 9세기 후반.

는 앞의 '애장왕에서 진성여왕까지' 장에서 바로 여기까지 왔었다.

그의 시무책은 10여 년 동안 중앙 관직과 지방 관직을 수행하면서 그가 직접 목격한 귀족의 무능 부패와 사회적 모순을 극복하려는 구체적인 개혁안들을 담고 있었다.

진성여왕은 그 개혁안을 받아들이고 그를 6두품 최고의 관등인 아찬에 제수했다. 그는 국내 문제뿐 아니라, 당 유학파답게 국제 정세에도 매우 밝았다.

895년 전국적인 내란의 와중에 사찰을 지키다가 전몰한 승병들을 기리기 위해 만든 해인사 경내의 공양탑에 그는 이렇게 새겼다.

당의 땅에서 벌어진 병(兵) 흉(凶) 두 가지 재앙이 정작 당에서
는 멈추었는데 동쪽 신라로 옮겨오면서 더욱 험악해져 굶어 죽고
전쟁으로 죽은 시체가 들판에 별처럼 흐트러져 있나니…….

과연 국제통이라 할 만한 시각이다. 게다가 대륙의 참화가 한반도
로 옮겨올 경우 더욱 참혹해진다는 '6·25전쟁'의 진리를 그는 벌써
부터 깨닫고 있었던 것일까?

어쨌거나 그의 개혁 정책은 애초부터 실현 가능성이 희박한 것이
었다. 백성들의 참상을 외면하던 당시의 무능한 진골 귀족들이 그
개혁안을 받아들일 리 없었다.

실망과 좌절

최치원도 이미 예감했던 바 아니었을까? 얼마 후 진성여왕이 정
치 문란의 책임을 지고 왕위를 물려주는데, 최치원은 퇴임 진성여왕
과 신임 효공왕 각각을 위해 대리 작성한 상표문에서 신라가 이미
돌이킬 수 없는 멸망의 길로 들어섰다는 것을 박진감나게 묘사하고
있다.

자, 효공왕은 그대로 두고 최치원의 생애를 따라가보자. 효공왕부
터는 이미 후삼국 시대로 돌입한다.

그는 실망과 좌절감을 견디지 못하고 40여 세에 관직을 은퇴, 전
국 명승지를 두루 돌아다니다가 마침내 은거를 결심한다. 경주 남산,
강주(의성)의 빙산, 합천의 청량사, 지리산 쌍계사, 합포현(창원) 별
서 등을 자주 다녔고 동래 해운대에도 그의 발자취가 보인다. 만년
에 은거한 곳은 해인사.

그가 언제 죽었는지는 알 수 없다. 기록상 최소한 908년(효공왕
12년) 말까지는 생존했다. 그후 객사했다고도 하고 신선이 되었다고

실망과 좌절. 폴 내시, <우리는 신세계를 만들고 있다>.

도 하며 자살했다는 설도 있다. 하긴 다 같은 이야기겠다.

멸망의 예감

'鷄林黃葉 鵠嶺靑松.' 그는 이런 구절을 남겼다. (신라의) 계림은 (시들어가는) 누런 잎. (개경) 곡령은 푸르른 소나무……

신라가 망할 것을 예감한 그가 왕건을 새 나라의 시조로 꼽았는지는 알 수 없다. 그러나 최치원이 왕건 세력에 주목했던 것은 사실이다. 그가 은거하던 해인사는 승려들이 벌써 견훤파와 왕건파 두 파로 나뉜 상태였던 것이다.

그의 감회가 어땠을까? 그러나 그는 정치가나 관료라기보다 학자인 면이 압도적으로 강했다. 그리고 그의 학문과 유교적인 정치적 고민에 영향받은 후학들이 신흥 고려의 정치·사회 질서 수립에 선구적인 역할을 담당한다.

최치원이 살던 시대는 사회적 전환기. 그에 상응하는 정신계의 변화가 활발했는데 그는 그 변화를 주도했다. 무에 슬프겠는가? 그러나 슬프다.

 그는 유학을 왕과 불교의 권위를 단순히 수식하는 부속물로 보지 않는다. 그에 이르러 유학은 확고한 정치 사상으로 정립된다. 그리고 그 유학으로써 불교와 결합되었던 신라의 족적(族的)인 편제 방법 자체를 부정하는 데까지 나아간다.

 그의 정치 사상은 최승로로 이어지고, 고려라는 국가의 정치 이념으로 들어서게 된다. 무에 슬프겠는가? 그러나, 슬프다.

불교와 유교

 그는 역사도 유교적 사관에서 기술하였다. 대표적인 것이 연표 형식으로 정리한 <제왕연대력>. 여기서 그는 '거서간' '차차웅' '이사금' '마립간' 등의 명칭이 야만적이라며 모두 '왕'으로 바꾸었다.

남산 삼릉곡 약사여래좌상.

 그런가. 불교에는 야만의 여지가 있었던가. 유교는 그렇다면 다를 것인가. 조선 중기 이후에 이르면 유교는 '야만적인 방만' 대신 문화를 통한 억압의 양상을 띠게 될 것이다.

 그의 업적 중 빼놓을 수 없는 것은 한문학사(漢文學史)상의 그것이다. 향가 문학에 대립되는 한문학이 그에 의해 견고한 토대를 갖게 된다. 그의 산문은 정제된 형식미의 변려문체, 시는 평이하고 낯익으며 단아해서 만당(晚唐)의 시풍과 구별된다.

그가 불교에 관심을 가지지 않았던 것은 아니다. 그러나 그의 불교 이해는 유학을 내세우는 그의 정치적 입장과 밀접하게 연결되어 있다. 그는 특히 종래의 학문 불교이자 체제 불교인 화엄종에 대한 대안으로 부상중이던 선종의 대두를 주목했다.

선승들의 탑비문을 찬술했는데, 그중 지증대사 비문에서는 신라 선종사를 세시기로 간명하게 기록하고 있다.

화엄종에 대한 이해 분석 및 비판은 그 깊이가 매우 깊다. 당연하겠다. 부상하는 유교가 대치해야 할 것은 바로 그 화엄종이었다. 화엄경과 함께 신라 불교의 양대 조류를 이루고 있던 그는 신라 화엄종사의 주류를 이루고 있던 유식학(唯識學)에도 정통했다.

뿐인가. 그는 도교의 노장 사상, 그리고 풍수지리설에도 밝았다. 그가 찬술한 <대숭복사비문>은 풍수지리설에 근거한 국토 재개발안(案)적인 성격이 짙다.

그가 종사관으로서 모셨던 상관 고변이 바로 도교 신자였고, 당 유학생 최치원에 대한 설화도 짐짓 도교 분위기를 풍겼던 바다. 말년의 은둔 행각은 그를 도교적인 인물로까지 오해하게 만들 정도다. 사실 그의 사회 인식이나 역사적인 위치는 선승이면서 풍수지리의 대가였던 도선과 닮은 데가 많다.

정치 사상의 총체성

그러나 그에게 가장 중요한 것은 유교적 정치 사상의 총체성이었다. 그것을 위해 그 모든 것들이 동원되어 총체의 육과 혼을 이루거나 호되게 비판받거나 그러는 것이다.

사실 크게 보아 유교로써 불교를 극복하고 국가의 질을 높이려 했던 그의 정치 사상은 진골 귀족이 상징하는 고대의 정치·문화적 한계를 극복하려는 통일신라 말기 6두품 이하 계급의 혁명적인 사상 운동의 총화였고, 최치원 자신이 소극적인 은둔의 삶을 택한 것과 무관하게, 형태를 여러 번 바꾸어가면서 고려사 전 시기에 걸쳐 현안으로 작용한다.

　그리고 고려 말에 이르러서야 유교가 정치·문화 사상으로서 최종적인 승리를 굳히게 되는 것이다.

궁예와 견훤, 그리고 왕건   13장

망국이 잉태하고 출산한 후삼국 시대

벌써 후삼국 시대로 들어간다. 그러나 통일신라를 위
해 애통해할 필요는 없다. 세 사람 중 하나를 통일신
라가 선택하게 될 것이다. 그러나 그전에, 후삼국 시
대 주역 세 사람의 흥망성쇠(의 조짐)를 신라 왕들과
병렬항으로 훑어보자. 이긴 자는 왜 이겼고, 진 자는
왜 질 수밖에 없었을까? 우선 건국 신화적 시각에서
벗어나야 한다. 또 후삼국이 삼국과 얼마나 같고 얼마
나 다른가에 유의해보자.

야합하여 낳은 왕/주역의 시점/불륜의 씨앗/양길의 수하/투항자 왕건/모험과 협상/국가라는 짐/후백제적/뜻을
펴다/복고적인 원한/두 가지 오만/정벌과 친족 살해/지옥행 1/역사의 주인 1/지옥행 2/역사의 주인 2/신라 왕
들/패배자/야만과 비보(悲報)

야합하여 낳은 왕

효공왕(897~912년)은 헌강왕이 사냥을 나갔다가 우연히 마주쳐 첫눈에 반한 여인과 후에 야합하여 낳은 아들이다. 진성여왕이 그 사실을 알고 태자로 봉했다. 그의 출생 및 즉위 과정은 신라가 멸망을 겪고 있음을 상징한다.

그는 15년 동안 재위했다. 꽤 오래 재위한 셈이다. 그러나 그가 재위하는 동안 왕의 권위는 나락으로 곤두박질쳤다. 지방에서 세력을 키운 궁예와 견훤이 이미 자기들끼리 패권을 다투기 시작한다.

청주와 충주 이북 지역이 완전히 궁예의 세력권에 속하게 되고 901년 궁예가 스스로 왕이라 칭한다. 903년 궁예의 부하 왕건이 병선을 이끌고 금성 등 10여 군현을 공격해온다. 904년 궁예는 백관을 설치하더니 이듬해 철원으로 도읍을 옮긴다.

그뿐이 아니다. 서남 쪽에서 세력을 키우던 견훤이 일선군(선산)

이남의 10여 성을 빼앗아 간다. 909년에는 왕건이 진도군과 고이고
동을 공격하여 점령하고 견훤이 이에 질세라 신라가 오월에 보낸 사
신을 나포한다.

910년 견훤과 왕건 '끼리'의 결전이 벌어진다. 나주를 다시 빼앗기
위해 포위 공격해온 견훤군을 왕건이 대파하는 것이다.

신라 내부의 혼란도 심화, 911년에는 대신 은영이 효공왕의 처첩
을 죽이는 사태까지 벌어졌다. 그러나 효공왕의 치세는 그나마 아직
망국이 후삼국 시대를 품고 있는 형국이었다. 그 이후 정식 멸망까
지 250년 동안은 정말 견훤과 궁예가 서로 대결을 벌이고 있는 틈
사이로만 그 '멸망 이후의 잔명(殘命)'을 유지할 뿐이다.

주역의 시점

그렇다. 매우 급작스럽지만, 정녕 작은 나라들의, 삼국 시대의 재
등장이다. 후삼국 시대. 게다가 삼국 시대와 달리 국력이 쇠한 당·
중국이 개입할 여지도 매우 적다.

후고구려와 후백제의 등장은 고구려 및 백제의 등장과 무엇이 같
고 무엇이 틀린가? 후삼국의 통일은 어떻게 이루어졌을까? 자력에
의한 통일은 어떤 양상을 띠었을까? 삽시간에, 매우 중요한 의문거
리가 돌출한다. 후고구려나 후백제가 혈통이나 정치사상 면에서 고
구려·백제의 복원·계승을 실제로 추구했던 것은 아니다. 그리고
그 기간이 매우 짧았기도 하다. 그러나 위 질문들의 중요성 때문에,
그 의미는 매우 가파르고 깊다. 우리는 여기서 후삼국 시대 주역들
의 시점으로 과감하게 옮겨가 보자.

불륜의 씨앗

궁예의 출생년도는 확실치 않다. 아버지는 신라 47대 헌안왕(재위

857~861년), 어머니는 일개 궁녀. 경문왕의 아들일지도 모른다. 탄생설화도 있다. 그는 5월 5일 외가에서 태어났는데 나자마자 곧장 이가 생기고 몸에서 빛까지 뿜었다. 단오날 태어난 아기가 그렇다면 국가에 해로운 존재입니다……

죽이라……. 일관의 말을 믿은 왕은 그렇게 명했다. 아마 이 불륜의 씨앗이 왕에게 정치적으로 치명적인 타격을 입힐 소지를 안고 있었다는 이야기겠다. 궁예는 신라 왕족으로 태어나지만 왕실 내분 때문에 조정에서 용납할 수 없는 존재였다는.

어쨌거나 왕의 명을 받은 사신은 아기를 다락에서 떨어뜨렸다. 그러나 유모가 그 밑에 몰래 숨어 아기를 받았다. 그때 유모 손가락이 떨어지는 아기의 눈에 꽂혀 아기가 한쪽 눈이 멀었다 한다. 그후 궁예는 유모 밑에서 자랐고 세달사로 출가, 선종이라는 법명을 받았다.

양길의 수하

그리고 혼란의 시대가 온다. 중앙정부의 세금 독촉에 항거하며 백성들이 초적으로 들고 일어났을 때 궁예는 처음에 기훤의 부하로 있다가 양길의 수하로 들어갔다.

기훤과 양길은 초적 두목 중 대표적인 두 인물. 궁예가 벌써부터 두각을 나타냈으며 이때부터 큰 뜻을 가슴에 품고 있었다는 증거다.

궁예는 양길의 군사를 나누어 받아 원주, 치악산, 석남사를 거쳐 동쪽으로 진출한다. 주천(예천), 내성(영월), 울오(평창), 어진(울진)을 차례로 정복하고 894년 명주(강릉)에 이르렀을 때 그의 무리는 3천5백여 명에 이른다.

그는 이를 14대로 편성, 자신의 세력 기반으로 삼고 이들에 의해 장군으로 추대되었다. 그 휘하에 있던 것은 명장 김대, 검모흔, 장귀평. 그들이 이끄는 14대가 저족(인제), 생주(화천), 부약(금화), 금성,

철원 등을 점령하자 패서 지역 무리들이 항복해오기 시작한다. 그는 이즈음 양길과 결별하고 독자적인 세력화를 꾀했다. 그리고 양길의 부대를 향해 서남진한다.

투항자 왕건

896년 임진강 연안을 공격, 그는 개성을 거점으로 하던 왕건 부자의 항복을 받게 된다. 후고구려의 2인자로서 후에 후삼국을 통일, 고려의 태조가 되는 왕건은 그렇게 투항자로서 궁예와 만났다.

이때 왕건의 나이 겨우 19세. 그에게는 탄생 전사(前史)가 있다. 왕건의 아버지 왕륭이 젊었을 때 좋은 집터를 얻어 새 집을 짓게

토용. 남자상.

된 적이 있었다. 그때 이미 부자였던 왕륭이 정말 근사한 집을 짓겠다고 벼르는 중인데 한 스님이 건축 공사장을 보더니 혀를 쯧쯧 찬다. 틀렸어. 틀렸어……

왕륭이 심상치 않게 여기고 곡절을 말해 달라고 조른다. 천기를 누설할 수 없다며 버티던 스님이 그의 애원에 못이겨 입을 열었다. 집터는 더 바랄 것이 없는데, 남향으로 지어야 장차 왕이 태어나지……

왕륭은 스님의 말대로 정남향의 집을 지었고 그 일년 후 아들을 낳았다.

모험과 협상

궁예에게 항복하던 그의 심경은 어땠을까? 그 길이 왕건이 왕으로 될 수 있는 유일한 길이라고 그는 생각했을까? 아니 그 길, 2인자를 거쳐 1인자로 가는 것이 왕건에게 유일한 경로임을 그는 알았을까? 왕건이 독자적으로 1인자가 되지는 못할 것임을 그가 알기는 했을 것이다.

왕건은 모험파라기보다는 협상파였고 시대가 영웅을 다 소모할 때까지 남아 그 결과로 1인자가 되는, 김춘추·김유신 관계보다 덜 영웅적이지만 더 복잡하고 현대적인 인물형이다. 그리고 어쨌거나 송도 부자 왕륭의 재력과 왕건의 지략을 얻고 나서 궁예는 세력이 질적으로 한 단계 더 높아지게 되었다.

그의 부대가 승령(장단 북쪽 토산 남쪽), 임강(장단), 인물(개풍군 풍덕) 등을 점령하고 그 이듬해 공암(양평), 금포(김포), 혈구(강화) 등을 복속시키는 동안 양길은 궁예의 세력권 남쪽인 국원(충주) 등 30여 성을 취하면서 궁예와의 대회전에 준비한다.

전투는 양길의 선공으로 시작되었다. 그러나 옛 부하 궁예를 얕잡아본 양길은 궁예에게 완패, 패망하고 만다.

국가라는 짐

이 운명을 후에 궁예가, 훨씬 지루한 과정을 통해 반복하게 될 것이지만 이때 궁예의 군사력은 신라를 압도할 정도로 강했다.

그는 899년(효공왕 3년) 송악군을 수리하고 왕건을 보내어 양주 견주를 복속시킨다. 그리고 여세를 몰아 광주, 춘주, 당성(화성군 남양), 청주, 괴양(괴산)까지 평정, 소백산맥 이북의 한강 유역 전역을 지배하게 된다. 이때 일등공신은 왕건. 궁예는 그에게 아찬의 벼슬을 내린다. 그리고 901년 스스로 왕이라 칭하고 고구려의 계승자임

금동 용머리 장식. 안압지 출토.

을 자처했다. 904년 국호를 마진, 연호를 무태로 하고 그해 7월 청주 사람 1천 호를 철원으로 옮기면서 그곳을 수도로 정했다.

상주 등 30여 현이 다시 복속되었고 공주 장군 홍기가 투항하여 온다. 그 이듬해 송악에서 철원으로 정식 천도가 행해진다. 궁예는 연호를 성책으로 고치고 다시 패서 13진을 평정했다. 그리고 다시 평양 성주 금용이 투항해온다.

후고구려는 그렇게 탄생했다. 이 나라가 잘될 것인가? 아니다. 축출당한 신라 왕족으로서 신라에 대한 무조건적인 반감만으로 도적떼 가 되어 혼란을 틈타 세력을 모으고 국가를 세워 왕위에 오른 궁예 에게는 국가라는 짐이 가장 무거운, 그리고 치명적인 짐이다. 그 짐 이 옛날 고구려를 어느 정도 닮았을까?

후백제적

후백제를 세운 견훤(867~935년)은 백제답게 농민 출신이지만 체 격이 건장하고 성격이 활달해서 일찌감치 군인이 된 인물이다. 게다 가 그가 활동했던 근거지 서남해안은 오래 전부터 중국 무역의 요지였고, 장보고에서 보았듯이 지방 해상 세력이 중국·일본과의 무역을 활발하게 벌이던 곳이다.

그는 정치 감각이 뛰어났고 국제적인 외교 안목이 있었다. 그의 군대는 궁예의 군대보다 조직적이었고 그가 세운 국가는 궁예의 국가보다 상·하부 구조가 튼튼하고 조직적이었다. 그의 '후백제'는 왜 망했을까?

견훤에게도 탄생 설화가 있다. 광주 북촌에 한 부자에게 딸이 하나 있었다. 그런데 밤마다 웬 사내가 와서 그녀와 살을 섞고는 가버린다. 딸이 임신을 하게 되자 집안이 벌컥 뒤집힌다.

대체 그놈이 누구냐?…… 딸이 사실대로 고하자 아버지가 꾀를 낸다. 실을 바늘에 꿴 후 그 바늘을 남자 옷에 꽂아라. 그러면 낮에 누군지 확인할 수 있잖니…….

처녀는 그렇게 했다. 사내는 지렁이였다. 지렁이가 바늘에 꽂혀 죽어 있었던 것이다. 그렇게 태어난 아이가 바로 견훤이다. 지방 호

중국에서 수입된 연꽃무늬 항아리.

족과 야합해서 낳았다는 뜻쯤 될까?

일본 삼륜산 전설은 그렇게 해서 '밤에 온 사내'에게서 태어난 아이가 나라를 세운다. 밤에 온 사내가 수달피인 경우 태어난 아들의 머리가 노랗다. 청 태조의 아버지는 '노랗지'라고 불렸다고 한다. 청 태조 이름은 누르하치.

견훤의 원래 성은 이씨다. 아버지는 아자개. 상주 가은현(문경) 농민 출신으로 장군이 된 사람이다. 진흥왕 후손인 원선이 바로 아자개라는 설도 있다. 견훤에게는 성장 설화도 있다. 그는 자랄수록 기골이 장대해졌는데, 호랑이가 젖을 먹여 길렀다는 것이다.

뜻을 펴다

그는 뜻을 품고 서남해안 변방의 비장이 되었다. 그가 뜻을 펴기 시작한 것은 궁예와 비슷한 시기다. 그러나 궁예가 도적떼로 출발한 반면 그는 군대를 일으켰다.

그리고 그가 경주 서남부 주, 현을 공격했을 때 이르는 곳마다 많은 사람들이 호응했다. 그는 덕과 지도력을 겸비했던 것이다. 그리고 그는 892년(진성여왕 6년) 무진주(광주)를 점령하고 스스로 왕위에 오른다. 궁예보다 9년 먼저다.

그가 직접 만든 자신의 호칭은 매우 길었다. 신라 서면도통지휘병마제치지절도독 전무공등주군사 행전주자사 겸 어사중승상주국 한남군개국공 식읍 2천 호. 이것은 그가 외교에 얼마나 능했는가를 보여주는 직함이다. 중국의 비위를 거슬리지 않고 중국에게 '준'국가로 승인받기 위한 절묘한 장치인 것이다. 그의 외교 수완은 그의 치세 동안 내내 통했다.

그는 중국의 후당, 오월 및 거란, 일본 등에 꾸준히 사신을 파견하고 외교 관계를 맺는다. 국내 기반도 궁예보다 강했다. 892년 바로 그해 비장 벼슬을 주며 양길을 끌어들이는데 양길은 그때까지도 궁예의 상전격이었다.

복고적인 원한

900년(효공왕 4년)이면 그는 벌써 완산주(전주)에 순행하여 그곳을 도읍으로 정하고 스스로 후백제왕이라 칭한다. 옛 백제 의자왕의 원한을 씻어주겠노라. 옛 백제의 원한? 그게 그를 점차 복고적인 인물로 만드는 것 아닐까? 그렇지 않고서야 그가 멸망한 징후는 현재 별로 없다.

그는 곧 관서와 관직을 정비한다. 그 이듬해 대야성(협천) 공격이 실패로 돌아가자 그는 당분간 내치에 힘을 쏟는다. 그리고 신라 영토도 꾸준히 잠식해 들어간다.

우리는 910년(효공왕 14년) 왕건의 나주 정벌 때나 그를 다시 보게 될 것이지만 그때까지, 그리고 그 이후 상당 기간 동안 견훤의 후백제는 한반도에서 가장 강력한 세력으로 존재한다.

두 가지 오만

왕건은 군사적인 공로를 계속 세워 903년 알찬으로 승진한다. 그리고 동시에 주위의 신망을 얻게 된다. 그러나 궁예는 국가라는 짐을 감당하지 못하면서 점차 포악하고 괴팍한 성격으로 변해간다.

911년 궁예는 연호를 수덕만세로 고치고 국호를 태봉이라 하였다. 그는 신라를 '멸도(滅都)'라 부르며 신라 타도를 외쳤다. 이 두 가지 오만, 즉 내향의 오만과 외향의 오만이 그의 몰락을 재촉한다.

같은 해 왕건은 함대를 이끌고 황해를 거쳐 해로로 금성을 정복하고 이를 나주라 이름 짓는다. 왕건은 젊은 시절 해상 경험이 있었고 이를 해상전에 활용했다.

허를 찔린 견훤은 보병과 기병 3천 명으로 왕건을 포위했지만 이기지 못했다. 이 나주 정벌로 인해 궁예·왕권의 세력이 해상권을 장악하고 견훤을 배후에서 위협하는 국면이 조성된다. 왕건의 신망은 더욱 높아진다.

그러나 이 나주 정벌 자체가 궁예의 '의심'과 견제를 미리 회피하기 위해 왕건 스스로 선택한 '원정길'이었다. 승려 출신인 궁예의 '미신적인' 오만방자함과 가혹한 수탈, 그리고 신하에 대한 병적인 의심증은 날로 도를 더해가고 있었다.

스스로를 미륵불이라 칭하며 머리에 금책을 쓰고 방포를 입는다. 두 아들을 청광보살과 신광보살이라 부르고, 행차할 때는 항상 백마를 탔다. 말머리와 꼬리는 비단으로 장식했다.

어린 소년, 소녀들이 깃발과 1천 개의 향과 꽃을 들고 앞을 인도했으며 비구승 2백여 명이 범패를 부르고 염불하며 뒤를 따랐다. 그는 불경 20권을 직접 쓰기도 했다.

정벌과 친족 살해

세금은 과중했다. 인호가 줄어들고 국토는 황폐해졌는데 궁궐만은 날로 웅장함을 더했다. 노역이 끊길 사이가 없었다. 군사력이 날로 강성해진다.

왕건, 신숭겸, 배현겸, 복지겸 등 위대한 장수들이 신라와 후백제를 침략하고 땅을 빼앗는다. 그러나 국가의 내용은 갈수록 속 빈 강정이 되어갔다.

913년 연호를 다시 정개로 고친 궁예는 915년 올바른 정치를 간하는 부인 강씨와 그 소생의 두 아들, 신광보살과 청광보살을 죽여버린다.

그리고 남의 마음을 꿰뚫어보는 능력인 '관심법'을 터득했다며 부하들을 위협, 살해하면서도, 그 자신은 의심 때문에 날로 미쳐갔다. 그 의심이 드디어 파진찬이자 시중인 왕건을 직접 겨냥하게 된다.

지옥행 1

너 또한 왕이 되려는 반역심을 품었구나……. 왕건은 난감했다. 아니라고 부인한다면 왕의 관심법이 틀렸다는 주장이 되니 살아날 길이 없고, 그렇다면 역적으로 몰려 죽을 것이고 어느 쪽이 더 나을 것인가. 역적 모의를 했다고 하시오……. 궁예의 시종 최응이 곁을 지나면서 귀띔해준다.

그렇다. 그게 살아남을 확률이 더 많았다. 궁예는 역적보다 자신의 관심법을 부인하는 자를 더 못 참아할 정도로 미친 상태였다. 과연 대왕마마의 신통력은 놀랍습니다. 제가 역적 모의를 했으니 죽을 죄를 지었습니다. 한 번만 살려주십시오.

최응의 판단은 맞았다. 궁예가 껄껄 웃으며 호탕하게 말한다. 하하하. 그러면 그렇지. 내 신통력이 틀릴 리가 있나. 솔직히 고백했으니 용서해주지……. 왕건은 겨우 목숨을 살렸다. 그러나, 그러므로 이제 궁예가 죽을 때가 되었다.

도참설이 백성들 사이에 유포된다. 철원 상인 왕창근이 어떤 백발 노인에게 거울을 사서 걸었는데 그 거울에 시구가 쓰여져 있었다. 궁예는 망하고 왕건이 역사의 새 주인으로 등장하리라……. 그러던 어느 날, 홍유, 배현경, 신숭겸, 복지겸 등이 궁예를 없애고 왕건을 떠받들 것을 모의했다.

역사의 주인 1

이때 신하들 중에 궁예 편은 나인 청궁 한 명말고는 찾아보기 힘들었다. 그러나 정작 왕건이 말한다. 신하가 임금을 폐하고 그 자리

지옥행. 라비스 코린트, <붉은 구세주>.

를 차지하는 것은 하늘의 도리라고 할 수 없다……. 왕건의 만류는 진심이었을까? 아닐 가능성이 훨씬 더 많다. 왕건은 분명 1인자 자리를 노리고 있었다.

그러나 진심이었을 가능성도 없지는 않다. 그는 순리를 중시하는 인물이었다. 그는 사태가 무르익어 터질 정도가 되어서야, 즉 자신의 위치가 이미 당연해지고서야 그것에 형식을 부여하는 인물이었다. 부인까지 나서서 그에게 권하자 그는 자신을 위한 쿠데타에 가담한다.

1918년 6월 어느 날이다. 왕건과 네 장수는 1만여 군사를 이끌고 궁예의 대궐로 쳐들어간다. 잠결에 바깥이 뭔가 소란스럽다고 느끼던 궁예가 화들짝 놀라 일어났을 때 나인 청궁이 뛰어들어온다. 마마, 왕건이……. 그러나 사태는 이미 돌이킬 수 없는 지경이었다. 왕건은 백성들의 성원을 배경으로 궁궐 신하들의 호응까지 받았다. 아니, 더 심각한 것, 더 돌이킬 수 없는 것은 궁예의 정신 상태였는지 모른다.

지옥행 2

흐흐흐. 내 신통력은 빗나간 적이 없어. 내 이럴 줄 알았지……. 청강은 정신 나간 궁예를 재촉하여 대궐 뒷문을 가까스로 빠져나갔다. 그는 왕건의 수중에서 벗어났다.

그러나 백성의 아가리 속으로 들어갔던 것이다. 궁예와 청궁은 바랑과 삿갓을 쓰고 중노릇을 하며 눈을 피하다가 그것도 여의치 않아 산 속으로 도망쳤지만 끝내 시골 농부에게 신분이 탄로나서, 청궁과 함께 몰매를 맞고 죽는다.

역사의 주인 2

왕건은 그 소식을 듣고서야 왕위에 올랐다. 그 전까지는 '궁예왕이 아직 살아 있는데 한 나라에 왕이 둘이 있게 할 수는 없다'며 버텼던 그였다. 과연 순리의 인간이라 하겠다. 견훤은 이 소식을 듣고 일길찬 민극을 축하 사신으로 파견한다.

그는 왕건이 궁예보다 다루기 쉬운 인물이라 생각하고 쾌재를 불렀다. 그러나 그건 견훤의 중대한 판단 착오였다. 세상에 순리보다 무서운 것이 어디 있겠는가?

이것이 918년 6월 15일. 왕건은 나라 이름을 고려라 고치고 연호를 천수라 하였다. 도읍은 다시 송악(개성)으로 옮겼다. 이것은 옛 고구려의 이름을 그대로 딴 것이다. 옛 고구려의 원래 이름도 고려다. 후세 사가들이 그 둘을 구분하기 위해 옛 고려를 고구려로 편의상 불렀을 뿐이다.

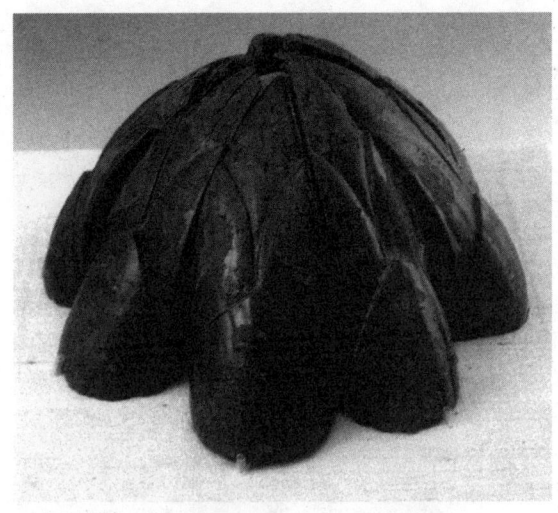

칠기로 만든 꽃장식. 안
압지 출토.

신라 왕들

자, 여기서 우리는 후삼국을 잉태하고 출산한 신라 왕들에게 다시
경의를 표하자. 신덕왕(912~917년), 경명왕(917~924년)은 김씨 혈통
이 아니고 박씨 혈통이라고 하는데, 의심가는 점이 많다. 그들 역시
혈통 상으로는 김씨 왕계에 속했을 것이다.

신덕왕은 아달라왕의 원손으로 아버지는 정강왕 때 대아찬을 지
낸 예겸이다. 각간 문원이 친아버지라는 설도 있다. 비는 헌강왕의
딸인 의성왕후. 슬하에 승영과 위응이 있었는데 승영은 경명왕이, 위
응은 경애왕이 되었다.

신덕왕 대의 신라는 실제로 경주 지역을 다스리는 데 그쳤다. 국
토의 대부분이 견훤과 궁예의 수중에 장악된 상태였던 것이다.

왕건의 나주 정벌이 바로 신덕왕 대에 감행되었다. 916년 견훤의
대야성(경상남도 합천) 공격이 비록 실패로 돌아갔다고는 하지만 그
것은 신라 심장부를 겨냥한 비수였다. 이때 신라 왕실은 스스로 후

신라 왕들. 알베르토 자코메티, <디에고>.

백제나 태봉의 공격을 막아낼 힘이 없었다.

경명왕 2년에 일어난 현승의 반란은 신라의 멸망을 더욱 재촉하게 된다. 그러나 같은 해 궁예를 몰아내고 고려 왕에 오른 왕건이 견훤과 패권을 다투면서 신라 왕실에 우호적인 태도를 취하게 된다.

패배자

왕건 즉위를 축하하는 사신으로 갔던 일길찬 민극은 왕건이 예사 인물이 아니라는 것을 직감하고 견훤에게 보고한다. 만만히 보아서는 아니됩니다. 국력을 더 키운 연후에…… 고려를 칠 마음이 급했던 견훤은 성을 벌컥 낸다. 언제까지 기다리란 말이냐!……

느긋하게 때를, 순리를 기다리고 따르는 일에 미숙했다는 것이 견훤의 약점이었을까? 그는 지략이 뛰어난 동생 능애의, '신라를 대신

쳐서 힘을 키운 연후에 고려를 치자'는 안을 듣고서야 비로소 웃음을 띤다. 920년(경명왕 4년) 견훤은 보기 1만 명으로 대야성을 다시 쳐 함락시키고 군사를 진례성(청도)으로 옮겼다.

그러나 이 작전은, 견훤의 의도와 정반대로, 고려와 신라의 결속을 급속도로 강화시키는 계기로 작용한다. 경명왕이 김율을 고려로 파견, 원병을 요청하고 고려가 그 요청을 수락하는 것이다. 이때 왕건의 심경 또한 특징적이다. 그는 견훤을 견제하기 위해 신라를 구하지만, 동시에 자신이 신라를 멸할 수 있다는 확신도 서는 것이다.

그 확신의 원인을 제공한 자는 김율. 그 또한 이중적이다. 그는 고려에 원병을 청하는 자신의 임무를 성공적으로 수행했지만, "신라의 삼보가 무엇이냐."는 왕건의 질문에 "삼보가 무엇이요?"라고 되묻는다.

그 바람에 왕건은 신라 기강이 얼마나 해이해졌는가를 간파하는 것이다. 하긴 그렇다. 황룡사 장륙삼존 금불상과 9층탑, 그리고 진평왕의 옥대가 신라 삼보인 것을 적국 임금이 알고 있는데 정작 신라 관리가 모른대서야 말이 되는가.

안동과 합천 지역에서 왕건과 견훤의 패권 다툼이 치열했고 싸움은 해상권을 장악한 왕건에게 유리하게 돌아갔지만 견훤은 아직 왕건에게 벅찬 상대였고, 왕건은 신라 왕실과의 유대를 필요로 했다. 그러나 왕건의 평화가 생명을 연장시켜준 신라, 그 신라의 내부에서는 여러 가지 변괴가 일어난다.

야만과 비보(悲報)

919년 사천왕사 벽화의 개가 울음소리를 냈고, 927년 황룡사탑 그림자가 사지 금모의 집 뜰에 열흘이나 머물렀다. 그리고 사천왕사 오방신의 활줄이 모두 끊어지고 벽화의 개가 급기야 뜰로 쫓아나왔다.

경애왕 대에도 견훤은 강했다. 경애왕이 즉위하기 한 달 전에 견
훤이 아들 수미강과 양검을 선봉으로 하여 고려의 조물성(상주 혹은
안동)을 공격했다. 경애왕이 즉위하고 가을이 다가와도 싸움에 진전
이 없어 견훤은 왕건에게 화친을 제의한다. 그러나 이때 견훤의 세
력은 왕건보다 강했다.

왕건은 성문을 굳게 잠그고 방어만 하는 쪽으로 군사 전술을 바
꾸고 한숨돌리며 내치에 치중할 시간을 벌고자 했고, 견훤은 그 지
루한 지구전술에 맥이 풀려버린 거였다. 그리고 견훤의 조카 진호와
왕건의 동생 왕신을 상호 인질로 교환한 그 화친은 곧 깨지고, 견훤
의 대공세가 시작된다.

925년 진호가 고려에서 병사한다. 견훤은 왕신을 잡아죽이고 고려
를 쳤다. 그리하여 신라와 왕건의 결합이 더욱 강해지자 견훤은 927
년 근품성(상주)을 공격하고, 고울부(영천)를 습격한다.

그리고 여세를 몰아 경주로 진격, 포석정에서 주연을 베풀던 경애
왕을 죽이고 그의 사촌 아우 김부를 왕자리에 앉힌다. 경순왕. 드디
어 신라의 마지막 왕이다.

이 소식을 듣고 달려온 왕건이 견훤과 공산에서 조우하지만 왕건
은 대패했다. 견훤은 그 이듬해에도 강주(진주)를 공격하여 3백여 명
을 죽이고 부곡성(군위)을 초토화시키며 1천여 명을 참살한다.

경애왕은 황룡사에 백좌설경을 설치하고 선승 백명에게 음식을
대접한다. 이것을 백좌통설선교라 부르는데 대규모 선승 모임의 시
초가 된다.

하지만 지금 우리는 발해의 비보를 접해야 한다. 이상도 해라. 발
해가 멸망한 것은 927년 경애왕이 피살당하던 즈음이다.

발해의 멸망 14장

분단의 심화 · 태고화

발해는 어떤 나라였을까. 무엇보다 경제적인 나라였다. 혹시 발해에서는 정치나 국가 자체가 경제 활동을 위해서(만) 존재했다고 해도 과언이 아닐지 모른다. 그래야만 우리는 고구려의 후예였던 발해가 너무도 어처구니없이 역사에서 사라지는 과정을 납득할 수 있을 것이다. 발해 역사는 다름아닌 고려 왕조 사가들에 의해 말살되었다. 하지만 발해의 경제가, 무역술이 고려로 이어졌다. 그것은 눈에 보이지 않는다. 그렇게 우리의 역사적인 심성에서 '북쪽'이 질적으로 멀어졌을까?

거란의 배후/대이진/경제적 이해/미지성(未知性)/영토와 수도/사회 구조/정치적 형식, 경제적 내용/철강 노동자?/경제 대국?/고려의 발해

거란의 배후

10세기 초에 이르면 거란족 야율아보기가 여러 부족을 통합하고 강성해진다. 그가 중국 본토 공략을 노리게 되면서 발해는 일약 그의 배후의 우환으로 떠오른다. 발해를 먼저 쳐야 안심이 되었다. 이때 발해는 넓은 영토를 갖고 있었다. 그러나 국가 성격은 은둔적이고 희미해진 상태였다.

927년 정월 야율아보기가 끄는 거란군은 발해의 거란 방어 최전선인 부여성(창도 부근 서면성)을 손쉽게 뚫는다. 그리고 곧 수도인 상경용천부를 포위, 불과 20여 일 만에 발해 마지막 왕 대인전의 항복을 받는다. 그리고 발해라는 국가는 15대 220년 만에 완벽한 은둔 속으로 사라진다.

백성은 어디로 사라졌을까? 수많은 발해 유민들이 왕건의 고려로 귀화해왔다고 하지만, 고려가 고구려의 정통성을 이어받았다는 주장을 위한 억지인 면이 짙다.

후에 다시 언급되겠지만 왕건은 고구려보다는 신라 속으로의 안주를 택했다. 고려의 등장으로 발해가 한국사에서 삭제되고 남북 분단이 심화·태고화하는 대목이다. 자, 우선 발해 자신의 은둔화 과정을 짚어보자.

830년 재위 10년에 '해동성국 발해'를 이룩한 대인수를 이은 것은 그의 손자 대이진이다. 아들 대신덕은 너무 일찍 죽어서 왕위에 오르지 못했다.

11대 왕 대이진(831~857년)은 연호를 함화로 바꾸었다. 아직 은둔 단계가 아니다. 그는 즉위하자마자 당에 여러 사신과 학생을 보내고 선왕에 이어 율령제 국가 수립에 노력했다.

대이진

그는 특히 당과의 문화 교류에 힘썼다. 왕자 명준을 832년, 836년, 837년 세 차례에 걸쳐 왕자 광성 연광 대지악을 833년, 839년, 846년에 각각 당나라에 파견한다. 당의 문화를 흡수하는 데 이 같은 적극성을 보인 것은 전례가 드물다.

중국에서 발해 유학생과 신라 유학생이 경쟁적으로 실력을 과시하던 때다. 당시 유학생 중 이름이 남아 있는 사람만도 해초경, 조효명, 유보준, 이거정, 주승조, 고수해 등 다수다. 또 거꾸로, 장건장이 당에서 서적을 갖고 발해로 들어온다.

일본과의 내왕도 빈번했다. 선왕 때에 이어 왕문구가 계속 파견되고 하복연 등도 추가로 파견된다. 그 목적은 물론 신라의 견제와 경제적 이해 관계이다.

그는 재위 27년 만인 857년 사망하고 아우 대건황이 그뒤를 잇는다. 신라에서 문성왕이 죽고 헌안왕이 그뒤를 이었을 때, 당에서는 선종이, 일본에서는 문덕왕이 재위해 있을 때다.

경제적 이해

대건황(858~871년) 대에 이르러 갑자기 내치에 대한 기록이 없다. 외치에 관한 것만 남아 있는데, 당과의 교류는 당이 농민 반란을 겪고 있는 상황이라 활발치 못했다.

일본과의 교섭은 여전했다. 858년 겨울 정당성, 좌윤, 오효신 등 105명을 대거 일본에 보내는데, 이때도 목적은 신라 견제와 경제적 이해, 경제적 이해라……

고구려의 후예로서 신라를 견제하며 경제적 이해를 추구하기 위해 일본에 접근한다는 것은 경제 대국을 낳지 않고, 국가 구조가 은둔적이고 희박해지는 결과를 낳는 것인가. 발해가 신라를 경원시하지 않고 전쟁과 평화의 접전을 벌였더라면 발해의 국가·정치 구조는 좀더 튼튼해졌을 것인가.

대건황의 뒤를 이은 것은 대건황의 손자 대현석이다. 재위 기간은 872~893년. 이 시기는 대건황의 시대가 지루하게 거의 같은 꼴로 반복되고, 그러므로 경제 활동에 의한 국가 구조 약화 현상이 심화되는 시기다. 당과 신라가 정치적 멸망의 길을 밟고 있던 와중에 발해는 특유의 국가 해체 과정을 겪고 있었다.

미지성(未知性)

그의 아들 대위해(894~906년)의 치세도 마찬가지다. 다만 그의 경우, 정치·국가의 은둔화가 어찌나 심각하게 진전되었던지, 그 자신마저 발해 왕계 족보에서 사라졌다가 1933년에 이르러서야 김육불이 ≪당회요≫에서 찾아냄으로써 간신히 복원되었다.

그뒤를 이은 왕이 바로 대인선. 마지막 왕이다. 그는 거란 태조 야율아보기의 팽창주의 정책을 간파하고, 비로소 신라 등 여러 나라와 연합하여 이에 대처하려 하였다. 그러나 늦어도 너무 늦은 것이

미지성 1. 클로드 모네, <인상 : 해돋이>.

다. 더군다나, 신라 자체도 이때 이미 실질적으로는 '멸망 이후'였으
므로 그의 국제 감각도 은둔자의 그것을 벗어나지 못했다고 하겠다.

그의 최후는 어느 왕보다 구체적으로 비참하다. 그는 925년 12월
야율아보기가 대원수 요골 등을 거느리고 친히 정벌에 나서 이듬해
정월, 수도 상경용천부를 포위하자 저항다운 저항 한번 안 해보고
맥없이 항복한다. 그해 7월 거란군이 회군할 때 그는 왕후와 함께
거란 본토로 끌려갔다.

그후 둘은 거란이 정해준 대로 상경임황부 서쪽에 성을 쌓고 살
았는데 왕이 사용한 이름 오로고와 왕후가 사용한 이름 아리지는 야
율아보기와 그 왕후가 대인선에게 항복을 받을 때 탔던 말의 이름이
다. 그후 발해는 미지의 곳으로 사라지고 사라짐이 그 미지의 곳의
미지성(未知性)을 더욱 심화시켰다.

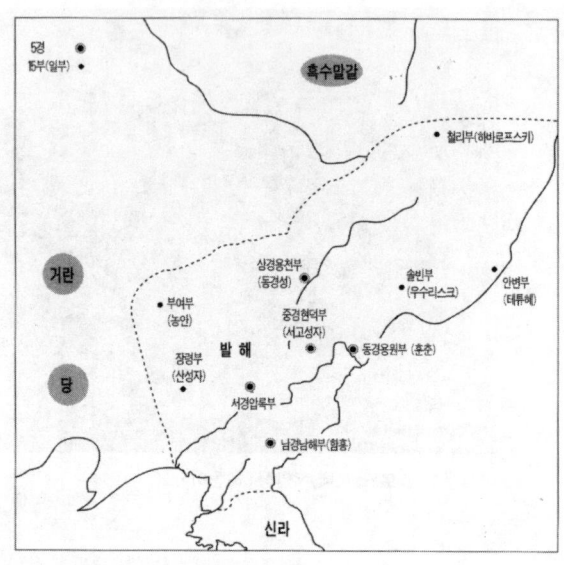

발해의 5경 15부.

영토와 수도

발해 영토는 남으로 이하(함경남도 덕원 근처 용흥강), 서로 길림과 장춘을 포함하는 박삭구(압록강 하류 구련성 부근), 휘발하 유역 산성자 서변, 창도 서변, 농안의 선, 북으로 동류 송화강에 이르렀다.

발해가 5경을 갖게 된 것에는 고구려 5족 제도의 반영이라는 설, 양으로는 왕의 도제(都制)에 자극받고 음으로는 오행 사상에 영향받은 결과라는 설, 당에 대항하기 위해 당의 4경보다 많은 5경을 두었다는 설 등 다양한 해석이 존재한다.

그러나 발해가 경제적 이해를 중시한 나라라는 점을 감안한다면, 5경을 교통·무역중심지로 보는 것이 가장 타당한 해석일 것이다. ≪신당서≫ 중 <발해전>은 (동경)용원이 일본으로 가는 출발항, 남경부 남해는 신라로 가는 출발지, 서경부 압록은 당 조공로, 부여는 거란으로 가는 길이라고 하였다.

용원은 일본 쓰루가 등 일본 육지 북쪽 지역 항구로 곧장 통하는 항로를 연다. 남해를 통해야 함남 덕원을 거쳐 신라로 들어갈 수 있다.

당으로 가는 조공사는 상경에서 중경 현덕부를 거쳐 임강, 통구지방을 통과, 압록강구에서 해로로 요동반도 연안을 따라 여순에 이르고 거기서 묘도열도를 좇아 발해만을 횡단한다.

그리고 산동반도의 등주에 상륙한 후 육로로 당나라 수도 장안을 향한다. 그밖에 상경현덕부에서 북쪽 흑수말갈로 통하는 길이 있었다.

사회 구조

발해의 사회 구조는 소수의 고구려계 유민이 절대 다수의 말갈족을 통치하는 복합 민족 구조였다. 일본에 내왕한 발해의 정식 사신 85명 중 대부분이 고구려계라는 표시로 한족(漢族) 성명을 사용하고 있다. 만주명을 사용하는 말갈계는 수행원 여섯 명에 불과하다. 뿐인가. 송나라 사람 홍호는 자신의 편저 《송막기문》에서 발해의 유력한 성씨가 '고, 장, 양, 두, 오, 이 등 몇 가지에 지나지 않고 나머지는 모두 그 주인에 따른다'고 했는데, 그 성씨가 모두 고구려계인 것이다.

물론 걸사비우처럼 건국 운동에 참여한 유민층은 고구려 유민에 준하는 대우를 받았겠다. 마찬가지로 고구려 유민이라 하더라도 신분이 제각각 달랐고, 일반 양민 혹은 기술직에 속하는 사람도 없지 않았을 것이다. 그러나 그것이 사회 구조의 대세를 흐릴 정도는 못 되었다.

이 사회 구조 또한 발해의 은둔 지향과 전쟁 발발시 국가로서의 무기력증의 결정적인 요인으로 작용한다. 그렇지 않고서야 남자 셋만 모여도 호랑이를 때려잡을 정도로 용맹스러운 발해인들의 발해가 어떻게 싸워보지도 않고 20일 만에 항복하겠는가. 거란은 싸우지 않고 이겼다.

정치적 형식, 경제적 내용

그렇게 사회적으로 취약한 구조를 지니면서 발해가 230년 동안 존속할 수 있었던 것은 다분히 경제적인 토대가 있었기 때문이겠다. 그렇다. 발해라는 국가는 경제 활동을 위한 정치적 틀인 면이 강했다. 아니 거꾸로인지도, 또 둘 다인지도 모른다.

발해가 당 및 일본과 교역한 물품들은 남만주 심장부인 요양, 심원, 개운 등 평원 지대를 당에 내준 발해가 동북의 산악 지대를 개척하면서 그 천연 자원의 활용에 힘을 기울였던 점을 극명하게 보여준다.

물론 이 천연 자원들은 날 것이 아니라 고구려 유민들의 높은 문화 수준으로 가공되어 수출된다. 고구려 유민은 상업 문화의 상층부 또한 지배한다. 아니, 그 지배력이 사실 가장 강력한 것이었을 터.

인삼, 우황, 황명 등 약재는 물론 현주의 포, 옥주의 면, 용주의 주(비단) 등 직물, 위성의 철, 심지어 노성의 벼까지도 고구려계 발해인들의 기술이 빚어낸 결과다.

철강 노동자?

특히 고구려 유민들의 제철 기술은 고구려·발해 정신을 발해 멸망 후 근 2백 년 동안 담지하는 긍지의 매개였다. 제철 기술자들 상당수가 발해 멸망 후 거란 내 철생산지로 강제 이주되어 제철 기술을 발휘할 것을 강요당한다. 그런데 그 철생산지가 바로 발해 광복 운동의 거점으로 화하는 것이다.

거란의 전성기인 1029년 동경요양부를 중심으로 발해 유민 대연림이 일으켜 일년 동안이나 계속되던 홍료국의 발해 광복 운동을 비롯하여, 고영창의 대원국 반란, 그리고 요나라 말기인 1114년 제철소

미지성 2. 막스 에른스트, <거대한 숲>.

를 중심으로 발해 유민 고욕이 일으킨 발해 광복 운동은 모두 철생
산의 집단적인 위력을 빌린 성과다. 철강 노동자를 주축으로 한 사
회주의 혁명을 일으킨 레닌의 선구를 보는 듯하다.

경제 대국?

뿐인가. 발해의 무역술은 현대에 이르러 경제 동물이란 오명까지
감수하면서 그악스럽게 경제 대국으로 부상한 일본을 오히려 한 수
가르치는 바 있다. 발해가 일본과 적극적인 교역을 튼 것은 표면적
으로 보아 신라를 견제하기 위한 것이었지만, 사실은 그것을 위장
한 장사술이었던 것이다.

물론 발해인의 상술은 당나라에도 충분히 발휘되었을 것이다. 발
해는 조공로를 통해 사신을 무려 132회나 보내는데 그들 대부분이
관무역이 목적이었다.

713년 당에 파견된 왕자가 상호 자유무역 수준의 원칙을 제안하

여 당의 승인을 받아낸 바 있거니와, 당은 종주국의 체면 때문에라
도 발해의 조공에 대한 응분의 보답 형식으로 관무역에 응하지 않을
수 없었다.

760년경부터 약 60년 동안 산동 지방의 당제국 무역권은 고구려
유민의 손에 좌지우지되었다고 해도 과언이 아니다. 그러나 일본은
거의 완전히 '당한' 경우다.

대륙 국가인 발해가 겸손한 문구의 국서를 전하자 일본은 종주국
이라도 된 양 기분이 들뜬다. 한반도와 통교가 고작이다가 수·당
대에 이르러서야 대륙 국가와 직접 교역을 트고 그 문물을 흡수하기
에 바빴던 일본으로서는 그럴 만도 했다.

일본은 발해 '사신'을 영접하고 보내는 일에 엄청난 국고를 낭비
하게 된다. 일본의 우대신 후지와라는 발해 사신의 송영(送迎)에 따
르는 폐단을 지적하면서 '저들이 이웃손님 같지만 실은 장사치에 지
나지 않는다'고 한 것은 정곡을 찌른 지적이었다. 발해인은 능숙한
외교적 언사로 상리를 챙겼다.

발해에서 일본에 수출한 것은 모피와 인삼, 일본에서 수입한 것은
견포가 고작이었건만, 그나마 일본은 종주국 기분에 들떠 불리한 교
역 조건을 감수한다. 그야말로 울며 겨자먹기다.

후에 일본 조정은 스스로의 허영심을 반성하고 828년에는 발해인
1백여 명의 입경을 불허하기에 이른다. 발해인과의 사적인 교역도
금했다. 그러나 발해인의 일본 왕래는 끊이지 않고 그후 35회나 계
속되었다.

고려의 발해

그러나 바로 이 모든 것 때문에 국가로서 발해는 사라진다. 말갈
족 유민들이야 그냥 그 땅에서 멸망을 겪으며 아무렇지도 않게 살았

발해의 돌사자상.

겠다. 고구려 유민 중 양민 신분 대부분도 그랬을 게다. 제철 기술자들의 활약은 위에서 언급했다. 그러면 누가, 어떤 계층이 남는가?

상인 계층이자 지배층. 그렇다. 발해 왕족 대진림. 그는 인삼, 백부자, 호피 등 특산물을 갖고 926년, 즉 발해 멸망 직전 오대조 후당 조공 사절 116인 속에 끼였다. 돌아와 보니 발해는 이미 망했다. 그는 어떻게 했을까? 그는 934년(태조 7년) 12월 고려로 망명했다.

대진림은 매우 상징적인 인물이다. 발해에서 고려로 넘어온 것은 고구려의 용맹무쌍한 상무 정신이 아니고, 발해 상인과 발해의 무역술이었을까?

그것이 개성부자 왕건의 탁월한 경제와 결합, 찬란한 고려의 해외 무역 시대를 여는 것일까? 아니, 더 근본적으로 왕건의, 때를 기다리는 순리론은 경제의 흐름 그 자체의 의인화이자 법칙화였을까?

그래서 왕건의 고려는 고구려를 표방하면서도 발해 역사를 그토록 머언 미지의 영역으로 추방시켜 버렸던 것일까?

그러나 이 멸망의 삽입장(挿入場)을 이쯤 끝내고 전 장의 이야기를 계속하자.

왕건과 견훤, 그리고 궁예   15장

세 사람의 만인

신라 백성들이 택한 것은 왕건이었다. 아니, 보다 근 본적으로, 언제나 그렇듯이 그들은 평화를 택했다. 그 리고 신라는 고려의 모태가 되는 쪽을 택했다. 혁명은 겉보기에 정말로 변한 것이 너무 미미한, 너무도 오래 고 혹시 지루한, 무엇보다 기나긴 시간이었다. 그리고 고려가 통일신라를 멸했다기보다는 신라가 고려를 낳 았다고 해야 옳을지 모른다. 왕건으로서도? 왕건으로 서도. 도읍을 옮겼지만, 크게 보아 달라진 것은 바다, 해외 무역, 경제뿐이다.

망국의 슬픔과, 복고 지향의 포악성/민심이 원하는 것/전투 속으로/부하와 지도자/전쟁과 평화/신라의 선택/고 려의 한계/백제적인 최후/멸망의 풍경/무엇보다 기나긴 시간/모태와 경쟁자/세 사람과 왕건/천제, 사람, 이무 기/야, 바다

망국의 슬픔과, 복고 지향의 포악성

경애왕의 포석정 이야기부터 다시 시작하자. 포석정은 왕 전용의 연회장이다. 왕이 상석에 앉아 잔을 물에 띄우면 포석정 수로(水路)를 따라 잔이 한 바퀴 돈다.

그냥 놓아두면 다시 돈다. 물은 높은 데서 낮은 곳으로 흐르는데 이런 일이 어떻게 가능했을까? 그러나 우리는 더한 신비도 이미 여러 차례 보았다.

어쨌든 간에, 나라가 그토록 어지러웠건만 왕은 왜 포석정에서 대대적인 주연을 베풀었을까? 왕건이 도와주겠다는 언질을 주자 그 일을 축하하기 위해서였을 게다.

그러나 때는 11월. 잔치 풍경은 뭔가 어설펐다. 왕비, 상대등 시중 등 최고 벼슬아치 수십 명과 궁녀들의 의관이 포석정 주위를 화려하게 수놓지만 낙엽이 우수수 떨어져 을씨년스러움이 더하다. 망국은 돌이킬 수 없었다.

견훤의 군대가 들이닥친 것은 잔치 흥이 도도할 때였다. 궁녀들은 혼비백산 비명소리로 우왕좌왕하며 삽시간에 아비규환을 만들고 왕과 왕비, 신하들은 미처 피하지 못했다. 견훤의 군대는 그들을 쉽사리 사로잡았다. 왕과 왕비를 데려다 내 앞에 무릎을 꿇려라……

경애왕 자리를 자신이 차지하고 견훤이 그렇게 명한다. 그는 백제 의자왕이 김춘추에게 무릎을 꿇고 잔을 올렸던 장면을 복수하려 하는 것이다.

그 복고 지향이 역시 무리수, 포악성을 결과시켰을까? 경애왕이 무릎을 꿇고 올리는 술잔을 그는 김춘추처럼 받았지만, 김춘추보다 더 심하게 경애왕에게 자진을 명한다. 경애왕은 군사들의 칼날 아래 스스로 목숨을 끊었다.

민심이 원하는 것

이 장면은 견훤에게 치명타로 작용한다. 백성들은 백제로의 복고를 결코 원하지 않았다. 어떻게 원하겠는가. 세상이 얼마나 발전했는데. 왕건이 견훤의 무도(無道)를 꾸짖고 나서자 민심은 왕건 쪽으로 귀결되기 시작한다.

견훤은 고려의 후백제 침공이 두려워 자기 본거지로 돌아간다. 그리고 경순왕은 견훤 덕분에 왕이 되었지만, 견훤이 두려워 왕건에게 도움을 청한다.

그렇다. 이 한 장면으로 견훤은 자신이 쌓아온 모든 것과 자애의 모든 가능성을 잃는 것이다. 물론 바로 그렇기 때문에 이 장면은 왕건의 승리를 정당화하기 위해 후세 고려 사가들이 꾸며낸 것임이 분명하다.

어쨌거나 왕건과 견훤의 절멸전(絶滅戰)이 이제부터 시작되는데, 견훤은 여전히 강했다. 견훤을 따르는 군사들의 사기 또한 여전히

포석정.

하늘을 찌를 듯했다. 경애왕 사망 소식에 격분한 왕건이었지만 그후 2년 동안 견훤 군에게 연달아 패배하고 죽을 고비를 몇 번 넘긴다. 가령 공산 전투 속으로 들어가 보자.

전투 속으로

견훤은 먹이를 보고 으르렁대는 한 마리 사자와 같았다. 그는 대군사를 이끌고 공산(대구 팔공산)으로 나가 진을 치고 고려 군사를 기다린다. 견훤은 공산 지리에 훤했고 왕건은 그렇지 못했다.

뒤늦게 당도한 고려군이 후백제의 진을 포위하려고 산을 에워싼다. 견훤은 쫓기는 척하면서 산골짜기 깊숙이 도망친다.

고려군이 기세를 올리며 그뒤를 맹렬히 쫓는다. 고려군 선봉장은 신숭겸과 김낙. 둘이 의기충천하여 골짜기 깊숙이 들어가는데 갈수록 골짜기가 좁고 험해진다. 급기야 후백제 군사는 찾아볼 수도 없게 된다.

이상하군……. 인마가 다니려면 이곳밖에 없는데. 어슬렁어슬렁 가다 보니 왕건 대열도 선두에 서게 된다. 그런데 수풀이 너무 괴괴하고 조용하다. 아차! 그러나 때는 늦었다.

좌우 벼랑 숲에서 둑이 터진 듯 후백제 군사가 그들을 덮쳤다. 화살이 또한 비오듯 쏟아진다. 이길 수는 없다……. 그렇게 직감이 간담을 찔렀다.

신숭겸이 소리친다. 마마를, 마마를 모셔라! 김낙이 재빨리 왕건의 말고삐를 잡아채고 길을 뚫는다. 신숭겸을 두고 혼자 갈 수 없다며 왕건이 소리치지만 막무가내이다.

좁은 산골짜기기가 갑자기 피비린 아수라장으로 돌변한다. 말울음소리. 비명소리. 창과 칼이 부딪치는 소리. 피가 튀고 땅을 적시고 땅에 고였다.

부하와 지도자

신숭겸이 후백제 군사들을 가로막는 사이 김낙은 간신히 왕건을 빼돌린다. 어느새 군사들과 뒤엉켜 신숭겸의 모습이 보이지 않았다. 둘은 간신히 골짜기를 빠져나왔다. 후우. 살았는가? 신장군은 어찌 되었는가?

그렇게 한숨 돌리려는 찰나 두 사내가 그들을 가로막고 섰다. 네이놈, 왕건. 쥐새끼 같은 놈! 너 혼자만 살려고 도망치느냐! 왕검을 덮치는 그 두 사내는 견훤의 두 아들 신검과 용검. 김낙이 용검과 칼을 겨루는 사이 신검의 단검이 날아 왕건의 말에 꽂혔다.

말은 비명을 지르며 나뒹굴고 왕건은 땅으로 더 강하게 내동댕이쳐지고, 그런 왕건에게 신검이 칼을 들고 달려든다. 실로 경각에 달린 목숨이었다. 그러나 김낙이 번개처럼 몸을 날렸다. 그는 신검의 칼을 제 몸으로 막고 왕건을 자기 말에 태우고는 말 엉덩이를 힘껏 걷어찬다.

왕건은 구사일생으로 생명을 구했고, 김낙은 무수한 칼질을 몸으로 받았다. 그리고 죽었다. 그가 원했던 바이다. 그는 자신의 목숨을 임금의 목숨과 바꾼 것이다. 왕건에게는 이런 부하가 많았다. 그가 인자하고 덕이 많은 지도자였던 것은 사실이다.

전쟁과 평화

그러나, 그러므로 전세는 2년 후 뒤집힌다. 왕건은 부하의 죽음을 헛되이 하지 않기 위해 절치부심했고, 견훤은 날로 자만해져갔다. 공산 전투 이후 견훤은 왕건에게 이런 내용의 편지를 보낸다.

> ……메추라기 같은 신라와 고려가 매 같은 백제를 감히……. 그대는 내 말 머리도 보지 못했고 내 쇠털 하나도 뽑지 못했다 ……. 내가 원하는 것은 평양성 성루에 활을 걸고 대동강 물을 말에게 먹이는 것이다…….

왕건의 답장은 농민들을 위해 평화를 촉구하는 내용이다. 전쟁으로 농민들이 생업에 종사하지 못하고 군인들은 쉬지 못한다……. 그래서 누가 이겼을까?

929년(경순왕 3년) 고창(안동) 전투에서 견훤은 8천여 명의 사상자를 내며 대패한다. 그리고 다시는 커다란 승리를 맛보지 못하고 계속 몰락의 길을 걷는다.

신라의 선택

나이도 쇠했다. 해이해진 신라 군사들을 재조직했던 그의 군대는 강성했으나 점차 옛날 모습으로 돌아가고 있었다. 무엇보다 그는 권력을 잡은 후 새로운 국가 형태에 대한 전망을 고민하지 않고, 옛날의 신라를 막연히 지향했다. 그러나 가장 큰 이유는 망국 신라의 민심이 왕건을 택한 것이다. 왜 왕건을 택했을까?

고창 전투에서 왕건이 승리했다는 소식을 들은 신라는 백성과 조정 모두 크게 기뻐했다. 신하들이 다투어 왕께 아뢴다. 왕건을 서라벌로 초청하소서. 후백제를 막으려면 그의 힘이 필요합니다. 그의 언질을 확실히 받아두는 것이……

서라벌을 방문한 왕건 일행은 백성과 조정으로부터 대대적인 환영을 받는다. 고려 백성의 환영보

병사상.

다 더 요란했다. 그럴 만했다. 온화한 왕건과 용맹스러운 군사, 그리고 왕건 옆에 그의 딸인 절세의 미녀 낙랑공주. 여기서 그는 고구려를 재현하려는 것일까, 고구려의 아름다움의 비극을 극복했음을 과시하려는 것일까?

백성들의 환호에 왕건은 놀랍고 기쁜 마음을 금치 못한다. 그러나 더 놀랄 일이 벌어진다. 서라벌 방문 마지막 날 밤에 경순왕이 왕건에게 선물을 바치는데, 뜻밖에도 신라 삼보 중의 하나인 진평왕의 옥대다. 아, 그렇구나. 신라의 운명을 이렇게 내게 맡긴다는 뜻인가……

그러나 과연 그럴까? 신라 백성도, 신라 조정도, 오히려 왕건을 흡수한 것이 아닐까? 그렇게 고려는, 이름이야 어쨌든 간에, 무엇보다 신라의 후예가 되는 것이 아닐까?

왕건은 왜 이겼을까? 지구전, 소모전, 버티기를 견딘 제2인자로서 이겼다. 무엇보다 순리의, 경제의 승리임을 우리는 언급했다.

고려의 한계

그러나 순리란, 변혁되지 않고 이어지는 경제의 흐름이란 무엇인가? 궁예와 견훤의, 무엇보다 통일신라의 한계가 극복되지 않고 고스란히 고려로 이어진다. 더 크게 보면 고구려의 기상이 단절되고 고려는 신라 속으로 안주한다.

왕건은 궁예와 견훤의 변증법적인 합조차도 아니다. 그는 한반도 백성들이 혁명을 버리고 평화를 선택한 결과이다. 그렇다면 당의 개입 없이 정말 독자적으로 후삼국을 통일한 것은 다름아닌 평화 지향이다. 그렇다면 한반도의 전쟁은 벌써부터, 크게 보아 외세 탓이었는가?

신라는 멸망하는가? 아니다. 신라는 후삼국 시대를 잉태하고 그 통일을 분만한 자궁이 된다. 그것이 신라를 그토록 끔찍이 사랑했던 관음보살의 마지막 배려였던가? 그래서 신라가 멸망한 후에도 신라 이야기는 계속 이어진다. 고려 속으로까지.

그러나 고려는 관음보살의 사랑을 받지 못하리라. 궁예가 보여준 미륵불과 미신의 혹세무민적인 결합은 고려에 들어 두드러진 현상이 된다.

고려는 신라 못지않게 불교를 사랑했지만, 과도하게 병적이거나, 음란하거나 짝사랑인 면이 많았다. 유교와의 권력 투쟁, 그리고 상업·세속과의 결탁이 그 주요 원인이리라.

미륵은 중생구원불이지만 바로 그렇기 때문에, 정치와 종교 및 예술 간 고도의 결합 수준이 없다면 쉽사리 우중정치가로 둔갑한다. 관음보살이 아름다움으로 타락, 음탕녀로 변질되듯이.

통일신라 말과 고려 초기에 승려 도선에 의해 성행하기 시작하는 도참도 그 중요한 징후 중 하나일 것이다.

백제적인 최후

왕건의 승리는 그렇게 이미 굳어졌지만, 우리는 후삼국 시대 이야기를 계속하자. 932년 견훤의 충실한 부하였던 공직이 고려에 투항한다. 견훤은 이 무렵에도 예성강 어구에 침입, 1백여 척의 전함을 불태우고 말 3백여 필을 잡아오는 전과를 올렸다.

그러나 934년 운주 공격에서는 대패하고 만다. 이때 견훤의 나이 67세. 죽기 2년 전이다. 그의 최후는 백제적으로 지지부진했다.

왕위 계승을 둘러싸고 가족 간에 내분이 벌어진다. 견훤은 많은 아내를 두었고 아들을 열 명 얻었다. 그중에서 넷째 금강을 특히 사랑하여 그에게 왕위를 물려주려 했는데 그게 화근이 안 될 리 없다.

935년 3월 금강의 형인 신검, 양검, 용검 등이 모사, 견훤과 금강을 금산사에 유폐시킨다. 여기서 금강은 죽고 견훤은 6월 막내아들 능예, 딸 쇠복, 첩 고비 등과 함께 나주로 도망쳤다.

그리고 어떻게 되는가? 그는 왕건에게 사람을 보내 의탁하기를 청했다. 왕건은 유금필을 보내어 정중하게 맞아들이고 상보의 지위를 내리고 상주를 식읍으로 주었다. 상보는 백관보다 높은 지위다.

후백제는 점차 내분이 생기더니 왕건에 의해 멸망했다. 신검, 양검, 용검 등은 목숨을 조금 더 유지하다가 모두 살해되었다. 얼마 후 견훤 또한 우울증에 시달리다가 창질이 나서 죽었다. 후백제란 시대 자체가 그렇게 마감된다.

멸망의 풍경

견훤은 외교에 능했고 군사에도 밝았다. 그의 근거지는 더군다나 국제 무역이 성행하던 곳이었다. 그러나 그의 국가관은 미래적이지 못했다. 순서는 왜곡되지만 견훤의 생애는 결국 백제의 안타까움으로 집약된다.

궁예는 고구려의 최악화로 곤두박질쳐 왔다. 그들이 구체적으로 백제 및 고구려의 재건을 꾀하지는 않았다 하더라도 그들의 시대를 후삼국 시대라고 부르는 부정적인 까닭이다.

이것은 개인의 운명인가, 멸망한 고구려와 백제의 운명인가, 멸망의 운명인가, 한반도의 운명인가, 아니면 역사 전체의 운명인가. 이제 그야말로 평화롭게 왕건의 행보를 좇아볼 때다. 조금 앞으로 가서, 견훤 사망 직전이다.

견훤이 왕건에게 의지했다는 소식을 들은 경순왕은 935년 11월 항복을 원하는 국서에 도장을 찍었다. 재위 9년째. 신라가 56왕으로 이어가며 992년 동안 존속한 때다.

멸망의 풍경. 제임스 엔소르, <예수의 브뤼셀 입성>.

태자가 싸워보지도 않고 그럴 수 없다며 격분했으나 대세를 바꿀수는 없었다. 태자는 비단옷을 벗고 삼베옷을 걸치고 대궐을 떠난다. 그는 혼자 금강산에 들어가 풀뿌리와 나무 열매로 연명하며 여생을 마쳤다. 그래서 그를 마의태자라 부른다. 망국 신라의 태자답다.

무엇보다 기나긴 시간

왕건은 섭시중 왕철을 보내어 경순왕을 맞이하게 한다. 그는 원했던 대로, 아니, 체질에 맞게, 싸우지 않고 신라를 얻었다. 그리고 신라를 이었다. 왕건은 경순왕을 따뜻하게 위로해주고 낙랑공주를 아내로 짝지어준다.

그렇게 고려가 고구려를 신라에게 주는가. 경순왕은 경주로 개명한 서라벌을 식읍으로 받았다. 왕건은 신라 신하들에게도 적당한 벼슬을 내려 걱정 없이 살게 해준다.

백성들은 왕건의 그런 모습에 안심한다. 아니, 그 뜻을 감으로 알았으리라. 왕건은 후백제의 정복도 서두르지 않았다. 왕건에게 건국과 혁명은 무엇보다 기나긴 시간이었다. 그러나 어떤 혁명과 건국인들 그런 면이 없으랴.

왕건에게 정말로 특이한 점은 다른 데 있다. 그에게 혁명과 건국은 숱한 결혼이었다. 그는 호족 세력의 포섭을 위해 무려 40여 차례나 결혼을 하였다.

신라가 항복하기 전인 934년 발해 왕족 대광현이 마지막 왕 대인선의 세자를 자칭하며 장군 신덕 등과 더불어 백성 수만 명을 데리고 고려로 내려왔다고 한다.

왕건은 그를 극진히 대접한다. 대광현에게 '왕'씨 성을 내려 왕계라고 이름 붙여준 후 종적에 편입하고 원보라는 관직을 수여, 백천을 지키며 조상의 제사를 받들게 했다는 것이다.

무엇보다 기나긴 시간. 프랜시스 고야, <1808년 5월 3일의 처형>.

모태와 경쟁자

그러나 이 일에는 연대가 각각 틀린 여러 기록이 존재한다. 뭐, 두 나라가 거의 동시에 망했고 신라가 고려로 '되는' 데 그리 대란을 겪은 것은 아니므로 얼마든지 그럴 수도 있겠다.

그리고 이 기록에서도 발해에 대한 고려 사가의 시각은 이중적이다. 발해의 백성과 발해의 영토(?) 일부가 고려에 '투항'해 왔고, 왕건이 그들을 관대하게 맞았다는 강조가 역력하지만, 다른 한편으로 완벽한 고려화를 통한 발해 말살 의도가 포착되는 바 있는 것이다.

고려에게 발해는 신라와 다르다. 신라는 고려의 모태지만 발해는 고려의 '지워버리고 싶은' 경쟁자인 것이다. '남남북녀'류의 쓸데없이 거대한 구분이 아마 고려 시대에 생겨난 것 아닐까?

936년 왕건은 일선군(서난)의 일리천을 사이에 두고 최후 결전을 벌여 후백제를 멸하고 후삼국 통일의 위업을 달성했다.

그는 통일 직후 ≪정계≫ 1권과 <계백료서> 8편을 친히 저술, 중

외에 반포한다. 새 통일 왕조의 정치 도의와 신하들이 준수해야 할 사항 등을 가르치는 내용이겠으나 현재 전하지 않는다.

그는 또 죽기 전에 대광 박술희를 내전으로 불러들여 <훈요십조>을 친히 전했다. 이 <훈요십조>는 그의 정치 사상을 엿보게 하는 귀중한 자료다. 하지만 그것은, 풍수와 연관된 것말고는, 권을 넘겨 논할 문제다.

세 사람과 왕건

여기에 신라 말기 다른 세 사람 이야기를 덧붙인다.

한산주 표천현에 요상한 사람이 살았다. 그는 부자 되는 '술법'을 가르쳐 준다며 사람들을 현혹했고 무리들이 그런 그를 따라 다녔다. 나라에서는 그 요상한 사람을 혹세무민죄로 처형했고 그 무리들까지 엄하게 벌주었다.

그러나 왕건 또한 무엇이 다른가. 그는, 그도 부와 안정에 대한 백성들의 희구를 잘 읽고 이용했다. 다만 왕건은 나라 전체를 조망하며 때를 기다렸고 그 '요상한' 사람은 제 눈앞밖에 보지 못했다. 자기를 잡으러 오는 자조차 그는 보지 못했다. 혁명과 이단의 차이다.

보양은 신라 말 고려 초의 고승이다. 중국에서 불법을 전해받고 오는데 서해 용왕이 그를 용궁으로 맞아들여 불경을 염송(念誦)해달라고 부탁한다. 그가 부탁을 들어주자 용왕은 금빛 가사 한 벌을 답례로 주었다.

용왕은 자신의 아들 이목을 보양에게 딸려 보내며 말한다. 지금은 난리 중이라 없지만 내 아들을 데리고 작갑(鵲岬)으로 가서 절을 짓고 전쟁을 피하면 수년 내에 불법을 보호하는 임금이 나와 삼국을 평정할 것이다……

귀국한 후 보양과 이목은 밀양 봉성사에 머문다. 그러던 어느 날 왕건이 찾아와 묻는다. 산적들이 견성(犬城) 문을 꼭꼭 닫고 항복하지 않는데 묘안이 없는가……

견은 개니 밤에만 앞을 지키지 않는가. 낮에 그 북쪽을 치라……. 그의 말대로 했더니 적이 패하고 항복했다. 왕건은 답례로 가까운 고을의 조세 50여 석을 주었다. 그리고 절에 보양과 왕건의 초상을 절에 봉안했다.

천제, 사람, 이무기

그후 보양과 이목은 용왕의 말에 따라 작갑에 이르렀는데, 한 늙은 승려가 도장 궤를 주고 사라진다. 본인 말로 원광이라 했다.

허물어진 절을 일으키려고 북쪽 고개로 올라가 살펴보니 5종의 황색탑이 보였는데 내려가 그곳에 이르니 없다. 다시 올라가 그곳을 바라보니 까치다. 수많은 까치 떼가 땅을 쪼고 있었다.

아, 그래서 작갑이라 하였구나……. 그 땅을 파보니 오래된 벽돌이 무수히 있다. 그것으로 탑과 절을 짓고 작갑사라 하였다. 왕건은 후삼국을 통일한 뒤 그 소식을 듣고 전지 5백 결을 절에 납부했는데 이는 신라 때부터 청도에 있다가 소실된 소작갑, 대작갑, 소보갑, 천문갑, 가서갑사 등 5갑사의 전지를 합한 것이다. 937년(고려 태조 20년) 운문선사라고 왕건이 사액했다.

이목은 절 옆의 작은 못에 살면서 보양의 법화(法化)를 도왔다. 어느 해 몹시 가물어 야채까지 마르자 보양은 이목에게 비를 내려달라고 청했다. 이목은 비를 충분히 내리게 하였다.

그런데 천제가 이 일을 알고는 월권죄로 이목을 죽이라 한다. 보양은 이목을 평상 밑에 숨기고, 죽음의 사신들이 오자 뜰 앞 배나무(梨木, 이목)를 손으로 가리켰다.

사신들은 배나무에 벼락을 치고 하늘로 올라갔다. 꺾어진 배나무를 이목이 어루만져 다시 살렸다. 보양은 이 절에서 살다 죽었다. 이목은 이무기다.

아, 바다

보요 또한 같은 시대 승려다. 신라 말에 두 차례 중국 남쪽 오월로 가서 대장경을 가져왔다. 그때 이야기다. 해풍이 갑자기 불어 배가 표류하게 되었다.

그는 신룡이 대장경을 바다에 두려고 그러는 것을 알고는 정성껏 축원하면서 용의 공덕을 빌었다. 그러자 바람이 자고 물결이 잔잔해졌다.

귀국하여 그는 대장경을 모실 곳을 두루 찾아다니다가 산 위에 상서로운 구름이 피는 것을 보고 제자 홍경과 함께 해룡왕사를 창건하였다. 이 절에 용왕당이 마련되어 영험을 발했는데, 용왕이 대장경을 따라와 그리된 것이라 한다.

웬 용왕이 이리 잦은가. 아, 바다. 그래 바다인가. 고려에 들며 바다, 해상 무역의 의미는 급기야 불교의 그것을 넘어선다.

역사 기행, 경주 16장

무덤으로 완성된 영원의 예술

멸망기 경주의 모습은 어땠을까? 신라인들의 심정은
어땠을까? 물론 슬펐겠지만, 이미 위안이 더 거대했
으리라. 이 장은 무덤으로 완성된 영원·예술의 도시
경주를 재현하면서, 신라 역사 전체를 공간화해본다.

삶과 죽음을 잇는 통로

신라인들은 무엇으로 위안을 삼았을까?

그 당시 경주를 살펴보면 그 의문은 쉽게 사라진다. 멸망에 가까울수록 신라인들은 자기들이 사는 도시 경주가 무덤으로 둘러싸여 있다는 것을 새삼 깨닫게 되었을 것이다.

그리고 웅장하며 압도적이던 그 무덤들이 점차 점차 아늑한 보금자리 같은 느낌을 준다. 그래. 허무인가. 삶이란 무엇인가. 국가란 또 무엇인가. 이상하지…….

그것보다 더 소중한, 찬란하고 영원한 그 무엇이 있음을 그들은 감지한다. 뭐라 이름지을 수는 없어도 그것은, 역사는 흐르지만 이룩된 것은 영원하다는 진리 아니었을까?

그리고 무덤은 속이 텅 비어 있으면서도 그 외형만으로 삶과 죽음을 아름답게, 또 편안하게 연결시켜 주는 통로다. 나이들수록 아름다워지는 아름다움의 편안함.

그게 바로 '썩지 않고 영원히 사는 예술의 극치' 아닐까? 신라의 왕릉은 내내 처녀의 젖가슴이다.

산맥과 강

태백의 지맥인 동대산맥과 주사산맥이 남북으로 내달리며 동서의 경계를 이룬다. 화강암 침식분지를 명활산, 금오산, 옥녀봉, 선보산, 금강산이 둘러싼 천연 요새.

형산강 상류인 인천이 남으로 흐르며 서쪽 경계를 이루고, 북천이 중심부를 관통하며 남천은 반월성을 끼고 돈다. 그 세 지류가 합친 형산강 본류가 영일만으로 흘러든다.

이 143미터의 금강산은 허리에 백률사를 품고 서쪽 기슭에 불굴사지 석불상을, 남쪽 기슭에 석탈해 왕릉을 식솔로 거느린다. 국가 중대사를 이 산에서 모여 논의하면 반드시 성공했다고 한다.

명활산 높이는 245미터. 신라 6촌 중 하나인 금산가리촌 촌장 지타가 하늘에서 이곳으로 내려왔다.

무덤들, 그리고

산 위를 7,818척 길이의 돌성이 에워싸는데 특히 일본 해적들의 침공을 방어하기 위해 세운 것이다. 인물과 치적에서 일대 성세를 누렸던 진평왕릉이 산 서쪽에 자리잡고 있다.

선도산의 높이는 381미터. 산 위를 2천여 보 길이의 성이 에워싼다. 남쪽에 마애석불상, 동남쪽으로 성모사, 서쪽에 삼국 통일의 토대를 다진 태종 무열왕과 김인문, 김양 등 여러 명신들의 무덤이 유연한 곡선미를 드러내며 고요하다.

서악서원도 그쪽에 있다. 높이 745미터의 토함산이 한 자락 내려

앉은 곳에 석굴암이 각인되어 있고 진터에 이르러 불국사가 불토(佛國)의 대낮을 형상화한다.

북쪽의 금오산과 남쪽 고위산 두 봉우리를 잇는 산들과 계곡을 통칭해서 남산이라고 부른다. 정상 높이는 466미터, 남북 길이 약 8킬로미터, 동서 너비 약 4킬로미터의 거대한 구릉에서 북으로 산맥이 뻗어 상사암, 해목령, 도당산 등 봉우리가 솟고, 남으로도 산맥이 뻗어 495미터의 고위산에서 절정에 달하므로 동쪽은 가파르고 짧은 반면, 서쪽은 경사가 완만하고 길어서 전체적으로 타원형이 직사각형으로 꼴을 바꾸어 가는 형세다.

탄생지, 그리고

박혁거세가 하늘에서 내려왔다는 우물, 나정이 바로 이 남산 기슭에 있다. 오릉에서 남동쪽으로 1킬로미터쯤 떨어진 소나무 숲속이다. 신성한 숲과 차고 깊은 우물. 그곳에서 모든 것이 시작되었던가.

불상들, 그리고

528년 이후 불교가 공인되면서 남산은 부처가 상주하는 신령스러운 산으로 추앙받았다. 헌강왕 때 산신이 나타나 춤을 추며 나라의 멸망을 경고했던 산이다.

총 34군데의 계곡에 사찰, 석탑, 마애불, 석불 등이 흩어져 있다. 동남산 인용사는 문무왕의 친동생 김인문을 위해 지은 절. 그가 당에 사신으로 갔다가 옥에 갇히자 그의 안녕을 빌기 위해 관음도량으로 설치했다가 그가 귀국하던 도중 바다에서 죽게 되자 미타도장으로 바꾸어 명복을 빌었다.

동남산 기슭에는 한 정사가 있다. 상서장. 최치원이 머물며 공부하다가 시무 10여 조를 진성여왕에게 올렸던 곳이다. 영정각 3칸, 상

경주 남산 탑골의 마애
사면불 동면.

서장 5칸, 수호실 3칸으로 구성된 와가 3동이다.

김유신이 기생 천관을 위해 지은 천관사는 도당산 서쪽 기슭에 있다. 상서장에서 남산리로 가는 문천가에 양지 마을이 있고 그 동편에 절골, 부처바위골이 나오고 동남쪽으로 3백 미터쯤 더 가면 탑골 입구다. 그곳에 옥룡암이라는 암자가 있고 그뒤 거대한 암석에 조각들을 새겨놓았다.

암석은 사방 사면으로 되어 있다. 북면이 가장 높은데 높이 9미터, 너비 6미터이고 동면은 높이 7미터, 너비 12미터이다. 서면은 높이와 너비 각각 6미터 정도. 북면 바위 중앙에 여래상이 새겨져 있고 양쪽에 목탑이 늘어서 있다.

그 위로는 '하늘을 나는' 비천상. 목탑을 지키는 것은 사자 형상의 짐승 두 마리다. 석가모니가 설법하는 광경이다.

서면 바위에는 여래좌상과 비천상이, 남면 바위에는 삼존불상이 새겨져 있다. 왼편으로 여래상, 그 불상 앞에 여래입상이 있다. 그

정면으로는 석등과 3층 석탑. 그 앞에 가로놓인 큰 바위에도 조각이 새겨져 있는데, 승려가 합장하는 모습이다.

동면 바위는 크게 셋으로 구분된다. 맨 끝면에 금강역사가 새겨졌으니, 절 입구다. 둘째 부분은 여래좌상, 첫째 면은 보리수 두 그루와 결가부좌한 인물상.

동남산에는 그밖에도 미륵골, 천암골, 쳐화골, 오산골, 대지암골, 쑥두듬골, 승소골, 천동골, 봉화골 등이 있는데 가장 깊은 계곡은 봉화골이다.

이곳 큰 바위에 삼존불과 사방불 등 7개의 불상이 조각되어 있으므로 그것을 7불암이라 한다. 석굴암에 견줄 만큼 훌륭한 조각품이다. 그뒤로 높이 솟은 바위에는 마애보살반가상.

이야기들, 그리고

서남산에도 마찬가지다. 천룡골에는 천룡사가 있다. 당나라 사신 악붕구가 이 절이 허물어지면 신라가 망할 것이라고 예언했던 절이다. 용장골은 남산에서 가장 깊은 계곳.

사찰만 18개소가 있고 그중 하나가 용장사다. 유가의 대덕 태현이 미륵불의 석조 장륙상에 예배할 때에 불상도 태현을 따라 얼굴을 돌렸다는 절이다.

비파골은 용장골에서 경주 쪽으로 7백 미터 지점이다. 네 군데의 절과 네 개의 석탑이 있다. 아, 끝이 없다. 그렇게 약수골, 삿갓골, 삼릉골, 기암골, 유느리골, 포석골, 장창골…….

남근과 여근을 닮은 돌들이 예술의 세례를 받아 가장 성스러운 부처로 변모해간다. 동시에 자연은 자연인 채로 외양의 선을 바꾸어 사람과 부처가 하나되는 정결한 집으로 변모한다.

집이 세상일 때 인간의 마음 또한 무진장의 세계. 신라인들은 정

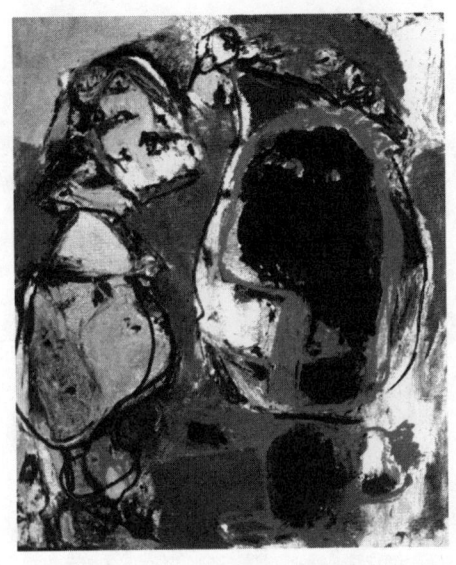

이야기들, 그리고. 야스거 요른, <사람을 닮은 바위>.

말 남산을 부처가 사는 곳으로 조각하려 했던가.

다시 무덤들, 그리고

평야 가운데 두 봉우리가 솟았는데 북쪽 것이 황복산(106미터), 남쪽 것이 낭산(1백 미터)이다. 선덕여왕의 능이 그리 자애로울 수가 없는데, 그 주변을 3층 석탑과 불상과 여러 절들이, 아름다움을 여는 자세로 둘러싼다.

실성왕 때 이 산 위에 구름이 누각처럼 피어오르고 오랫동안 향기가 그윽했다. 하여, 이 산을 신선들이 노는 복지(福地)라 하고 그 산의 나무를 베지 못하게 하였다. 자비왕 때 백결이 이 산에 살았는데, 거문고로 방아 찧는 소리를 냈다고 한다.

낭산 기슭에는 선덕왕, 신문왕, 효공왕, 신무왕의 무덤이, 남산 기슭에는 헌강왕, 정강왕, 경명왕, 경애왕이 무덤이 솟는다. 김유신 무덤은 시내 서쪽에 있다.

아, 산은 무엇을 머금고 저리 싱그러운 젖가슴을 마련해주는가. 신라의 역사는 저 무덤으로 무엇을 완성하는가. 역사를 공간화(空間化)해서 보면, 삶은 마침내 죽음의 찬란한 육화일 것인가.

사찰들, 그리고

절은? 골짜기마다 절, 불상, 탑이 흩어져 있다. 절 또한 세상 자체의 찬란한 무덤 아닐 것인가. 그러나 그 안에는 진리와 예술의 보물들이 내장되어 있다. 그리고 산이 절을 품지 않고 절이 산자락을 일으킨다.

분황사는 시내에 있다. 선덕여왕 때 지었고 당에서 귀국한 의상이 극진한 대접을 받으며 머물렀고 원효가 이 절에 머물면서 <화엄경소>와 <금강명경소> 등 명저를 남겼다. 그의 교학이 이 절을 중심으로 널리 퍼졌으므로 이 절은 법상종의 근본도량이 된다.

설총이 원효의 유해로 소상을 만들어서 안치한 곳도 이곳. 그가 고개를 돌린 모습이 그대로 있다. 솔거가 그린 관음보살상이 있고 희명이 아이 눈을 뜨게 해달라고 빌던 천수대비도가 있다.

755년(경덕왕 14년) 봉안된 약사여래입상도 있는데 무게가 30만 7백 근. 본피부의 강고내말이 만들었다. 9층 석탑도 있다.

기단 한 변이 약 13미터. 네 모퉁이를 각각 화강암 사자상이 호위한다. 두 마리는 수컷, 두 마리는 암컷. 석탑 안에 은합과 옥, 가위, 금은 바늘 등이 들어 있고 은합 속에 사리가 다섯 알 들어 있다. 아, 탑도 무덤. 불교 자체가 무덤인가.

역사의 공간화(空間化)

백률사는 금강산 기슭에 있다. 말갈에 잡혀갔던 부례랑의 부모가 여러 날 기도를 드리던 절이다. 왕은 부례랑과 만파식적의 귀환을 부처님께 감사드리기 위해 금그릇과 은그릇, 그리고 가사를 지어 바쳤다. 금동약사여래입상은 사람 크기에 표정과 몸매가 매우 인간적이다.

백률사 청동여래입상.

보리사는 남산 미륵골에 있다. 이 절의 석불좌상은 남산 사찰들의 불상 중 으뜸이다. 그리고 마애불이 절 입구에서 3백 미터 위쪽에 있다.

총 높이 1.5미터의 광배(光背)형 감실을 파고 그 안에 0.9미터의 여래좌상을 조각해놓았다. 얼굴은 미소를 머금은 원만한 모습이고 옷자락이 두 무릎 사이까지 늘어진다.

그리고 그 거대한 황룡사가, 치솟는 9층 목탑 아래 자비의 세계가 펼쳐지는 형용으로 시내의 반석을 이룬다.

사천왕사는 또 어딘가. 낭산 기슭이다. 문무왕 19년에 창건된 절로, 그 곁에 그 아들 신문왕의 무덤이 있다. 당군을 물리치기 위해 밀교의 명랑법사가 세운 절이다. 선덕여왕 무덤이 그 위에 있으니 그녀의 예언대로 그곳이 도리천이다.

이 절은 금당을 중심으로 동탑, 서탑이 있고 북으로는 좌경루, 우경루가 있어 마치 본존불이 안치된 금당을 중심으로 4천왕이 배치된 형세다. 당대 제일의 승려 조각가 양지가 사천왕상을 조각했다.

석장이 저절로 탁발을 해왔다는 석장사의 양지, 장육삼존상의, <풍요>의 양지가 바로 그이다. 양지에 대해서는 후에 다시 언급한다.

망덕사가 사천왕사 건너편에 있다. 당이 사천왕사에 대한 소문을 물고늘어지자 신라는 사천왕사가 당을 위해 지은 것이라고 변명한다. 당 사신이 그 진위를 가리기 위해 파견되어 왔는데, 그를 속이기 위해 서둘러 지었다가 그후 정식으로 지은 절이다.

755년(경덕왕 14년) 이 절 탑이 흔들렸는데 그해 중국에서 안녹산의 난이 일어난다. 사람들은 '당 조정을 위해 지은 절이니 당연히 그럴 것'이라 하였다.

효소왕이 이 절에서 제를 베풀 때 교만함 때문에 진신석가를 알아보지 못하고 후에 낭패를 당했다. 선률이 불경을 베껴쓰던 절도 바로 이 절이다.

고선사는 암곡에 있다. 뱀복이 원효를 찾았을 때 그는 이 절에 있었다. 3층 석탑이 석가탑 못지않게 강한 우아미를 풍긴다.

흥륜사 이야기

흥륜사는 신라에 불교를 전파한 승려 아도가 창건한 신라 최초의 사찰이다.

처음에는 규모가 매우 검소하여, 초가집을 짓고 살며 불법을 강연하는 게 고작이었다. 눌지왕이 죽고 이 절은 그나마 폐가가 된다.

그러나 이차돈이 순교하고 그 절터에 대사찰로 중창되었다. 진흥왕이 말년에 승려가 되어 주지 노릇을 하던 절이다. 그후 이 절은 대법회를 주관하는 도량이 되었다.

김대성이 전생에 밭을 보시한 곳이 바로 이 절이고, 김현이 호랑이와 인연을 맺은 것도 이 절이다.

오당(吳堂)에 미륵삼존불상이 있다. 선덕여왕 때 승상 김양도가 봉안한 것이다. 금당(金堂)에는 신라 10성(十聖)을 그린 벽화가 있다. 동쪽 벽에는 아도, 이차돈, 의상, 혜숙, 안함이, 서쪽 벽에는 표훈, 원효, 자장, 혜공, 사복이 그려져 있다.

금당 좌우로 행랑이 있고 좌경루와 연못, 그리고 탑이 있다. 남문은 길달문. 비형이 부리던 귀신들 무리 중 길달이 지었다.

이 절은 황룡사, 사천왕사와 함께 손꼽히는 규모를 자랑한다. 신라 말 반군이 불을 질러 많은 부분이 불탔는데, 921년(경명왕) 정화와 단계 두 승려가 기부금을 모아 중수하려 했다. 얼마 되지도 않아 제석천이 절 경루에 내려와 열흘 동안을 머문다.

오색 구름이 절을 뒤덮고 절에 향기가 가득하자 사람들이 다투어 옥과 비단 등을 시주하고 공장들이 자진해서 공사에 참여, 중수작업이 단 며칠 만에 끝났다.

제석천이 다시 하늘로 올라갈 때 승려들이 그 모습을 그려 모시고자 했지만 제석천은 자신보다 보현보살의 상을 그리라고 했다.

벽 사이에 그 보편보살의 그림이 있다. 아니, 이 모든 것보다 더 중요한 게 있다. 흥륜사는 기와에 사람 얼굴을 새겼는데, 석굴암의 부처가 서민으로 거듭난 듯 소박한 슬픔과 기쁨의 표정이 절묘하게 겹쳐져 범속의 또 다른 진경을 보여준다.

다시 이야기들, 그리고

감은사가 용당 동해안에 있다. 금당 밑바닥에서부터 일정한 높이의 공간을 냈다. 호국룡이 된 문무왕이 들락거렸던 공간이다. 그 부근이 바로 대왕암. 급류가 소용돌이치는 것이 호국룡 문무왕이 왜

무덤의 표정. 마르크 샤갈, <나
와 마을>.

구를 덮쳐 침몰시키는 모습 그대로다.

　괘릉은 원성왕릉이다. 왕릉이 조성되기 전에는 이곳에 작은 연못
이 있었는데 그것을 원형 훼손치 않고 그 위에 왕의 유해를 걸치는
방식으로 묘를 만들었다. 그래서 괘릉이다.

　이 괘릉은 통일신라 시대 무덤 중 가장 완벽한 구조를 갖추고 있
다. 지름 약 23미터, 높이 약 6미터의 원형 토분을 호석(護石)이 단
아하게 둘러쳤다.

　무복 차림으로 이 무덤을 호위하는 12지신상 조각은 매우 정교해
서 신라 시대 조각 중 으뜸으로 꼽는다. 봉분 중심에서 남쪽으로 약
80미터 떨어진 위치를 기점으로 동서로 약 25미터 간격을 두고 얼굴

을 마주 대하고 있는 돌사자 두 쌍, 문인석 한 쌍, 무인석 한 쌍 등 조각도 일품인데, 특히 무인상은 서역, 페르시아 무인의 모습이 완연하다.

첨성대는 별을 관찰하며 나라의 길흉을 점치던 곳이다. 재매정은 김유신의 옛 집터. 대문 등이 고스란히 보존되어, 김유신의 용맹한 입김과 포효가 서린 듯하다. 김유신은 그렇게 가장 현실적으로 존재한다.

그리고 김알지가 탄생한 계림은 경역 약 7천3백 입방미터. 느티나무, 물푸레나무, 싸리나무 등 고목이 울창하다. 그리고 거룩하다. 경건한 두려움으로 그대 삶을, 추운 몸을 감싸라. 두텁고 따스하게.

무덤의 표정

그러나 무덤. 아, 무덤의 광활하고 영원하며 아늑한 표정. 그 표정이 길을 여는 신라의 진리 속으로 왕건이 빨려들고 싶었음을 이제 확실히 알겠다.

경주는 신라 천년의 고도이고, 그후 6·25 때도 전쟁의 참화를 입지 않았다. 도시 전체가 거대한 박물관이다. 그 안에서 경주 사람들은 또 1천 년을 살았다. 하긴 신라 1천 년보다 박물관의 삶 또한 1천 년이 따지고 보면 더 소중한 것인가.

현재 국립경주박물관에는 국보급 유물을 비롯하여 약 10만 점의 문화재가 보관되어 있다. 1979년 유네스코는 경주시를 세계 10대 유적지 중 하나로 선정했다.

왕오천축국

17장

양지의 조각과 혜초의 밀교

비록 기록은 희귀하지만 부처의 탄생지인 인도라는
나라가 신라인들에게 중국 못지않은 매력을 발산했을
것은 분명하다. 인도는 불교를 매개로, 현실과 허상
사이 이상향이었을 게다. 그러나 의외로 인도는 매우
대중화되고 세속화된 불교의 진원지로도 등장한다.
여기 두 승려를 소개하면서 신라인들의 인도를 상상
해본다.

인도와, 그리고 고려와 이어지다/현실과 허상 사이 이상향/인도 속으로/천축국의 주변/다시, 당나라/불교 대중
화로서 밀교/잡밀과 순밀/잡밀승 안홍과 명랑/밀교의 영역/밀교 쇠락기의 반영

인도와, 그리고 고려와 이어지다

양지는 선덕여왕, 무열왕, 문무왕 3대에 걸쳐 활동했던 승려이자 조각가다. 혜초는 성덕왕~원성왕 대에 활동했고 ≪왕오천축국전≫이라는 인도 여행기를 남긴 승려다. 천축은 인도 오천축이란 동서남북의 각 천축에다 중천축을 합한 것이다.

삼국 통일기를 다루면서 우리는 양지를 단편적으로만 언급했다. 혜초는 전혀 언급하지 않았었다. 이들을 시대와 무관하게 여기까지 미루어온 것은, 신라를 고려와 '잇는' 데 이 두 인물이 후삼국의 왕들 못지않게 중요하기 때문이다.

양지와 혜초는 실존했던 인물로서, 고려의 불교 예술 속으로 이어질 뿐 아니라 중국의 울타리를 뛰어넘은 인도 경험으로써 고려의 세계화 속으로 이어진다.

양지는 여러 장르에 능통했다. 글씨에 뛰어나 영묘사와 법림사 현판을 썼다. 특히 조각의 경우 대가의 경지에 이르렀다. 영묘사의 장

룩삼존상과 천왕상 및 전탑(殿塔) 기와, 그리고 천왕사 탑 아래의 팔부신장상, 법림사 주불삼존 및 좌우 금강신은 그 예술이 빚어낸 걸작이다.

그는 자신이 기거하던 석장사에 벽돌로 작은 탑을 만들고 삼천불을 새겨 봉안했다고 한다. 최근 발굴 결과는 전설로만 전해지던 이 삼천불이 실존했음을 강하게 시사한다. 불상과 탑을 새긴 수많은 벽돌들이 발굴되고 있는 것이다.

그의 활동 무대는 주로 경주 지역이었다. 그런데 신비한 것이 있다. 석장사 터에서 수습된 그의 조각 작품이 인도 간다라 지방 불탑 부조상과 맥락을 같이 하는 것이다. 고행상(苦行像) 불상 조각 또한 서방의 불상 양식을 따르고 있다.

특히 <연기법송명탑상문전>은 인도 탑제작 기법의 법사리 장엄법식을 매우 정확하게 따르고 있다. 사천왕사 터에서 발굴된 사천왕 조각상 또한 그 서역적인 색채며 매우 사실적이고 자신에 넘친 조각 기법으로 보아 양지의 작품으로 추정된다.

현실과 허상 사이 이상향

이게 어찌된 일인가? 양지는 7세기경에 이미 인도의 문화적 배경을 폭 넓게 수용하고 있었다. 그는 우리가 이미 보았듯이 대단한 신통력의 소유자였다. 불심으로써 인도의 불상 예술의 정신을 감지했던 것일까, 아니면 석장이 날아가서 인도의 불상 제작 비법을 가져왔단 말인가?

물론 그럴 리는 없겠다. 그는 젊은 시절 인도를 여행했을 것이다. 인도는 모든 승려들이 가보기를 염원했던 순례지. 양지의 조각 작품은 승려 순례자들을 통한 불교 사상 및 예술의 상호 교류 및 국제화가 이 당시에 벌써, 우리가 알고 있는 것보다 훨씬 광범하고 현실적

현실과 허상 사이 이상학. 리오넬
파이링거, <겔레로다 9>.

인 수준으로 행해졌다는 것을 강하게 시사한다.

　그렇다면 허황옥이 수로왕의 왕비로 온 것도, 인도 왕이 보낸 첫 덩이가 천 몇백 년 만에 신라에 도착하여 그것으로 종을 만들었다는 것도 사실이란 말인가? 아아, 인도. 현실의 허상과 허상의 현실 사이를 넘나드는 이상향이었던 불국. 그것은 참으로 아득하면서 아찔한 이야기다. 마치 심오하고 원대한 불교 세계 그 자체처럼.

　양지는 노래를 지을 줄 알았고 그가 영묘사 장륙삼존상을 만들 때 성주의 남녀들이 다투어 진흙을 날랐듯이 공덕이 높았고 폭 넓은 교화력을 지닌 고승이었다.

　그를 하찮은 잡예(雜藝)에 빠진 중이라고 보아서는 안 된다. 그의 예술이야말로 가장 심오하고 가장 불교적인 사상의 담지체이자 육화이며 신통술의 정수 아니겠는가.

인도 속으로

신라 승려가 정식으로 인도 여행기를 남기는 것은 그로부터 약 1백 년 후다. 그리고 이 기록은 세계적으로 중요한, 그리고 유일무이한 기록으로 남게 된다.

혜초는 719년(성덕왕 18년) 중국 광주에서 금강지를 만나 그의 문하로 들어갔다. 금강지는 남인도 출신의 승려로서 제자 불공과 함께 중국으로 건너와 밀교의 초조가 된 사람이다.

그가 혜초에게 직접 인도에 가서 법을 구하라고 권한다. 이때가 723년경. 육로였는지 해로였는지는 확실치 않다.

그는 만 4년 동안 인도는 물론 카시미르, 아프가니스탄, 중앙아시아 일대까지 답사했다. 《왕오천축국전》이 이때 보고 들은 것을 기록해놓은 여행기다. 원본은 없고 필사본이, 그것도 일부만 존재한다. 전혀 알려진 바가 없다가 1908년 프랑스 탐험가 펠리오에 의해 중국 돈황 천불동에서 발견되어 전세계의 이목을 집중시켰다.

원래는 세 권이었는데 발견된 것은 약본인데다가, 앞뒷장이 떨어져 나간 상태였다. 그래서 동인도 기행부터 시작된다. 당시 그곳에 진기한 나체족이 살았다고 한다. 그 다음 방문지는 쿠시나가라. 석가모니가 입멸한 곳이다. 다비장(화장터)과 열반사 등이 소개된다.

혜초는 그후 한 달 동안 남쪽으로 여행, 바라나시에 이르렀다. 석가모니가 다섯 비구를 위해 최초로 설법한 곳이다. 혜초는 다시 동쪽으로 발길을 돌려 라자그리하에 닿는다. 이곳에서 불교 최초의 사원 죽림정사를 참배하고 영축산에 오르는데, 이곳은 《법화경》의 설법지다. 다시 남행한 그는 석가가 큰 깨달음을 얻은 부다가야에 마침내 도착, 보리수와 대각사 등을 참배하였다.

그는 다시 중천축국으로 가는데 그곳에 4대 영탑이 있다고 하여 각각을 방문했다. 그리고 석가모니의 탄생지 룸비니에도 들렀다. 다음 여행지는 남천축국.

거기서 다시 서북행, 북천축국으로 들어가 파키스탄 남부 일대와 간다라 문화 중심지를 차례로 방문하고 그 서쪽 일대를 돌아보다가 다시 북향 카시미르 지방과 대발률, 소발률국을 둘러보았다.

그리고 이번에는 거꾸로 간다라 지방을 거슬러 내려오면서 스와트, 길기트, 페샤와르 등지와 그 북쪽의 오장국, 구위국 등도 답사한 후 실크로드를 따라 아프가니스탄을 지나고 바미얀에 이른다. 그리고 좀더 북쪽으로 올라갔다가 서쪽으로 페르시아까지 지나게 되는 것이다.

천축국의 주변

안국, 조국, 석과국, 페르가나국 등은 가지 못하고 전하는 이야기들만 기록하였다. 물론 풍물은 혜초의 눈에 신기하게 비쳤던 것을 주로 적었겠다. 불교를 모르고 배화교를 믿는 자들, 어머니의 자매를 아내로 맞는 나라. 바미얀이나 카피스 등에서는 형제가 몇이든 공동으로 아내 한 명을 맞는다.

어쨌거나 그곳에서야 그는 귀로를 잡았다. 파미르 고원에 있는 호밀국을 지나 식야국을 거치고 총령을 넘으니 갈반단국이고 다시 동행(東行), 카시카르를 지나 구주국에 도착하면서 그의 여행기는 끝난다. 727년 11월 상순이었다.

이 책은, 앞서 말했듯이, 8세기 인도 및 중앙아시아 정세를 알려주는 세계 유일의 기록이다. 서술이 대체로 간략하지만 매우 정확한 내용을 담고 있다. 인도에는 감옥이나 사형 제도가 없고 죄를 지으면 벌금을 내게 한다. 카시미르 지방에는 여자 노예가 없고 인신매매도 없다.

아랍 제국이 인도 쪽으로 세력을 뻗친 정도, 인도 제국 제왕들이

인도 카일라사 사원의 일부. 8세기
~9세기경.

보유한 코끼리 숫자와 병력 규모까지 이 책에는 적혀 있다. 어떤 나라들이 투르크족과 한족의 지배하에 있고 생활 수준은 어땠는지를 알 수 있고, 대승불교와 소승불교의 분포도, 각 지방의 음식, 의상, 풍속, 산물, 기후 등도 이 책은 비교적 소상하게 적고 있다.

다시, 당나라

확실히 《왕오천축국전》은 사상 기행이라기보다는 풍물 기행이다. 그러나 혜초가, 혜초 또한 이 책만을 남긴 것은 아니다.

그가 다시 장안으로 돌아온 것은 30세 전후다. 733년 장안 천복사에서 도량을 열고 금강지와 함께 산스크리트어로 된 밀교 경전을 연구했다. 금강지는 이 경전의 한역을, 혜초는 받아쓰기를 맡았다.

이듬해 금강지가 죽으면서 번역 사업은 중단되었고 금강지의 유언에 따라 경전 원문은 다시 인도로 보내졌지만 금강지의 제자 불공 삼장이 다시 혜초에게 이 경전을 강의한다.

그리고 774년 가을 대흥선사에서 경전 번역을 시작한다. 불공은 죽으면서 6대 제자 중 제2인자로 혜초를 뽑았다. 불공이 죽은 후 그는 동문 제자들과 함께 당 황제에게 표문을 올렸다. 스승의 장례를 황제가 보살핀 것에 감사하고, 또 스승이 세운 사찰을 존속시켜달라고 청원하는 내용이다.

그후 수년 동안 장안에 더 머물다가 그는 780년 경전을 번역하기 위해 오대산으로 들어간다. 이 산에 불공이 머물렀고 이제는 첫번째 제자 함광이 머무르고 있었다. 그는 전에 받아쓰기를 맡았던 경전의 한역에 들어갔고, 약 20일 동안 이 한역본을 다시 채록했다. 787년 입적. 그가 신라로 귀국한 흔적은 없다.

이때 신라에는 명랑을 중심으로 한 신인종 밀교가 성립되었지만 혜초가 맥을 이은 밀교는 보다 정통적인 밀교다. 밀교라. 그 밀교가 또한 아스라히 인도 내음을 풍기고 있지 않은가. 밀교란 무엇이고 그것이 중국과 우리나라에서 어떤 형태로 발전하는가.

불교 대중화로서 밀교

밀교는 불교를 대중화하기 위해 부처의 진리를 직설적으로 표현하는 대승불교 교파 중 하나다. 7세기경 인도 불교가 소승불교로서 실천보다는 전문적 이론과 승려 자신을 중심으로 하는 경향이 매우 짙어졌다.

이로 인해 불교가 많은 신도를 잃게 되고 교단 자체가 위축되는 현상이 빚어졌다. 밀교는 그 현상을 타파하기 위한 실천·대중 불교 운동으로 시작되었다. 그러기 위해 밀교는 당시 불교 사상의 두 주류인 공사상(空思想)과 유사상(有思想)을 통합·계승·발전시키면서 바라문교와 힌두교, 그리고 민간 신앙까지 폭 넓게 받아들여 다시 그것을 불교적으로 정립한다.

근본 경전은 이론적 원리를 밝힌 《대일경》과 실천의 체계를 세운 《금강정경》. 한마디로 밀교는 일정한 수행법을 닦아 익히면 육신 자체가 바로 부처로 될 수 있다는 즉신성불(卽身成佛)을 강조한다.

밀교 수행자는 누구나 입으로 진언(眞言)을 염송하고 손으로 결인(結印)하며 마음으로 여래를 생각하는데, 이것이 삼밀가지(三密加持) 수행이다. 이 수행을 통해 부처의 삼밀과 중생의 삼밀이 서로 감응 일치, 현생에서 성불하게 된다는 것이다.

잡밀과 순밀

사실 밀교는 그 자체 오랜 성립 과정을 밟아왔다. 그래서 《대일경》과 《금강정경》이 성립되기 이전 밀교를 잡밀(雜密), 그 이후의 것을 순밀(純密)이라고 하여 구분한다. 중국에 먼저 전래된 것은 당연히 잡밀. 322년(동진 원제 6년) 최초로 전파되고 경전 번역이 잇따랐다. 순밀이 전파되는 것은 약 4백 년 뒤.

725년에 선무외가 《대일경》을 번역하고, 753년 불공이 《금강정경》을 번역하면서 밀교는 크게 발전할 기틀을 마련케 된다. 이 법공이 바로 금강지의 제자이며 혜초를 제2제자로 뽑은 그 법공이다. 그후 밀교는 송대에 이르기까지 크게 발전한다.

경전 번역뿐 아니라 밀교 전체의 발전에 혜초가 크게 기여했을 것은 당연하다. 우리나라의 경우 잡밀은 7세기 이전에 고구려와 백제에, 그리고 7세기 초기부터 신라로 전파되었다.

그리고 8세기에 순밀이 전파되면서 밀교는 본격적으로 발전, 고려나 조선 시대까지 중추적인 역할을 담당하게 된다. 우리나라 밀교는 교학이나 이론보다 실천·수행에 더욱더 치중했다.

그리고 독자적으로가 아니라 선(禪)이나 정토 신앙 혹은 천태종 등과 밀접한 연관을 가지며 발전하면서 성불이라는 원래의 탈속적인 목표를 망각하고 전쟁 방지 및 질병 치료 등 현세구복의 무속 신앙으로 속화되는 것이다.

잡밀승 안홍과 명랑

신라에 최초로 밀교를 전한 승려는 안홍이다. 그가 661년(진평왕 22년) 혜숙과 함께 중국으로 가서 서역승 세 사람, 중국승 두 사람을 데리고 귀국한다. 그는 황룡사에서 밀교 경전을 번역했고, 640년 만서도량을 차렸다. 그의 밀교는 잡밀이다.

안홍과 거의 비슷한 시기에 밀교승 명랑도 활동한다. 당군을 물리친 그의 신인비법이야말로 잡밀의 전형인데, 그 비법을 통해 잡밀은 호국 불교로서 삽시간에 대단한 세력을 형성하게 되고, 고려 시대로 이어진다.

신인비법은 원래 문두루법으로서 제석천과 사천왕을 믿는 사람들이 어려움에 처할 때 그 위기를 벗어나게 해준다는 비법이다.

부처의 제자 중 악귀 때문에 고통스러워하거나 병에 걸려 생명이 위독할 경우, 불교를 믿는 나라가 다른 나라의 침략을 받을 경우 오방신상을 만들고 문두루법을 행하면 반드시 극복할 수 있다. 호국룡조차 밀교 사상의 한 상징물이다.

밀교의 영역

순밀을 처음 받아들인 것은 혜통. 진언을 외어 신문왕의 등창을 낫게 해준 승려다. 고려 시대에 이르러 명랑의 잡밀은 신인종으로,

밀교의 영역. 주디 시카고, <탄생 프로젝트>.

혜통의 순밀은 총지종으로 확립된다.

오대산 신앙 또한 밀교의 한 갈래다. 자장에 의해 처음 시작되었
는데 물론 당나라의 오대산 신앙을 본 뜬 것이다. 통일신라 8세기
초 오대산에 들어가 매 봉우리마다 1만의 보살 진신이 나타난 것을
보았다는 정명대왕의 태자 보천과 효명 이야기가 바로 오대산 신앙
의 한 절정이다.

불공과 함광, 그리고 혜초의 밀교를 신라에 곧바로 전한 것은 명
효와 의림이다. 8세기 중엽 오대산 신앙을 체계화한 보천은 철저한
진언승(眞言僧)이었다.

그가 수구다라니를 매일 염송했고 토속신들이 와서 그에게 수계
를 받았다는 이야기는 민속 신앙이 밀교에 포섭되는 현장을 극명하
게 보여준다.

11면관음이나 천수천비관음 모두 밀교적인 것이다. 사리탑 신앙이

처음으로 밀교 사상과 만나는 것은 706년(성덕왕 5년) 때다. 이 해 신문왕과 효소왕의 명복을 비는 3층 석탑이 경주 황복사에 세워진다.

그런데 나라의 안녕을 기원하기 위해 탑 2층에다 부처 사리와 함께 ≪무구정광다라니경≫이 함께 봉안되는 것이다. 이 경은 작은 탑 99개 또는 77개를 조성할 것을 설하는 잡밀 계통의 경전으로 중국에서 미타산에 의해 번역되었고 명효가 신라로 들여왔다.

그후 이 경은 중요한 탑 속에 반드시 봉안되었다. 751년(경덕왕 10년) 불국사 석가탑 보수 때 이 경을 넣었고, 855년(문성왕 17년) 경주 창림사 3층 석탑에도 이 경이 봉안되었다.

밀교, 쇠락기의 반영

물론 이 경만 넣은 것은 아니다. 그러나 신라 사리탑 신앙은 갈수록 풍부한 밀교적 사상을 띠게 된다. 동화사 금당암 3층 석탑, 봉화군 서동리 동쪽의 3층 석탑, 봉화군 취서사 석탑 등은 모두 ≪무구정광다라니경≫을 봉안했고, 취서사 석탑의 경우 밀교 의식까지 거행했다. 871년 중수한 황룡사 9층탑에는 99기의 작은 탑과 함께 사리와 다라니경이 봉안되었다.

그리고 895년(진성여왕 9년) 백성산사에 길상탑을 세울 때 여러 경전과 함께 77기, 99기의 작은 탑도 봉안했고 그 각각의 탑 속에 진언을 또 봉안하였다.

그러나 우리가 알고 있다시피 그 밀교는 신라를 구하지 못했다. 그리고 고려 시대 들어 어떻게 되는가? 밀교는 끝내 불교 자체도 구하지 못하게 된다.

삼국사기와 삼국유사 18장

신라의 고려와 고려의 신라

우리는 이제까지 주로 《삼국사기》와 《삼국유사》 두 권에 의존하면서 단군 시대부터 통일신라까지의 역사를 우리의 시각으로 재정리해왔다. 두 권 모두 고려 시대에 저술된 것으로서 통일신라 멸망과 함께 기록을 끝맺고 있다. 이제 우리는 이 두 권의 성격을 집중적으로 논의해보자. 그것이 또한 통일신라를 고려 시대로 잇는 중요한 방편으로 될 것이다. 이 두 책은 삼국 시대의 역사를 담고 있을 뿐 아니라, 그것을 보는 고려의 사관을 담고 있다. 즉 고려까지 보여주는 것이다. 통일신라의 고려를 우리는 이제까지 보았다. 이제 고려의 통일신라를 볼 때다.

유학자 김부식/유교 이념과 자주파/출세간(出世間) 1/사기 편찬, 사상과 문체/목차와 역사적 배경/내용과 의미/횟수/〈지〉와 〈표〉/〈열전〉의 분류/승려 일연/역사는 무엇?/출세간 2/귀향과 편찬/목차와 체제/자료적 가치/불교적 역사관/열림과, 그 의미와 근거/희망

유학자 김부식

《삼국사기》를 지은 사람은 김부식(1075~1151년). 그는 후에 재등장할 것이지만 그의 생애를 여기서 먼저 훑어보자.

그의 증조부인 위영은 신라 왕실의 후예로 태조 왕건에게 귀의, 경주 지방 주장(州長)으로 임명되었던 자다. 그후 계속 경주에 근거를 두다가 김부식 대에 송도로 옮겼다.

중앙 관료로 처음 진출하는 것은 김부식의 아버지 근이 처음이다. 김부식은 13세에 아버지를 여의고 편모 슬하에서 살았으나 형제 네 명이 모두 중앙 관료로 진출하게 된다. 4형제 모두 과거에 합격했으므로 그의 어머니는 매년 나라에서 내리는 곡식을 받았다.

더군다나 부식과 둘째 형 부일, 동생 부철 3형제는 당시 가장 명예로운 관직인 한림직을 제수받아 남들의 부러움을 샀다. 김부식은 20년 동안 한림원 문한직에 종사하면서 학문을 발전시켰고 한편으로 예종, 인종에게 경(經)과 사(史)를 강했다. 그가 가르친 것은 유교 이념이다.

왕의 외조부 겸 장인인 이자겸이 전횡을 부리며 예에 어긋난 일을 하자 그는 유교 이념을 내세우며 이에 반대한다. 이자겸이 제거된 직후 두 번째로 송에 사신으로 다녀왔다.

이때 중국을 지배하던 송은 중국 역사상 가장 유약한 국가로서, 여진족 추장 아골타가 요와 북송을 멸하고 자금의 만주, 몽고, 화북 지방에 건국한 금과 대치중이었다.

유교 이념과 자주파

그가 사신으로 파견된 것은 송과 금의 세력 관계를 정확히 파악하기 위해서였다. 이를 인지한 송이 그의 입국을 거부, 그는 목적을 달성하지 못했다.

어쨌거나 그는 자신의 유교 이념에 바탕하여 송을 계속 '섬겨'야 한다는 입장이었다. 그 입장은 후대에 사대주의자라는 비판을 받지만 그는 유교 이념가였지 사대주의자라고는 할 수는 없다.

이자겸 일파가 축출당하면서 그는 1130년 12월과 그 이듬해 12월 두 차례에 걸쳐 고속 승진, 정치 무대를 주름잡게 된다. 그러나 송과 금이 대치하는 틈을 이용하여 송에 대한 고려의 예속을 끊어야 한다는 자주파도 동시에 크게 득세한다. 그와 자주파가 정치적으로 또 군사적으로 일전을 치르게 될 것이 불을 보듯 뻔해진다.

출세간(出世間)

드디어 자주파인 묘청 세력이 서경 천도를 주장하다가 뜻이 관철되지 않자 난을 일으킨다. 묘청의 난이다.

김부식은 원수로 뽑혀 중군을 거느리고 3군을 동원했다. 출정하기에 앞서 그는 묘청 동조 세력인 정지상, 김안, 백수한 등의 목을 베는 기민성과 주도면밀함을 보인다.

반란군의 저항은 완강했다. 그는 1년 2개월 만에야 겨우 난을 진압할 수 있었다. 그는 다시 승진하게 된다. 그러나 그는 서경에서 개선한 후 부하들에 대한 논공행상에서 큰 실수를 범한다. 지대한 공을 세운 자신의 막료 윤언이를 포상하기는커녕 탄핵하여 양주방어사로 좌천시킨 것이다.

이유는 역시 유교 이념에 바탕한 친송론. 윤언이는 이전에 고려왕도 황제를 칭하고 연호를 세워야 한다고 주장했던 바 있었다. 그리고 반전이 온다.

묘청의 난이 있었음에도 자주파 자체가 반역시된 것은 아니었다. 사실 왕과 신하 마찬가지로 한쪽으로 입장을 확고히 할 수가 없는 정황이었다.

김부식의 동생 김부의만 해도 금과의 화의를 주장했다가 돌연 서경천도론에 극력 반대하는 쪽으로 돌아섰고, 묘청의 난을 진압하는 데 결정적인 공을 세우는 자다.

1140년 사면령이 반포되면서 윤언이가 곧 복권될 조짐이 보였을 때 김부식은 정치적으로 몰리고 있었다. 여진 정벌 때 공을 세운 큰형 김부필도, 동생 김부의도 이미 죽었고, 든든한 오른팔이었던 정습명이 탄핵을 받아 대간직에서 물러난 후였다.

사기 편찬, 사상과 문체

그는 세 번이나 사직 상소를 올린다. 왕은 사직을 허락하는 대신 젊은 관료 8명을 붙여주며 역사책 편찬을 명했다. 그렇게 쓰여진 것이 바로 ≪삼국사기≫이다.

그는 인종이 죽기 전에 ≪삼국사기≫ 50권을 편찬하여 바쳤다. 편찬 체제는 그가 스스로 정리했고 사론도 직접 썼다. 8명의 젊은 관

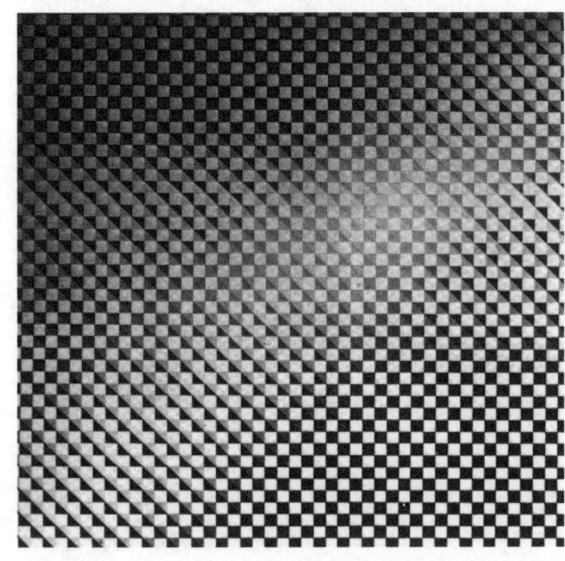

역사는 무엇? 1. 브리지
드 라일리, <탐색>.

료는 사료의 발췌·정리를 맡았다.

그는 인종 초년 ≪예종실록≫과 의종 초년에는 ≪인종실록≫을
주도적으로 편찬하기도 하였다. 그는 또 한림원에 재직하면서 당시
유행하던 육조풍의 사륙변려문체를 버리고 당·송 시대의 고문체를
보급하는 일에도 대단한 노력을 기울였다.

≪삼국사기≫는 투철한 유교 이념에 의한 역사 해석일 뿐 아니라
그러한 '유교적' 문체 운동의 최대 결실이기도 하다. 고문체의 대가
김부식의 절정을 보여준다고 할 만큼 명문장으로 쓰여 있는 것이다.
송의 서긍은 그를 '그보다 더 위에 설 사람이 없다'고 평했다.

그런 그도 유교 이상과 현실 정치의 괴리에 너무 지쳤던 것일까?
그는 만년에 관란사를 원찰로 세워 불교 수행을 닦기도 한다.

목차와 역사적 배경

《삼국사기》는 중국 정사 기전체의 역사서로 본기 28권(고구려 10권, 백제 6권, 신라·통일신라 12권), 지(志), 표 3권, 열전 10권으로 구성되었다.

국사 편찬은 물론 왕권 강화를 위한 국가 사업이다. 그러나 동시에 당시의 정치·문화 수준을 반영한다. 이 책이 쓰여지던 12세기 전반부 정치 상황은 어땠는가.

고려 건국 후 2백여 년이 흘러 고려의 문벌 귀족 문화가 절정기에 달해 있었다. 유교와 불교 문화를 서로 융합해야 하는 과제가 관건이 된다.

윤관이 거란을 퇴치한 후 생겨난 국가적 자신감이 여진의 위협을 맞으며 강렬한 국가 의식으로 고취된다. 《삼국사기》가 단순한 사대주의 사관이 아니라 '유교적 민족주의'의 그것에 바탕하여 쓰여졌음을 시사하는 대목이다.

또 하나, 문벌 귀족 간의 갈등이 첨예화하고 있었다. 그 갈등의 핵심을 이루던 것이 바로 김부식 가문. 이 가문은 윤관 가문과 대립했고 다시 김부식이 이자겸과 충돌한다.

그리고 그렇게 갈등이 쌓이면서 사회적 혼란이 심화되고 정치적 비리가 누적되었다. 그렇다. 분열과 갈등이야말로 국가 멸망의 원인이라는 역사적 교훈이 필요했을 때다. 이 모든 것이 역사의 새로운 정립을 요구한다.

내용과 의미

이 책의 가장 큰 비중을 차지하는 <본기>는 주로 왕의 치적을 적고 있다. 내용상으로는 정치, 천재지변, 전쟁, 외교 등으로 나뉜다.

정치는 축성, 궁실 건축, 증축 등 대규모 인력을 동원한 공사, 민심 수렴과 국민 결속을 위한 순행, 관리 임면 및 관청 설치, 조상 및 하늘에 드리는 제사 혹은 종교 의식, 기타 등의 내용으로 구성된다.

축성과 궁궐 건축 기록은 백제가 가장 많다. 대외 전쟁에 시달렸다는 암시이다. 신라는 관리 임명 기사가 큰 비중을 차지한다. 신라인의 '나라' 개념이 가장 구체적이었다는 이야기이다. 순행기사는 신라 52회, 고구려 47회, 백제 36회였다

순행의 목적은 구휼 및 권농, 영토 확인, 수렵, 인재 등용, 제사, 지세 파악 등 많았지만 정치적인

역사의 기록. 명활산성 작성비. 관직과 성을 쌓은 담당자가 적혀 있다.

성격이 가장 강했다. 순행 시기가 1, 2월에 집중된다. 그리고 백제·고구려가 1~3세기에, 신라는 9세기에 빈번하게 순행이 행해졌다.

이것은 왕권이 약할 때 왕이 지방 출장을 많이 다녔다는 뜻이다. 관리 임면 기록은 태자, 왕비의 책봉을 비롯한 왕권의 구체적인 행사 표시다.

횟수

제사 및 종교 의식에 관한 기록은 백제가 가장 빈번하다. 천재지변에 관한 기록은 모두 930회. 혜성, 오성, 유성, 일식 등으로 대표되는 천변과 가뭄, 홍수, 벼락 등의 천재, 지진, 화재, 동물변이, 나무변이, 인변 등이 지변이다.

이중 혜성, 일식, 지진, 가뭄, 용 등은 사망, 전쟁, 모반 등 특정 사건을 예고하는 의미를 갖는다.

천재지변에 대한 기록 때문에 고대 과학이 발전, 일식(14.8년), 가뭄(9.2년), 지진(10.3년)의 주기 산출이 가능해진다. 전쟁은 10세기 동안 연 34개국에 의해 440여 회가 치러졌다.

그러는 동안 연 34개국 간에 620여 회에 걸친 외교 교섭이 이루어졌다. 한·중 관계를 규정짓는 '조공'이란 말은 물론 중화 사상의 표현이지만, 삼국의 자아의식이 유지되므로 그것이 딱히 종속 관계를 뜻하지는 않는다.

<지>와 <표>

<지> 1~3권은 제사와 악(樂), 색복(色服), 거기(車騎), 기용(器用), 옥사(屋舍)를 다루고, 3~6권은 지리지다. 그리고 7~9권은 중앙관부, 궁정관부, 무관과 외직을 다룬 직관지다.

전체적으로 신라 제도 해설에 치중하였다. 복장, 그릇, 집 등에 금지 조항이 있다. 전국민을 하나로 묶는, '국민됨'의 법규다. 지리지의 비중이 큰 것은 영토 의식의 표현이다. 직관지는 강력한 왕권 유지를 위한 제도적인 뒷받침을 보여준다.

<표>는 연표. 박혁거세 즉위년(기원전 57년)부터 경순왕 9년(935년)까지다.

<열전>의 분류

<열전>에는 69명의 평전이 수록되어 있는데, 김유신이 압도적인 분량을 차지, 전 열 권 중 김유신 개인 열전이 세 권이다.

7세기, 즉 삼국 통일기에 활약한 사람이 34인이고 그밖에 나라를 위해 죽은 사람이 또 21명이다. '위국충절을 불태운' 인물들이 압도

적 다수를 차지하는 것이다.

4권은 을지문덕, 거칠부, 이사부, 김인문, 김양, 흑치상지, 장보고, 사다함의 전기다. 5권은 을파소, 후직, 밀우, 박제상, 귀산, 온달 등 10인, 6권은 강수, 최치원, 설총, 김대문 등 학자의 열전이다.

7권은 해론, 관창, 계백 등 19인의 전기인데, 찬덕과 해론, 심나와 소나, 반굴과 영윤, 비령자와 거진 등 부자가 대를 이어 순국한 충의 열사들의 기록이 중심이다.

8권은 효자(향덕, 성각), 효녀(지은), 열녀(도미부인, 설씨녀), 관리 (검군), 예술가(김생, 솔거, 백결) 등 유형별 인물군을 다루고 있다.

9권은 창조리와 연개소문의 열전. '왕을 시해한 반신(叛臣)'의 기록이다. 마지막으로 10권은 궁예와 견훤. '나라를 망친 역신'의 기록이다.

승려 일연

《삼국유사》는 《삼국사기》보다 약 130년 후에 쓰여진다. 저자는 일연(1206~1289년). 그도 김부식처럼 성이 김씨지만, 유학자가 아니고 승려이다. 아버지는 경주 속현 장산군(경산) 출신 김언정이다.

그는 1214년 무량사에서 학문을 닦았고, 1219년 설악산 진전사로 출가, 고승 대웅에게서 배운 후 선문(禪門) 여러 곳을 돌아다니며 수행하였다. 1227년 승과에 응시, 장원 급제한 후 비슬산 보당암으로 옮겨 참선에 몰두한다.

그러나 1236년 몽고가 고려를 침략, 거의 전 국토가 몽고군에 의해 유린당한다. 전주 고부 지방까지 밀어닥치는 병화를 피하고자 그는 문수보살께 빌었다.

그러자 문수보살이 직접 현신하여 말한다. 무주에 있다가 명년 여름에 다시 돌아와 묘문암에 있으라……. 그는 문수가 시키는 대로 했다.

그리고 그는 참선한다. 현상적인 세계는 줄지 아니하고 본질적인 세계는 늘지 아니한다……. 이게 무슨 뜻일까? 아, 그렇구나……. 그가 문득 깨달음을 얻고 설한다.

오늘 곧 삼계(三界)가 꿈과 같다는 것을 알았고 대지가 털끝만큼의 거리낌도 없음을 보았다……. 나라가 풍전등화의 위기에 처하고 백성들이 몽고군의 말발굽에 짓밟히는 이 시기, 그는 무엇을 깨달은 것일까?

역사는 무엇?

나라에서 그에게 삼중대사직을 내렸고, 1246년 다시 선사의 직을 더했고, 3년 후 남해 정림사로 옮겨 주지를 맡았다. 이 절에 머무는 동안 그는 대장경 주조 작업에 3년 간 참여한다.

1256년 여름에는 윤산 길상암에 머물면서 ≪중편조동오위≫ 2권을 지었고 그 3년 후 대선사의 직을 받았다.

몽고 전란은 계속되었다. 그는 남쪽 포산, 남해, 윤상 등지를 수행 겸 피난처로 전전하다가 1261년 즉위한 지 얼마 안 된 원종의 부름을 받고 강화도로 간다. 그렇다. 그때는 몽고의 침입 때문에 수도를 강화로 옮겼던 때이다.

그는 강화도 선월사에 머물며 지눌의 법을 계승한다. 그러나 1264년 가을, 남쪽으로 다시 보내줄 것을 왕에게 간청, 경상북도 영일군 오어사로 옮겨왔다. 그리고 인홍사 주지가 되어 후학을 지도하였다. 그러나 일연은 이미 당대 제1의 승려로 그 위치가 확고한 상태였다.

출세간 2

1268년 조정에서 선종과 교종의 고승 1백여 명을 해인사로 초청, 대법회를 열게 했는데, 그 법회를 일연이 주관한다.

역사는 무엇? 2. 라울 하우스만, <포토몽타주>.

　1277년(충렬왕 3년)부터는 왕의 명에 따라 청도 운문사에 머물면서 선풍(禪風)을 크게 일으켰다. 아마 이때부터 그는 ≪삼국유사≫를 집필하기 시작했을 것이다. 그에게 역사는 무엇이었을까?

　1281년 군대 격려차 경주에 행차한 충렬왕은 일연을 불러 가까이 있게 한다. 그때 일연은 뇌물로 승직을 구하는 불교계의 타락상, 그리고 몽고 전란으로 불타버린 황룡사의 잔해를 보고는 큰 충격을 받았다. 그때 그에게 역사는 무엇이었을까?

　1282년 충렬왕이 다시 간곡히 요청하여 그는 대전에 들어가 선(禪)을 설하고 개경 광명사에 머물며 왕실의 극진한 대접을 받았다.

　이듬해 4월에는 문무백관을 거느린 왕의 구의례를 받는 등 그의 위치는 날로 존귀해졌다. 구의례란 옷의 뒷자락을 걷어올리고 절하는 예다.

귀향과 편찬

그러나 늙은 어머니 봉양이 내내 마음에 걸린다. 그는 왕의 간곡한 권유를 뿌리치고 귀향했다. 어머니가 죽은 것은 1284년. 1289년 그도 병이 든다.

7월 7일 그는 왕에게 올리는 글을 쓰고 다음날 새벽 제자들과 선문답을 나눈 뒤 거처하던 방으로 돌아가 입적하였다. 그때 그에게 역사는 무엇이었을까?

일연은 나이 70세 때 ≪삼국유사≫를 쓰기 시작, 84세로 사망하기 직전에 완성했다. 그가 생애를 정리하는 입장으로 역사를 정리했는가?

목차와 체제

이 책은 왕력(王曆), 기이(紀異), 홍법(興法), 탑상(塔像), 의해(義解), 신주(神呪), 감통(感通), 피은(避隱), 효선(孝善) 등 9개 편으로 구성되어 있다.

왕력 편은 삼국, 가락국, 후고구려, 후백제 등의 간략한 연표다. 기이편은 고조선부터 후삼국까지의 역사를 단편적으로 서술했다. 홍법 편은 불교 수용 및 그 발전에 관한 사항, 탑상 편은 탑과 불상에 관한 사항, 의해 편에는 원광을 비롯한 신라 고승들의 전기를 적고 있다.

신주 편은 밀교승에 관한 이야기다. 감통 편은 영이(靈異)의 세계와 감응한 사례를, 피은 편에는 세속을 떠나 고고한 은둔 삶을 산 사례를 기록했다. 효선 편은 효도와 선행 미담이다.

≪삼국유사≫의 체제는 매우 특이하다. 이 책은 삼국의 역사 전반에 대한 역사서로 편찬된 것이 아니다. 불교를 매우 비중있게 다루고 있지만 정식 삼국 불교사라고 할 수는 없다.

설화들이 많지만 설화집이라고 할 수도 없다. 일연 자신은 이 책

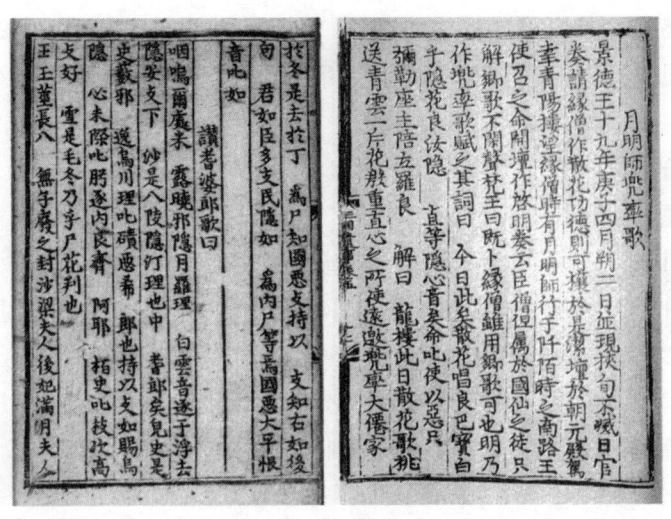

≪삼국유사≫의 <찬기파랑가>(왼쪽)와 <도솔가>(오른쪽) 부분.

을, '사가의 기록에서 빠졌거나 자세히 드러나지 않은 것을 적었다'
고 했다.

자료적 가치

이 책의 문화적 자료 가치는 매우 높다. 고대의 지리·문학·종교
·언어·민속·사상·미술에 관한 자료를 이 책은 무진장 담고 있는
것이다. 이 책에는 역사·불교 설화 등에 관한 서적 및 문집류와 고
문헌 등이 많이 인용되고 있다. 그 문헌들이 전하지 않으므로 ≪삼
국유사≫는 더 중요한 의미를 갖는다.

이 책은 또 신화와 설화의 보고이고, 이두로 된 향가 및 지명·인
명 표기는 한국 고대어 연구에 진귀한 자료 역할을 한다. 이 책에
기록된 향가 14수는 고대 문학을 연구하는 데 관건적인 자료이다.

이 책은 또한 한국 고대 미술의 주류를 이루는 불교 미술 연구를

위해 필수적인 자료를 담고 있다. 탑상 편에는 탑과 불상의 제작 및 사원 건축 기법에 대한 기록이 수두룩하다.

불교적 역사관

《삼국유사》의 자료적 가치는 이밖에도 많다. 아니, 끝이 없을 것이다. 그러나 《삼국유사》는 결코 문화사거나 역사 보충서가 아니다. 《삼국유사》에는 일연 특유의 총체적인 역사관이 수미일관하게 흐르고 있는 것이다.

그의 불교적 역사관은 신이한 것과 현실적인 것의 구분을 없애면서 보다 넓은, 열린, 열려가는 세계의, 역사의, 존재의 총체적인 이해를 추구한다.

그는 왜 이런 역사서를 남겼을까? 신라의 경우처럼 불교와 정치의, 그 둘을 둘러싼 모든 것의 열린 조화를 통해 국난의 위기를 극복해보고자 함이었을까?

그러나 의도가 설령 그랬단들, 《삼국유사》는 분명 신라 불교의 족적을 좇고 있지만, 그것을 좇는 일연의 고려 불교의 눈은, 이미 유약화된 불교의 눈이다.

상상력은 현실과 초현실 사이의 긴장으로 강건하지 않고 한쪽으로 과하며, 미학은 성과 속과 성의 변증법으로 아름답지 않고 간혹 추와 음탕 양자로 2분화된다.

그것은 장차 고려를 망하게 할 불교의 잔영이다. 《삼국유사》는 농익고 부패하는 과정을 겪으면서 장차 몰락하게 될 고려 불교, 그 육체적인 야만과 화려의 2분법적 상상력으로 가득 차 있다. 《삼국사기》는 부상하는 유교 지식인 계급의 이성적이고 현실적이며 정치 지향적인, 그러므로 협소한 유교 이념으로 완강하다.

열림과, 그 의미와 근거

≪삼국사기≫는 ≪삼국유사≫를 요하고 거꾸로도 마찬가지다. 전자는 후자를 통해 열리고 후자는 전자를 통해 열림의 의미와 근거를 갖게 된다. 결합될 경우 근거는 열림의 방종을, 열림은 근거의 기득권 집착을 바람직한 방향으로 통제한다.

이 통합은 신라가 보였던 정치와 종교의 변증법적인 조화보다 역사적으로 한 단계 더 높은 수준의 정치·경제·문화 사상을 요하고 거꾸로, 그 사상을 촉진시켰겠건만, 그 둘의 통합은 고려 시대 내내 이뤄지지 않았고 아마도 이룩될 수 없었다.

희망

그 불가능은 불교와 유교 모두에게 후유증을 남겼고 고려뿐 아니라 그뒤를 이은 조선에도 나쁜 영향을 미쳤다. 정치 이념으로서 유교는 조선 시대에 들어서면서 활짝 꽃을 피우지만, 새롭고 더 광대하고 심오한 열림과 깊이의 유교가 되기에는, 뭔가 처음부터 너무 늦은 면이 있는 것이다.

지금, 우리는 그 둘을 통합할 수 있을까? 그럴 수 있기를 희망하자. 이성을 통한 혁명의 시대가 끝났으므로 이 글도 실은 그 노력 중의 하나인 셈이다.

도선과 풍수지리, 그리고 도참   19장

떠돎과 침잠

우리는 도선과 풍수지리(風水地理) 이야기로 이 권의
맨 마지막 장을 장식하는 것이 좋겠다. 풍수지리는 통
일신라 말기에 생겨나 고려로 이어지면서 그 이후까
지, 지금까지 이어지는, 지금도 우리네 삶 의식의 저
변을 떠돌며 끊임없이 침잠하는 사상이자 문화인 까
닭이다.

중이 되다

통일신라 말 승려인 도선(827~898년)의 성은 김씨. 왕족이라는 설도 있다. 15세에 출가, 월유산 화엄사에서 중이 되었다.

그후 유명 사찰을 돌아다니며 수행하다가 846년(문성왕 8년) 곡성동리산의 혜철을 찾아가 '무법법 무설설(無法法 無說說)'의 오묘한이치를 깨달았다.

850년 천도사에서 계를 받고 운봉산에 굴을 파거나 태백산맥에움막을 치고 수도하다가 전라남도 광양 백계산 옥룡사에서 후배들을지도했는데, 수백 명의 제자들이 모여들었고 헌강왕이 그를 궁궐로초빙, 법문을 들었다고 한다.

72세 나이로 죽자 효공왕은 요공선사라는 시호를 내렸다. 고려 숙종은 대선사를 추증하고 왕사를 더했으며, 인종은 선각국사로 추봉한다. 또한 의종은 비를 세웠다.

이렇게 왕들이 나라를 바꿔가며, 또 대를 물려가며 죽은 자에게 벼슬을 추증하는 일은 매우 희귀하다 하겠다.

유토피아 사상

그의 불교 사상은 현세 속으로도 불세 속으로도 깊지 않았다. 그러나 그는 미래를 위해, 미래를 예언하며 살았다. 그는 승려로서보다는 비기(秘記)와 음양풍수설의 대가로 알려져 있다. 그렇다. 그의 비기와 풍수설은 본질적으로 유토피아 사상이다.

그가 역사적으로 유명해진 것은 875년(헌강왕 1년). 그는 '지금부터 2년 후 반드시 고귀한 사람이 태어난다'고 예언했는데, 그 예언대로 송악에서 태어난 자가 고려 태조 왕건이다.

고려의 역대 왕들이 도선을 극진히 존경한 것은 그 때문이다. 태조가 도선과 직접 만난 적은 없다. 그러나 그는 도선의 사상에 많은 영향을 받았다.

고려 태조의 현실

그는 불교의 가호와 함께 민간 신앙의 힘도 빌리고자 했는데, 민간에 널리 유포되던 《도선비기》야말로 자신의 원대한 포부를 달성하는 데 알맞는 의지처였던 것이다. 태조의 마지막 유시인 《훈요십조》 중 제2조는 이런 내용이다.

여기 사원은 모두 도선이 산수(山水)의 순역(順逆)을 점쳐 정한 자리에 세웠다. 도선은 일찍이 '내가 정한 곳 이외에 사원을 세우면 지덕(地德)이 손상되어 국운이 길하지 못하리라.' 했다. 왕과 신하들이 원당(願堂)이라며 사원을 함부로 건설하면 큰 근심거리가 되리라. 신라 말엽에 사찰을 함부로 이곳 저곳에 지어 지덕을 손상터니 나라가 멸망치 않았던가.

아, 유토피아. 알브레히트 알트로프퍼, <알렉산더의 전투>.

신라 말의 왕들은 귀족들이 재산 보호 수단으로 원당을 건립하는 것을 금지하는 칙령을 자주 내렸다. 그러나 귀족들의 지방 호족화를 막는 것이 목적이었던 그 칙령들은 실효가 전혀 없었다. 그리고 지방 호족들은 결국 신라를 멸망시키는 결정적인 원인이 되었다.

지방 호족 중 하나로 고려를 창건했지만 아직도 막강한 호족 세력들과 연립 정권을 이루고 있는 형편인 태조 왕건은 유사한 조처를 내림에 있어 불교 대신 놀랍게도 도선의 ≪비기≫를 근거로 삼고 있는 것이다. 태조 이후 고려 왕들이 도선을 극진히 존경한 것은 그런 맥락에서이다.

이야기, 또 이야기

그의 탄생에 대해 몇 가지 이야기가 전한다. 도선의 어머니는 빨래터에 떠내려온 오이를 먹고 잉태하여 그를 낳았다. 내다버렸더니 새들이 와서 아이를 보호하므로 다시 데려왔다.

그는 당에 가서 풍수설을 배웠다고도 하고, 지리산 도인에게 비법을 전수받았다고도 한다. 여우 여인에게서 구슬을 얻은 후 지리에 통달했다는 이야기도 있다. 중국 이야기의 경우 그후 이야기도 있다.

중국의 일행에게 풍수설을 배운 도선이 귀국하자마자 스승 일행이 시킨 대로 했다. 그런데 알고 보니 그것은 한반도를 좋게 하기는커녕 산세의 혈을 자르는 일이었다.

일행의 흉계를 안 도선은 도리어 조선의 요지에 방아를 놓고 찧는다. 그것이 중국에 큰 위협이 되자, 일행은 도선과 타협, 한반도의 혈을 이어주는 대신 방아찧기를 중단케 한다.

도선의 행적은 주로 전국을 돌아다니며 적선한 인물에게 명당을 잡아주고, 천기누설죄로 산신령에게 꾸지람을 듣는 것이 대부분이다.

그의 죽음에 대해서는 중국에 잡혀가서 죽었다는 설과, 자기를 잡

으러 온 중국인들에게 적삼을 벗어던지고 '이 바위가 희면 내가 살아 있고 검어지면 죽은 줄 알라'며 사라졌다는 설 두 가지이다. 그 바위는 아직도 희다.

산 자와 죽은 자

풍수는 음양오행설을 기반으로 땅에 대한 이치(지리)를 체계화한 것이다. 동진의 곽박은 풍수를 이렇게 정의한다.

> 죽은 사람은 생기에 의지해야 한다……. 그 기는 바람을 타면 흩어지고 물에 닿으면 머문다. 바람과 물을 이용해서 기를 얻는 법술이 풍수다.

복희여와도. 도교의 전설에 등장하는 창조신.

그러나 풍수의 본래 의미는 매우 일상적이고 평범하다. '풍'은 바람으로 기후와 풍토를 지칭하며, '수'는 물과 관계된 모든 것을 가리킨다. 풍수의 대상은 현대 지리학의 그것과 다를 게 없다.

묘지뿐 아니라 도읍터, 집터, 심지어 우물터를 잡는 데까지 풍수의 사상, 즉 땅을 보는 기본적인 시각은 비의적이라기보다는 다분히 인문적이고, 철저한 윤리와 인과응보의 논리는 지역 불균형 비판에까지 이른다.

다만 산 자와 땅의 관계뿐 아니라 죽은 자와 땅의 관계까지 체계

화하는 것이 풍수의 특징일 터인데, 그것이 삶을 더욱 포괄적으로
이해하는 계기가 될지 아니면 현대에 이르면서 미신화의 첩경이 될
지가 관건인 것이다.

논리

어쨌거나 풍수의 논리는 이렇다. 인간에 혈관이 있듯이 땅 속에도
생기의 길, 경락 같은 것이 있다. 산 사람은 땅의 생기 위에 얹혀 살
며 그 기운을 얻는다.

반면 죽은 사람은 땅 속에서 직접 생기를 받아들이기 때문에 더
욱 큰 생기를 얻는다. 죽은 자가 얻은 생기는 후손에게 이어진다.

원리

풍수의 원리에는 간룡법, 장풍법, 정혈법, 득수법, 좌향론, 형국론,
소주길흉론 등이 있다. 간룡법의 용은 산이다. 즉 산의 맥을 보아 길
흉을 판단하는 법이다.

장풍법은 명당 주변 지세에 관한 풍수이론의 통칭이다. 혈을 정하
는 정혈법은 결국 장풍법을 통해 이루어진다. 혈은 생기가 집중하는
지점. 혈을 제대로 잡지 않으면 산 용도 죽은 용이 되고 길처도 흉
처로 변한다.

득수법은 물을 얻는 법. 물은 반드시 길한 방향에서 흘러들어 흉
한 방향으로 나가야 한다. 물이 흐리거나 냄새가 나면 안 되고 혈
앞에 공손히 절을 올리듯 유연하게 지나가야지, 혈을 향해 직급류하
면 안 된다.

산은 산대로 물은 물대로 따로 노는 듯 보이면 안 좋다. 남녀가
서로 절하고 음양이 서로 보충하는 상생이 좋다.

좌향론은 방위에 관계된 술법. 좌향(坐向)은 혈의 위치에서 본 방위

다. 혈의 후방이 '좌', 정면이 '향'이므로 방향의 개념과는 좀 다르다. 한 지점은 무수한 방향을 가질 수 있다. 그러나 좌향은 단 하나다.

형국론은 산천의 형세를 인물금수의 형상으로 유추하여 비교적 쉽게 지세와 길흉을 판단하는 법이다. 이를테면 산의 정상이 호랑이 머리이고, 이어진 오른쪽 봉우리가 엉덩이다, 뭐 그런 식의.

땅이 지니는 기(氣)의 상(像)이 형(形)으로 외화되므로 그 형으로 물(物)의 원기를 알아낼 수 있다는 입장이 발전된 것이 바로 형국론이다.

소주길흉론은 땅을 쓸 사람과 관계된다. 선과 덕을 쌓은 사람에게 길지가 돌아간다, 땅에는 제각각 임자가 있게 마련이다, 땅을 쓸 사람의 사주팔자와 땅의 오행이 서로 맞아야 한다 등등.

이것은 크게 보아 풍수의 길흉화복이 인간의 마음대로 되는 것이 아니고, 풍수가 자연의 신비한 힘들을 조작하려는 것이 아니라, 하늘이 인자와 효자에게 길지를 내리는 그 순리를 도울 뿐이라는 풍수도덕론이라 할 것이다.

체계화

우리나라 사람들이 석기 시대부터 촌락 위치를 배산임수, 남면산록으로 한 것은 자생적인 풍수의 발로였다. 이때 풍수는 본능적인 상식이었다.

즉, 먹고 살기에 좋은 곳이 명당이고, 명당의 개념은 먹고 살기에 좋은 곳이었다. 삼국 초기에 이를 더욱 발전시켜 고유의 지리 사상을 형성하게 된다. 그러나 풍수지리설로 확립된 이론 체계는 명백히 중국으로부터 전해졌다.

중국에서는 어떻게 풍수지리설이 체계화되어 갔을까? 고대의 천지부모사상(天地父母思想)에 음양론이 더해지고 여기에 사신도(四神

강서중묘 현실 서벽의 백호도.

圖)의 천문 사상이 중첩된다.

이 이론들이 체계적으로 정리되기 시작하는 것은 전국 시대 말부터. 기원전 5, 4세기경 도참비술적 성격을 강하게 띠던 것이 한대(漢代)에 이르러 음양론이 본격적으로 도입되면서 풍수지리설로 정착하게 된다.

남북조 시대에 이르면 풍수대가들이 많이 배출되고 집터를 고르는 양택(陽宅) 풍수에, 묘지를 고르는 음택 풍수가 추가된다.

삼국 시대의 풍수

그리고 그후 당·송·원·명·청대에서 풍수지리설은 맹위를 떨치게 된다. 이 같은 사정은 우리나라에 그대로 반영되었다. 삼국 시대에 중국의 풍수지리설이 도입되었다는 증거는 없다. 하지만 풍수지리와 밀접한 사례와 설화는 많이 남아 있다.

고구려, 백제의 고분 벽화에 사신도가 그려져 있다. 신라 네 번째

왕 석탈해는 토함산에 올라 달처럼 생긴 지세를 보고 그곳을 사술(詐術)로 빼앗는다. 고구려를 침공한 관구검의 묘 형세를 보고 당시 유명한 음양가가 '매우 고독한 상형'이기 때문에 멸족을 당하리라 예언한다.

선덕여왕은 여근곡의 산세를 보고 백제군의 매복 사실을 알아차렸다. 특히 통일신라 원성왕 때 풍수지리서인 ≪청도경≫이 수입되었다는 기록이 있다. 그러나 당으로부터 풍수사상을 본격적으로 받아들인 것은 바로 도선이다.

낮은 수준의 결합

도선이 당의 일행에게 직접 배웠다는 설화는 연대상으로 보아 사실일 가능성이 없다. 그러나 그가 일행의 이론을 습득했던 것만은 분명하다.

일행은 위도를 측량하고 역법을 정리하기도 한 매우 합리적이고 실증적인 풍수지리의 대가였다. 도선의 풍수지리 또한 경험주의적 성향이 압도적이다.

도선과 그의 제자들은 국토를 오늘의 인문지리학적인 시각에 가깝게 재해석하며 한반도가 동쪽으로 쏠린 땅덩어리라는 것을 파악, 동남방으로 기운 경주보다는 중부 지방이 수도로 더 적합하다는 의견을 제시한다.

도선의 비기·풍수지리는 불교가 현실정치에 적응하려 했던 결과일까, 아니면 아직은 정치사상으로 완성되지 못한 유교가 불교와 타협하려 했던 여지였을까.

어쨌거나, 도선의 비기·풍수지리는 정치와 종교를 낮은 수준으로 서로 떼놓을 수 없게 결합했고, 그런 채로 고려 왕조와 백성 사이에 널리 전파되면서 불교와 유교 못지않게 깊은 뿌리를 내렸다.

그리고 아마도, 그 '낮은 수준의 결합'이 너무 완강했던 것이 ≪삼국사기≫와 ≪삼국유사≫의 결합을 방해했을지 모른다. 그것이 고려 멸망의, 모든 것의 원인인지 모른다.

하지만 따지고 보면 그렇지 않은 것이 어디 있겠는가. 모든 것은 서로 연관되어 있다. 그런 뜻에서 우리는 풍수지리의 역사를 현대에까지 이어보자.

현재에 이르다

≪훈요십조≫ 중 제5조는 '서경(西京)을 귀하게 여길 것'이다. 성종(981～997년)과 현종(1009～1031년)은 동경(경주)으로 천도하는 것에 지속적인 관심을 보였다.

문종(1046～1083년)은 남경(서울)에 관심을 보였는데, 그 관심은 꾸준히 계속되다가 조선 왕조가 들어서면서 마침내 한양을 도읍지로 삼게 된다. 서경 천도론이 절정에 이른 것이 바로 묘청의 난이다.

사실 고려의 주요한 역사적 사건 중에 풍수지리설과 무관한 것은 적다. 풍수지리는 그만큼 고려의 저변을 이룬다.

정도(定都) 논쟁

그리고 조선 시대로 접어들며 풍수사에 빛나는 대 논쟁이 벌어진다. 조선 태조인 이성계(1392～1398년) 또한 도참 및 풍수지리설에 크게 영향받은 인물. 그의 주재하에 도읍지로 물망에 오른 지역의 풍수 입지에 대한 대대적인 토론이 벌어지는 것이다. 첨예한 정치·경제적 이해가 얽혀들었음은 물론이다.

개경, 한양·모악, 계룡산, 신도안 등 물망에 오른 지역은 현대 도시환경학의 입장에서 보더라도 최적지들이다. 개경은 전 왕조의 수도 한반도 중앙부를 차지한 개경은 풍수상 전형적인 장풍국(藏風局).

오대산이 정기의 진원지다. 수모목간(水母木幹)의 매우 길고 심원한 산세가 크게 잘라져 송악이 된다.

동서로 강이 흐르고 남쪽 바다로는 강화와 교동 등 큰 섬 두 개가 가로막았다. 북으로 한강물을 가두고 하류는 앞산 바깥을 둘러싸 깊고 넓다. 풍기(風氣)가 평양보다 짜임새 있고 견고하다. 박연폭포, 화담폭포 등 주변 경관도 아름답다.

그러나 장풍이므로 주변 산세가 너무 조밀하고 북쪽 산, 계곡, 물이 모두 급류로 중앙에 모이므로 여름철에 수세가 거칠다. 그래서 역세(逆勢)의 수덕(水德)을 진압하고 지덕을 보하기 위해, 사탑이 도움이 된다는 도선의 설에 따라 계류 합류점과 내구수에 사찰을 건립해둔 바다.

이것은 실질적이고 경제적인 효과가 있었다. 하천 범람이 우려되는 곳에 사원을 건립하면 그것이 하천의 측방 침식을 억제할 뿐 아니라 승려들이 하천을 감시하게 되고 유사시 그들의 노동력을 빌어 복구할 수 있는 것이다.

한양은 오늘날의 사대문 안쪽, 모악은 신촌·서강 일대다.

모악을 주장한 것은 하륜 혼자다. 이곳은 나라 중앙이라 교통이 편하고 수리의 이점도 있지만 좌처가 좁아 궁전과 종묘를 넓게 잡을 수가 없다. 또 주산이 낮고 보잘것없어 겨울철 한랭한 북서 계절풍을 막지 못한다. 또 수구(水口)가 잠기지 않는다.

한양

한양은 다르다. 한양은 언뜻 개경과 비슷할지 모르지만 국토 전체를 관할한다는 입장에서 보면 근본적으로 다르다. 추가령 지구대를 통해 함경도 지방과의 유통을 꾀하는 데 있어서는 한양의 입지가 개경보다 월등하다.

도선국사 진영.

국 형세도 개경과 비교가 되지 않는다. 한양은 풍수상 장풍과 득수를 고루 갖춘 지세이다.

주산 현무는 북악산, 청룡은 낙산, 백호는 인왕산이며 주작은 남산이 안산, 관악산이 조산이다. 외수·객수인 한강이 안산과 조산 사이를 빠져 흐르며 명당을 크게 감싸안는다.

내수·명당수인 청계천이 그 흐름의 방향을 반대로 돌린다. 한강은 한양 부근에서 한양을 북으로 감싸듯 돌려 한양 남쪽을 지나 북서진하는 대규모 곡류 하천이다.

그러므로 현재의 동작, 영등포, 노량진, 강서구 일대는 곡류 하천의 공격면이 되어 유사시 강이 범람하더라도 용산·서빙고 뒤편의 도성은 비교적 안전하고, 게다가 청계천이 뚝섬에서 한강에 합류하기 때문에 홍수 발생시 도성 안의 하수와 지표수를 쉽게 배수할 수 있다.

결점은 한양 북서쪽 북악산과 인왕산을 잇는 부분이 허해서 자칫 황천행이 될 수도 있다는 것.

계룡산 신도안

계룡산 신도안은 득수와는 거리가 멀고 개경처럼 장풍국에 가깝다. 형세는 산태극수태극(山太極水太極) 혹은 회룡고조(回龍顧祖). 같은 말이다.

마이산, 덕유산의 맥이 무주, 영동, 대전 동부, 회덕을 거쳐 공주로 이어지고 이것이 다시 방향을 바꾸어 공주군 계룡면과 반포면 경계를 따라 이어져 태극 모양을 이루는데 이것이 바로 '용이 머리를 돌려 근원을 돌아보는' 회룡고조다.

물 흐름도 그렇다. 금강 줄기가 장수, 진안, 무주, 영동, 대전, 동부, 부강, 공주, 부여, 강경을 거쳐 장항과 군산 사이로 빠지는 동시에 용추골 용동리의 명당수가 청룡의 뒤를 돌아 크게 우회하며 금강에 합류한다.

그러나 이곳은 물길이 난하고 위치가 남방에 치우쳐 동·서·북 3면과 떨어진다. 가까운 곳에 큰 하천이 없어 조운과 용수가 불편하다. 그리고 일종의 좁은 산곡 분지이기 때문에 국도의 위치로는 개경이나 한양에 비길 바가 못된다.

이러한 대토론을 거쳐 도읍지로 정해진 곳이 바로 한양이었다. 개경을 택했던 고구려의 고려보다 더 전국적이고 진취적인 관점을 가졌다는 것에 일단 주목해두자.

낮게, 더 낮게

풍수는 조선조의 서막을 그토록 화려하게 열었음에도 유교가 국가 이념으로 채택되면서 보다 낮게 가라앉기 시작한다. 양택 위주의 도읍 풍수에서 음택 위주의 묘지 풍수로 전환되는 것이다. 조선조 초기인 세종(1418~1450년)이나 성종(1469~1494년) 때까지만 해도 북악산을 둘러싼 국도 주산(主山) 논쟁이 있었고 명당수인 청계천 오염 문제가 거론되기도 했다.

전통 사상, 미신, 국토 과학

그러나 중기 이후는 묘지 혹은 개인주택을 대상으로 하는 풍수가 대종을 이루고 말기에 이르면 실사구시 경세치용(實事求是 經世致用))을 주장한 실학자들에게 망국의 표본으로 매도당하기도 한다. 하지만 다른 한편 민중들의 세계관을 표출하는 매개로 사용되기도 하였다.

난을 일으킨 홍경래와 농민 전쟁을 일으킨 전봉준이 그 대표적인 예다. 특히 전봉준은 풍수의 구세주 사상을 바탕으로 유·불·선 3교를 통합하고 전통적 민족 사상까지 포괄함으로써 민중의 사상적 구심점을 마련하는 데까지 나아갔다.

현대에 풍수지리설은 대체로 미신시된다. 그리고 아니, 그러므로 미신적인 정치인이나 사업가의 돈으로 잔명을 유지하고 있다. 하지만, 땅과의 유기적 관련성을 강조하는 포괄적인 국토 과학으로서 풍수를 재평가하려는 움직임이 최창조 등 소장학자들 중심으로 바야흐로 일고 있는 중이다.

도참

그에 의하면 신세대 욕망의 분출구인 압구정동은 배설의 항문형 지세이다. 참으로 그럴 듯하다 하지 않을 수 없다.

도참이란 장래의 길흉을 예언한 말이나 책이다. 풍수지리설과 도참은 관계가 매우 밀접하다. 도참은 국운이 쇠하고 국정이 혼란할

피난처인 승지. 프란츠 마르크,
<숲속의 사슴>.

때마다 나타나 말세의식을 형성한다.

　정신적 도피처 역할을 해주는 것이다. 백성들은 숨막히는 폭정과
암흑으로 뒤덮인 현실의 피안에 구세주가 있을 것으로 믿었다.

　그리고 집권계층의 거주지인 현 왕도의 지기가 쇠하고 다른 곳에
기맥이 새로이 흥왕할 것으로 생각했다. 풍수사상이 등장하는 대목
이다. 도참의 종류는 매우 많지만 가장 포괄적인 것은 ≪정감록≫
≪삼한산림비기≫ ≪도선비결≫ 등이다.

　≪정감록≫은 조산(朝山)을 곤륜산, 종산(宗山)을 백두산으로 하여
태백산맥과 소백산맥을 근간으로 차령산맥을 등장시킨다. 특히 태백
산맥에서 소백산맥이 분리되는 양백간(兩白間)을 크게 주목하고 있
다. ≪삼한산림비기≫는 내맥 풍수가 거의 같지만 차현 이남이 배역
(背逆)의 지세라는 점을 추가하고 있다.

　또 이 책은 국도 우선 순위를 금강·송악·한산·평양·경주·원

주·전주·가야한·마니산으로 잡고 있다. ≪도선비결≫은 계룡산을 논하는데, 아마 금강일 것이다. 도참서적 풍수지리의 대종은 그러나 십승지지(十勝之地).

피난처인 승지

≪정감록≫ 감결 뒷부분에 나오는 십승지지는 풍기, 화산 소령, 보은 속리산, 운동 행촌, 예천 금당실, 공주 계룡산 유구 마곡, 영월 정동 상류, 무주 무봉산 북동상 상동, 부안 호암하, 합천 가야산 만수동 등이다. 정확한 위치 고증이 된 영월, 영춘, 풍기를 볼 때 지세의 특징은 이렇다.

1) 모두 주위가 급사면으로 둘러싸인 명백한 협곡이다, 2) 대산맥 중앙에 위치, 다른 지역과 단절되어 있다, 3) 반드시 한쪽 면은 좀더 넓은 도읍지에 연결되어 있지만 연결된 협곡의 폭이 매우 좁다, 4) 반드시 하천이 있는데, 이 하천은 병목 같은 협곡 입구를 지나면 곧바로 대하천에 연결된다 등.

즉, 십승지지는 영속적인 주거지가 아니고 일시적인 피난처인 것이다.

자, 다소 허망하지만 이쯤에서 3권을 끝내자. 허망함 또한 위대하다는 것을 우리는 이제 알므로.

역대 왕조 계보　부록

한국사 연표

역대 왕조 계보

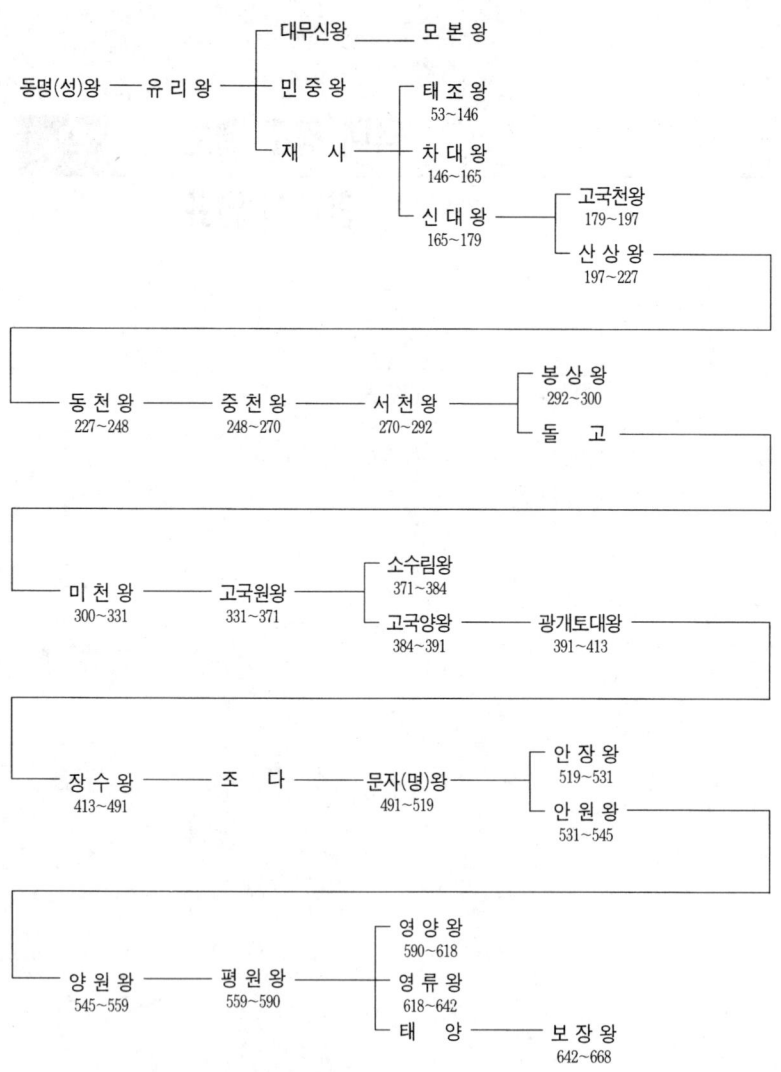

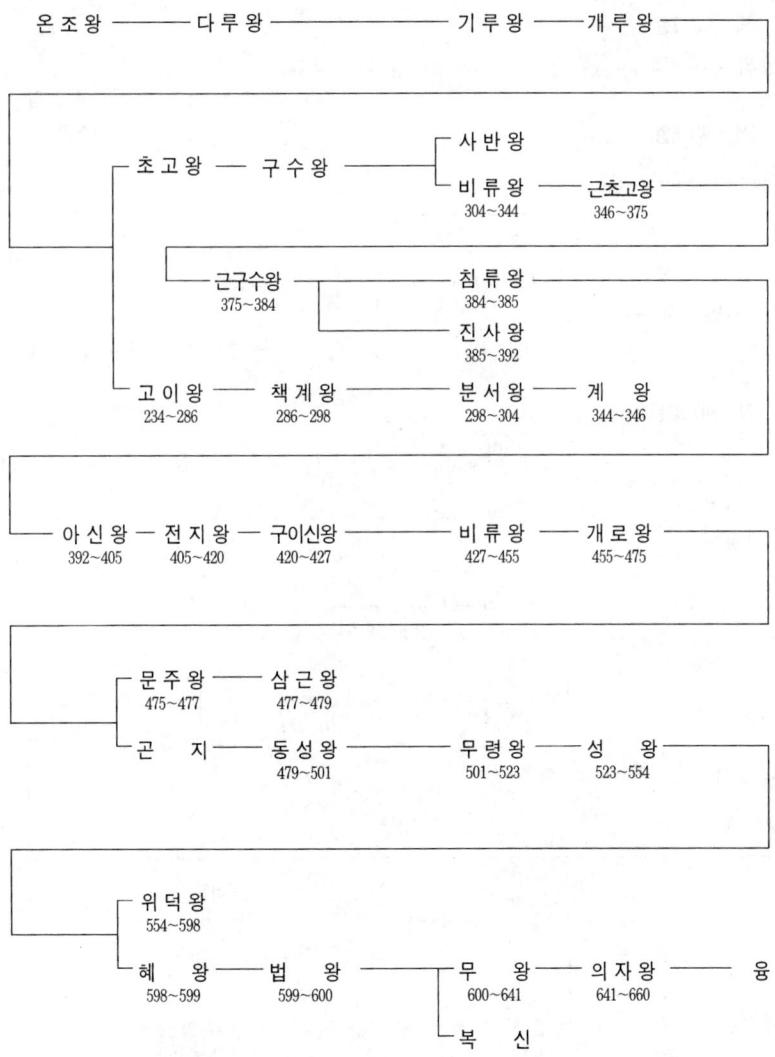

백제 〈삼국사기 기원전 18~660년〉

온조왕 —— 다루왕 ———————— 기루왕 — 개루왕

초고왕 — 구수왕
사반왕

비류왕
304~344
근초고왕
346~375

근구수왕
375~384
침류왕
384~385

진사왕
385~392

고이왕
234~286
책계왕
286~298
분서왕
298~304
계 왕
344~346

아신왕 — 전지왕 — 구이신왕
392~405 405~420 420~427
비류왕
427~455
개로왕
455~475

문주왕 — 삼근왕
475~477 477~479

곤 지 — 동성왕
479~501
무령왕
501~523
성 왕
523~554

위덕왕
554~598

혜 왕 — 법 왕
598~599 599~600
무 왕
600~641
의자왕
641~660
융

복 신

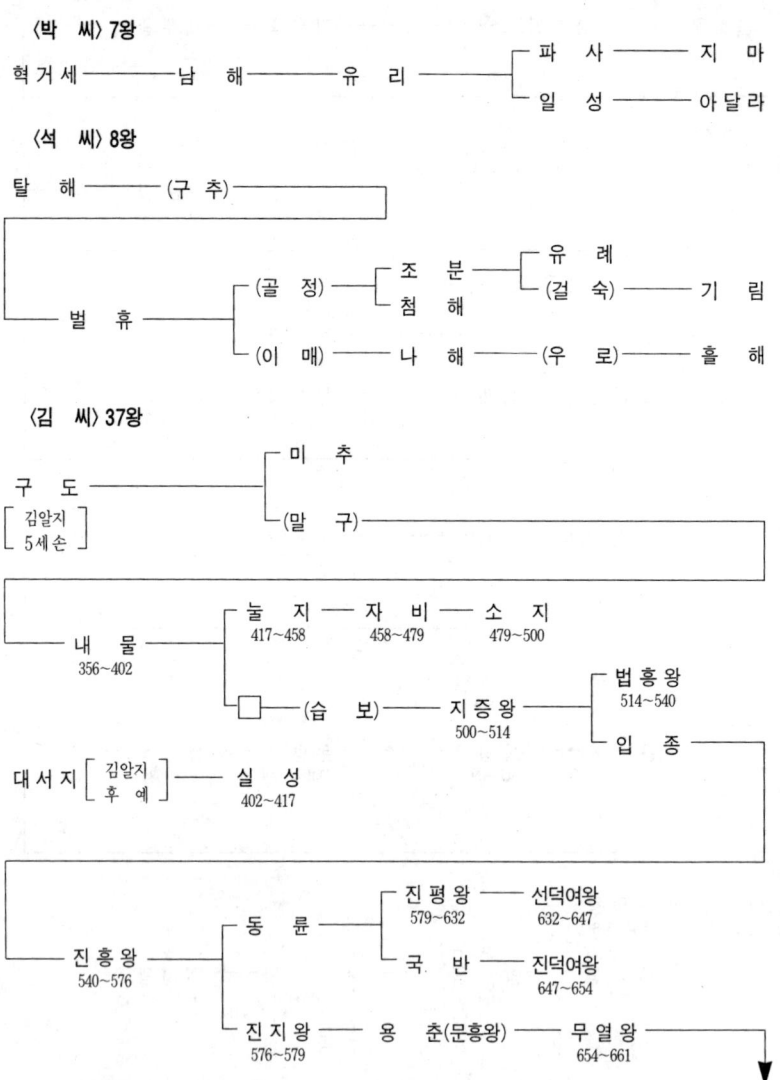

〈박 씨〉7왕

혁거세————남 해————유 리————┬ 파 사————지 마
　　　　　　　　　　　　　　　　　└ 일 성————아 달라

〈석 씨〉8왕

탈 해————(구 추)

벌 휴————┬ (골 정)————┬ 조 분————┬ 유 례
　　　　　│　　　　　　　└ 첨 해　　└ (걸 숙)————기 림
　　　　　└ (이 매)————나 해————(우 로)————흘 해

〈김 씨〉37왕

구 도————┬ 미 추
[김알지 5세손]└ (말 구)

내 물
356~402　┬ 눌 지 — 자 비 — 소 지
　　　　　│ 417~458　458~479　479~500
　　　　　└ □ — (습 보)————지 증 왕————┬ 법 흥 왕
　　　　　　　　　　　　　　　500~514　　│ 514~540
　　　　　　　　　　　　　　　　　　　　└ 입 종

대 서 지 [김알지 후 예] — 실 성
　　　　　　　　　　　402~417

진 흥 왕————┬ 동 륜————┬ 진 평 왕————선덕여왕
540~576　　│　　　　　│ 579~632　　632~647
　　　　　　│　　　　　└ 국 반————진덕여왕
　　　　　　│　　　　　　　　　　　647~654
　　　　　　└ 진 지 왕————용 춘(문흥왕)————무 열 왕
　　　　　　　576~579　　　　　　　　　　　654~661

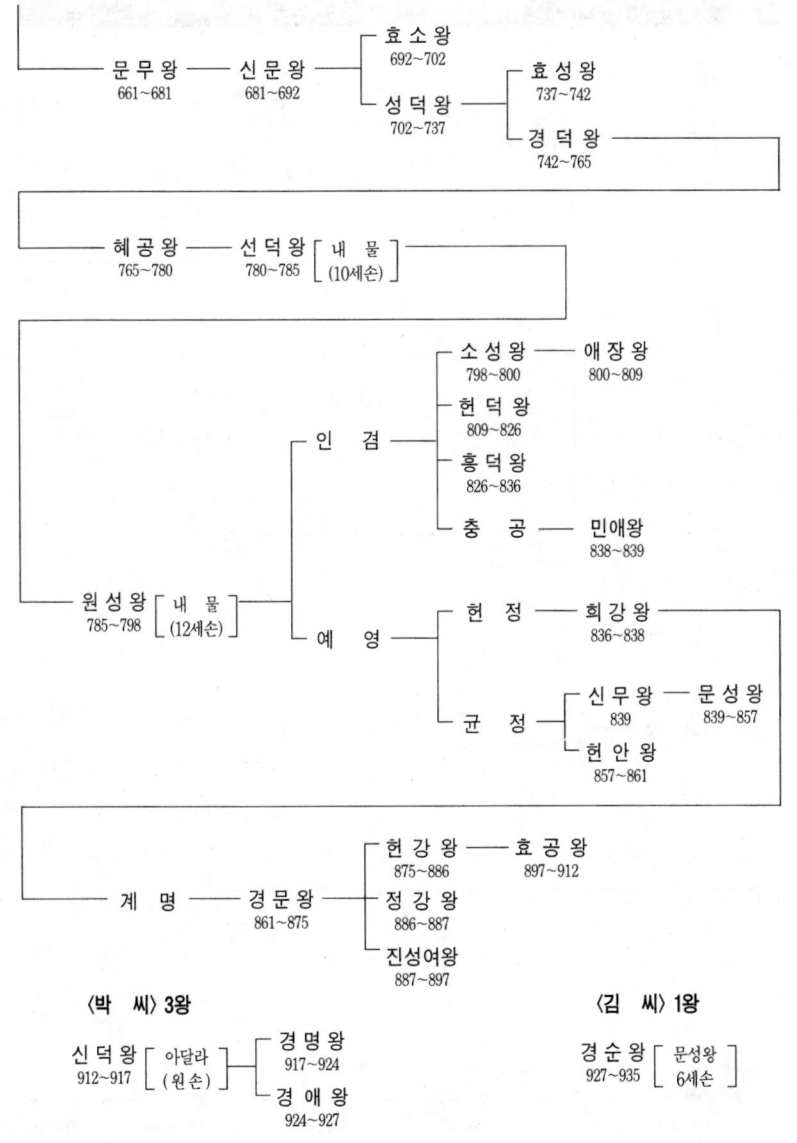

문 무 왕　—　신 문 왕　┬　효 소 왕
661~681　　681~692　│　692~702
　　　　　　　　　　│
　　　　　　　　　　└　성 덕 왕　┬　효 성 왕
　　　　　　　　　　　　702~737　│　737~742
　　　　　　　　　　　　　　　　│
　　　　　　　　　　　　　　　　└　경 덕 왕
　　　　　　　　　　　　　　　　　　742~765

혜 공 왕　—　선 덕 왕　[내　물]
765~780　　780~785　 (10세손)

　　　　　　　　　　　　　　　　　　　소 성 왕　—　애 장 왕
　　　　　　　　　　　　　　　　　　　798~800　　800~809
　　　　　　　　　　　　　　인　겸　┤　현 덕 왕
　　　　　　　　　　　　　　　　　　│　809~826
　　　　　　　　　　　　　　　　　　│　흥 덕 왕
　　　　　　　　　　　　　　　　　　│　826~836
　　　　　　　　　　　　　　　　　　└　충　공　—　민애왕
　　　　　　　　　　　　　　　　　　　　　　　　838~839
원 성 왕　[내　물]
785~798　 (12세손)
　　　　　　　　　　　　　　　　　　　현　정　—　희 강 왕
　　　　　　　　　　　　　　　　　　　　　　　　836~838
　　　　　　　　　　　　　　예　영　┤
　　　　　　　　　　　　　　　　　　│　신 무 왕　—　문 성 왕
　　　　　　　　　　　　　　　　　　균　정　┤　839　　　839~857
　　　　　　　　　　　　　　　　　　　　　　└　현 안 왕
　　　　　　　　　　　　　　　　　　　　　　　　857~861

　　　　　　　　　　　　　　　　　　헌 강 왕　—　효 공 왕
　　　　　　　　　　　　　　　　　　875~886　　897~912
계　명　—　경 문 왕　┤　정 강 왕
　　　　　　861~875　│　886~887
　　　　　　　　　　└　진성여왕
　　　　　　　　　　　　887~897

〈박　씨〉3왕

신 덕 왕　[아달라] ┬　경 명 왕
912~917　 (원손)　 │　917~924
　　　　　　　　　　└　경 애 왕
　　　　　　　　　　　　924~927

〈김　씨〉1왕

경 순 왕　[문성왕]
927~935　 6세손

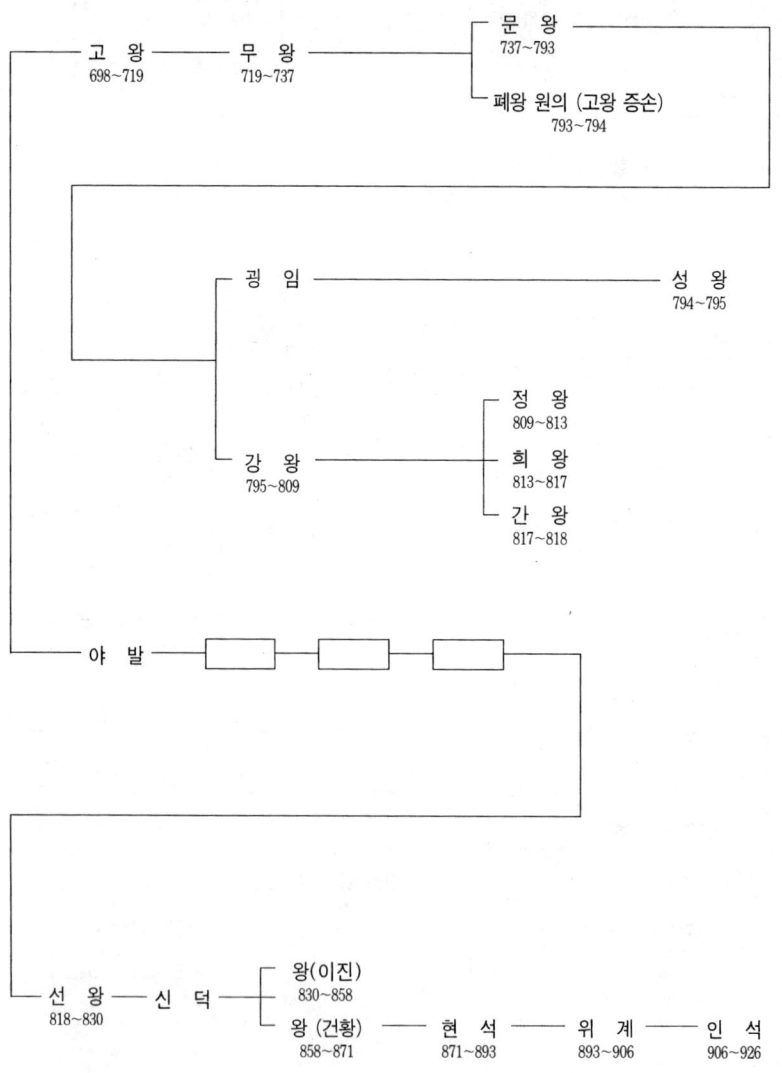

발해 〈229년. 698~926년〉

고 왕 ─── 무 왕 ────────────┌─ 문 왕
698~719   719~737   │ 737~793
                             │
                             └─ 폐왕 원의 (고왕 증손)
                                793~794

┌─ 굉 임 ──────────────────── 성 왕
│   794~795
│
│   ┌─ 정 왕
│   │ 809~813
└─ 강 왕 ───────────────────┤─ 희 왕
   795~809   │ 813~817
                           └─ 간 왕
                              817~818

야 발 ─[   ]─[   ]─[   ]─

선 왕 ─── 신 덕 ─┌─ 왕(이진)
818~830   │ 830~858
                 │
                 └─ 왕 (건황) ─── 현 석 ─── 위 계 ─── 인 석
                    858~871   871~893   893~906   906~926

330 상상하는 한국사 3

한국사 연표

통일신라	발해
676 대동강 이남에서 당군을 완전히 축출하여 삼국 통일 완성 681 소판, 김흠돌 등이 모반을 꾀하다 사형됨 682 국학을 세움 687 문무관에게 요전을 급여. 전국을 9주 5소경으로 편성 689 내외관에게 준 녹읍을 폐지하고 조(租)를 줌 692 설총이 이두를 정리하고 <화왕계>를 지음 704 김대문이 <고승전> <화왕세기>를 저술 720 황룡사 9층탑을 중수 722 백성에게 정전을 지급함	699 대조영, 천문령 전투에서 당군을 격파하고 나라를 세워 진이라 하고 연호를 천통이라 함 713 국호를 발해라 고치고 도읍을 동모산 동북의 상경에 정함

687 프랑크의 피핀 2세가 실권을 장악
690~705 당의 측천무후가 실권을 장악하고 국호를 주라고 고침
705 당의 장간지가 장창종 등을 제거하여 중종을 세우고 국호를 당으로 회복
710 중종의 왕후 위씨가 중종을 살해. 이융기가 위후를 죽이고 부친을 예종으로 세움
711 사라센의 타리크가 서고트 왕국을 멸망시킴
712 당의 이융기(현종)가 즉위함

통일신라	발해
727 혜초가 서역을 거쳐 당으로 돌아감	727 처음으로 일본에 사신을 파견
731 일본의 침입을 격퇴	
	732 장문휴를 보내어 당의 등주를 공격
	733 당과 신라가 연합하여 발해 공격
735 당, 신라의 패강 이남 영유를 인정	
742 일본 사신의 입국을 거부	
751 김대성이 불국사 창건	
	756 도읍을 상경용천부로 옮김
757 내외관의 월봉제를 폐지하고 다시 녹읍을 줌	758 일본에 <국서>를 보냄
765 충담사가 <찬기파랑가>와 <안민가>를 지음	
770 성덕대왕신종 주조	
779 백좌법회를 베품	
	786 도읍을 동경용천부로 옮김
788 독서삼품과를 설치함	
	793 원의 즉위 후 폐위됨
	794 문왕 죽고 성왕 즉위. 수도를 다시 상경용천부로 옮김
	795 연호를 정력으로 고침

744 서역의 당 세력이 재차 확인됨

754 로마 교황령의 탄생

770년경 사라센 제국의 동서 분열

779년경 노르만인이 최초로 잉글랜드 침입

통일신라	발해
802 가야산 해인사 창건 806 불사의 새로운 창건을 금함 808 12도에 사신을 보내어 군읍의 　　경계를 정함	809 강왕 죽고 정왕 즉위 813 정왕 죽고 희왕 즉위 819 해북제군을 토벌하여 영토 확 　　장
822 김헌창의 난이 토벌됨 828 김대렴이 당에서 차의 종자를 　　가져옴 830 혜초가 당에서 돌아옴	830 선왕 죽고 11대 이진 즉위 832 좌우신책군 등을 둠
838 김양이 청해진에서 장보고의 　　군사로 모반을 꾀함 846 장보고가 청해진에서 반란을 　　일으켰으나 자객에게 피살됨 851 청해진을 없앰	858 이진 죽고 건황 즉위
880 사벌주에서 민란이 일어남 885 최치원이 당에서 돌아옴 888 위홍과 대구화상이 향가집 <삼 　　대목>을 지음 891 양길 휘하의 궁예가 지휘하는 　　농민군이 신라 북부, 북원 일대 　　를 점령	

800년경 사라센 제국의 국력 및 문화의 전성기
829 엑버트가 잉글랜드를 통일하고 앵글로색슨 왕국 성립
843 프랑크가 3분되어 프랑스, 이탈리아, 독일의 기원이 됨
870년경 유럽에 장원제가 전개됨
875 당의 왕선지가 난을 일으킴

통일신라	발해	후고구려	후백제
894 최치원이 <시무 10여 조>를 올림		895 궁예가 개국군을 칭하고 후고구려 건국 896 발어참성을 쌓아 왕건을 성주로 삼음 898 송악으로 도읍을 옮김	
899 최치원, 해인사로 은거			900 견훤이 무진주에서 반란을 일으켜 후백제 건국
	901 경왕 죽고 애왕 즉위	905 도읍을 철원으로 옮김	901 신라의 대야성을 공격 907 신라의 일선군 이남 10여 성을 빼앗음 912 궁예의 군대와 덕진포에서 싸움
		915 궁예, 부인과 두 아들을 죽임	

902 일본, 최초의 장원 정리령이 내려짐

902~979 중국의 분열 시대

907 주전충이 애제를 폐하고 칭제함으로 당 멸망

912~1002 이베리아의 기독교와 코르도바의 칼리프 사이에 끝없는 전쟁이 일어남

통일신라	발해	고려	후백제
		918 왕건, 왕위에 올라 국호를 고려라 함	
		919 송악으로 도읍을 옮김	
920 고려에 사신을 보냄	919 글안, 요양고성을 수축하고 발해 사람을 이주시킴	921 흑수말갈의 추장이 투항해 옴	920 고려에 사신을 보냄
	924 글안, 발해의 요동을 공격		
	926 글안, 발해의 도읍을 쳐서 빼앗음. 발해 멸망		927 견훤이 신라의 경애왕을 자살케 하고 경순왕을 세움
927 최치원이 <신라수이전><계원필경잡> 지음		930 견훤군을 대파	
		934 발해의 세자가 군중을 이끌고 고려에 투항	934 후백제의 웅진 등 30여 성이 고려에 투항
935 경순왕이 고려에 항복함으로써 신라 멸망			935 견훤, 고려에 투항
		936 후백제군을 격파하고 전국을 통일	936 신검, 고려에 패하여 항복하고 후백제 멸망

920 거란 문자 창시
928 동로마가 불가리아로부터 해방됨
932 서이란에 시아파의 알리에 의한 부와이조 발흥
936 거란이 후당의 석경당을 진제로 옹립하고 연운 16주를 취함

상상하는 한국사 3

첫판 1쇄 펴낸날 · 1996년 7월 18일

지은이 · 김정환
펴낸이 · 김혜경
편집주간 · 김학원
기획실 · 김수진 조영희
편집부 · 한예원 김선경 임미영
디자인 · 장찬희 김진
영업부 · 이동훈 엄현진 강진호
관리부 · 김대안 임옥희 최미선
인쇄 · 백왕인쇄문화
제본 · 정민제본

펴낸곳 · 도서출판 푸른숲
출판등록 · 1988년 9월 24일 제 11-27호
주소 · 서울시 서대문구 충정로 2가 99-3
동신빌딩 4층, 우편번호 120-012
전화 · (기획실) 362-4457~8 (편집부) 364-8666
          (영업부) 364-7871~3
팩시밀리 · 364-7874

값 7,500원
ISBN 89-7184-119-2   04910(세트)
          89-7184-111-7   04910

* 저자와의 협약에 의해 인지는 생략합니다.